Axel Reitz

ICH WAR DER HITLER VON KÖLN

Mein Weg aus der Neonaziszene und wie Extremismus effektiv bekämpft werden kann – Ein Aussteigerbericht

AXEL REITZ

ICH WAR DER HITLER VON KÖLN

MEIN WEG AUS DER NEONAZISZENE UND WIE EXTREMISMUS EFFEKTIV BEKÄMPFT WERDEN KANN – EIN AUSSTEIGERBERICHT

FBV

Bibliografische Information der Deutschen Nationalbibliothek
Die Deutsche verzeichnet diese Publikation in der Deutschen Nationalbibliografie. Detaillierte bibliografische Daten sind im Internet über http://dnb.d-nb.de abrufbar.

Für Fragen und Anregungen
info@finanzbuchverlag.de

Originalausgabe, 1. Auflage 2023

Türkenstraße 89
80799 München
Tel.: 089 651285-0
Fax: 089 652096

Redaktion: Dennis Sand, Anne Horsten
Korrektorat: Dr. Manuela Kahle
Umschlaggestaltung: Marc-Torben Fischer
Umschlagabbildungen: Johannes Booz, Köln; Klappe hinten: privat
Druck: GGP Media GmbH, Pößneck
Printed in Germany

ISBN Print 978-3-95972-665-8
ISBN E-Book (PDF) 978-3-98609-279-5
ISBN E-Book (EPUB, Mobi) 978-3-98609-280-1

Weitere Informationen zum Verlag finden Sie unter
www.finanzbuchverlag.de
Beachten Sie auch unsere weiteren Verlage unter www.m-vg.de

INHALT

Für meine Mama Edeltraut Reitz –
in Liebe und Dankbarkeit

VORWORT

von Philip Schlaffer,
Neonazi-Aussteiger, YouTuber und Gründer
von Extremislos, einem Verein zur Gewalt- und
Radikalisierungsprävention

Es gibt Momente, die man nicht so schnell vergisst. Meine erste Begegnung mit Axel Reitz war so ein Moment. Das war Anfang 2020. Irgendwann im Winter. Ich erinnere mich noch gut daran, dass es verdammt kalt war. Axel hatte zwar schon vor einigen Jahren bekannt gegeben, dass er aus der Neonazi-Szene ausgestiegen war, doch nun saß er regelmäßig in Interviews und machte diesen Ausstieg wirklich komplett öffentlich. Das schlug hohe Wellen. Immerhin war Axel Reitz nicht irgendwer. Axel Reitz war ein hochrangiger Kader. Tief vernetzt in den rechtsextremen Strukturen des Landes, einer der wichtigsten und bekanntesten Schrittmacher der Szene. Ich wollte ihn damals unbedingt treffen und mit ihm ein Video für meinen YouTube-Kanal drehen. Das war genau mein Thema. Ich war schließlich selbst ein Aussteiger.

Auch wenn Axel und ich uns während unserer aktiven Zeit nie begegnet sind, so habe ich ihn doch wahrgenommen. Er war ein gefährlicher, brauner Paradiesvogel, der so etwas wie einen »modernen Rechtsextremismus« vertreten hat. Klingt absurd, ich weiß. Ich trat in meiner Skinhead-Zeit vielleicht noch einmal eine Ecke stumpfer auf als er. Doch im Kern waren unsere Botschaften die gleichen.

Als ich meiner Frau also erzählte, dass wir nach Pulheim fahren, um dort einen Typen zu treffen, der früher einmal unter dem Namen »Der Hitler von Köln« bekannt war, da war sie schon ziemlich skeptisch – freundlich ausgedrückt. Meine Frau ist recht unbedarft, was die rechte Szene und ihre Protagonisten angeht, und sie hatte sich schon bildlich vorgestellt, wie wir den gesamten Nachmittag mit einem Adolf Hitler-Abziehbild zusammensitzen würden. Aber sie hatte mir damals eine Änderung zugestanden. Und so war sie auch bereit, den sogenannten ehemaligen »Hitler von Köln« einmal kennenzulernen.

Ich hatte mir zur Vorbereitung ein paar alte Reden von Axel angeschaut und er war schon ein ziemlich heftiger Rhetoriker. Was er da vom Stapel ließ, war purer Hass. Pure Hetze. Reiner Rassismus.

Doch als wir am vereinbarten Treffpunkt auf ihn warteten und Axel irgendwann um die Ecke kam, da war mir sofort klar, dass ich die alten Bilder, die ich da im Kopf hatte, aber sowas von vergessen konnte. Axel trug einen knallbunten Anzug, eine ebenso bunte Krawatte und eine Männerhandtasche. Was für eine Erscheinung! Vom Hitler-Abziehbild war da nun wirklich nichts mehr übrig. Ich hatte selten einen Menschen gesehen, der so eine unglaubliche Lebensfreude und Leichtigkeit ausstrahlte. Vielleicht tat er das, weil er den Ballast seines alten Lebens endlich abgelegen konnte und mit sich selbst vollkommen im Reinen war.

Nein, dieser Axel Reitz passte überhaupt nicht mehr mit dem Axel Reitz zusammen, der in meinem Kopf herumspukte. So einem Kerl, dachte ich, dem muss man einfach zuhören.

Und das tat ich.

Es sollte sich lohnen.

Denn Axel hatte wirklich eine Geschichte zu erzählen. Eine Geschichte, die einen nicht nur ganz tief in die rechtsextreme Szene, sondern auch in menschliche Abgründe führte. Kein Zweifel: Er hatte vieles gesehen. Mit 13 Jahren hatte er sich bereits radikalisiert, wurde Mitglied bei der NPD, tummelte sich in der Freien Kameradschaftsszene, war Taktgeber für die Autonomen Nationalen, entwarf früh eine Medienstrategie, die noch heute von Bedeutung ist, und hatte mit so ziemlich jeder Szene-Größe irgendeinen Berührungspunkt. Dieser Mann war einen verdammt langen Weg gegangen. Aber allein sein Ausstieg ist eine Geschichte für sich. Wobei, das sind die meisten Ausstiege. Viele Menschen haben die Vorstellung, dass man sich von heute auf morgen entscheidet, einer Szene den Rücken zu kehren. Aber so ist es nicht. So ist es nie. Ein Ausstieg ist nicht einfach etwas, das passiert. Ein Ausstieg ist ein Prozess. Ein Marathon. Jemand, der sich aus einer radikalen Szene löst, der lässt ja nicht bloß eine Ideologie hinter sich. Er verabschiedet sich von seinem gesamten bisherigen Leben, von seinem Umfeld, seinen Freunden, seinen sozialen Kontakten. Diese Dinge hinter sich zu lassen, das geht nicht von heute auf morgen. Ich weiß, wovon ich spreche. Aber Axel ist diesen Weg gegangen.

Heute ist er ein Liberaler, jemand, der keinen Zweifel daran lässt, auf dem Boden der freiheitlich-demokratischen Grundordnung zu stehen. Und sie konsequent, aus vollster Überzeugung zu verteidigen. Vielleicht ist Axel heute genauso entschlossen und konsequent darin, sich für eine liberale Demokratie einzusetzen, wie er damals für seinen Fanatismus eingetreten ist. Er engagiert sich online wie offline. Axel opfert große Teile seiner Freizeit, weil er der tiefen Überzeugung dafür ist, dass er wieder etwas gut zu machen hat. Dass er all dem Gift, dass er über Jahre versprüht hatte, nun etwas entgegensetzen muss. Und verdammt, ich weiß, dass das alles andere als einfach ist. Dass man dafür echt so einiges aushalten muss.

Da sind nicht nur die alten Weggefährten aus der Neonazi-Szene, die einen verspotten, einen bedrohen und beleidigen. Das ist nicht nur dieser schmerzhafte Prozess, sich permanent seinen alten Dämonen aus der Vergangenheit stellen zu müssen, sich immer wieder mit der Scheiße zu konfrontieren, die man zu verantworten hat. Da sind dann auch noch Menschen aus der Mitte der Gesellschaft, die einen einfach nicht ernst nehmen und einem nicht abkaufen wollen, wirklich aus der Szene ausgestiegen zu sein, nur weil man nicht zu einem glühenden Linksradikalen geworden ist. Einmal Nazi, immer Nazi, heißt es dann. So ein Bullshit!

Ich bin mittlerweile seit drei Jahren mit Axel unterwegs. Aus unserer ersten Begegnung wurde eine Freundschaft. Aber ich sehe Axel nicht nur als einen Freund. Ich sehe ihn auch als einen Menschen, der wirklich in der Lage ist, anderen Menschen zu helfen. Ihnen einen Weg aus dem Extremismus zu zeigen. Nicht, weil Axel im Besitz der ultimativen Wahrheit ist. Nicht, weil er den einzig wahren Weg kennt, die Menschen wieder in die Mitte der Gesellschaft zurückzuführen. Sondern weil seine Lebensgeschichte für etwas steht. Dafür, dass es möglich ist, sich zu verändern. Das ist die ganz große Botschaft. Veränderung ist möglich. Egal, wie aussichtslos alles erscheinen mag.

Er hat es geschafft, sich aus einer Szene zu lösen, in der er einen Großteil seines Lebens verbracht hat. Er hat es geschafft, noch einmal ganz von vorne anzufangen. Und ein Leben zu führen, in dem er endlich sein Glück gefunden hat. Ein Leben, das frei ist von Hass und Hetze und Gewalt. Und das sollte man würdigen!

Ich liebe es heute noch genauso Axel zuzuhören, wie bei unserer ersten Begegnung. Gerade auch, weil wir so ganz unterschiedliche Charaktere sind. Wir haben beide eine ähnliche Erfahrung gemacht, aber doch einen komplett anderen Blick auf die Welt. Axel ist sehr belesen, sehr wissenschaftlich und rational. Ich bin eher der Pragmatiker, der die Dinge sieht, wie sie sind. Aber gerade das macht es ja so spannend. Gemeinsam mit ihm die Welt aus unterschiedlichen Augen zu betrachten. Was uns aber eint, das ist die Schärfe und die Bissigkeit, mit der wir uns unseren ehemaligen Weggefährten entgegenstellen. Ganz egal ob online oder offline. Ja, verdammt, man sollte diesem Kerl mit den bunten Anzügen zuhören.

Oder zumindest sein Buch lesen. Man erfährt so viel mehr über Extremismus, über unsere Gesellschaft und über den Menschen und wozu er fähig ist, als man das erwarten würde. Man erfährt Dinge über dieses Land und seine Abgründe, die man nicht so schnell vergessen wird.

PROLOG

Der Tag, der mein Leben endgültig verändern sollte, begann mit einem unerwarteten Besuch. Es war noch früh am Morgen, und ich hatte eine lange Nacht hinter mir, als mich ein lautes, schrilles Geräusch aufschreckte. Ich riss die Augen auf. Was war das? Hatte es da gerade geklingelt? Oder träumte ich nur? Noch im Halbschlaf schaute ich auf meinen Wecker. Es war gerade einmal 4.47 Uhr. Ich legte mich wieder hin, zog mir ein Kissen über den Kopf und drehte mich zur Seite. Da machte bestimmt nur irgendein betrunkener Idiot Terror draußen auf der Straße.

Doch es dauerte nur ein paar Sekunden, da schrillte es erneut. Dieses Mal noch länger. Gleichzeitig fing jemand an, wie wild an meine Tür zu klopfen. »Herr Reitz!«, hörte ich eine Stimme. »Machen Sie die Türe auf! Wir wissen, dass Sie zu Hause sind!« Jetzt war ich hellwach. Das war direkt vor meiner Haustür. Ich rieb mir den Schlaf aus den Augen und sprang aus meinem Bett. Ich ging alle Optionen in meinem Kopf durch. Waren das irgendwelche Leute, die mich aufmischen wollten? Die Gefahr bestand. Ich bekam immer mal wieder Morddrohungen. Nach einem Jahrzehnt in der Naziszene hatte ich mehr als genug politische Gegner, die mir den Schädel einschlagen wollten. Noch immer etwas überfordert, taumelte ich in Richtung Flur, und als ich kurz vor meiner Haustür stand, hörte ich plötzlich ein Bohrgeräusch. Wollte man mir da gerade tatsächlich die Tür aufbohren? Ohne nachzudenken, riss ich sie instinktiv auf und erschreckte mich beinahe zu Tode, als ich plötzlich ein Dutzend uniformierter Männer vor mir stehen sah.

»Guten Morgen«, begrüßte mich ein massiver, beinahe zwei Meter großer Beamter und hielt mir seinen Ausweis vor die Nase. »Polizei. Es liegen ein Durchsuchungsbeschluss und ein Haftbefehl gegen Sie vor.« Noch bevor ich verstand, was der Mann da sagte, drängten sich schon die restlichen Beamten an mir vorbei in meine Wohnung und begannen systematisch, alles auf den Kopf zu stellen. Die Polizisten rissen die Schubladen aus den Schränken und schütteten alles auf den Boden. Ein paar behandschuhte Männer begannen, meine elektronischen Geräte zu konfiszieren. Einer stöpselte meinen Computer aus und trug ihn nach draußen. Es passierte alles so schnell, dass ich gar nicht richtig realisierte, was da vor sich ging. »Was ist denn eigentlich hier los?«, fragte ich den Beamten, der neben mir stand. »Herr Reitz, das ist eine Hausdurchsuchung.« Er ließ eine kurze Pause. »Und gegen Sie liegt ein Haftbefehl vor.« »Ein Haftbefehl?« Ich fasste mir an den Kopf und dachte nach. Was hatte ich denn angestellt? Ich dachte fieberhaft nach. Nein, da war nichts. Ich war mir keiner Schuld bewusst. »Unterstützung einer kriminellen Vereinigung«, schob der Polizist nach, doch bevor ich darüber nachdenken konnte, was das bedeutete, knurrte er mich erneut an: »Ziehen Sie sich was an, Herr Reitz.«

Ich schaute an mir herunter. Ich trug noch immer bloß meinen Morgenmantel. »Sie wollen mich jetzt wirklich verhaften?«, fragte ich noch einmal nach und ärgerte mich über mich selbst. Was für eine blöde Frage, die hätte ich mir auch sparen können. »Was für eine blöde Frage«, entgegnete mir der Polizist. »Denken Sie, wir sind vorbeigekommen, um Ihnen Ihr Frühstück zu bringen? Und jetzt ziehen Sie sich endlich etwas an.« Ich biss mir auf die Lippen und ging in mein Schlafzimmer, wo ich ein weißes Hugo-Boss-Hemd aus dem Schrank zog. »Das nicht«, raunzte mich der schlecht gelaunte Polizist an. »Wie, das nicht?« Ich drehte mich um und schaute den Zwei-Meter-Mann verdutzt an. »Die weißen Hemden kassieren wir ein. Die gelten als Uniform.« Ich überlegte kurz, ob ich etwas dazu sagen sollte, sparte mir aber den Kommentar.

»Na los, Reitz! Ziehen Sie sich halt etwas anderes an.«

Ich zuckte mit den Schultern und griff mir irgendein kariertes Hemd aus dem Schrank. Während ich es mir überstreifte, sah ich, wie ein Mann im Anzug Kreise in meinem Wohnzimmer drehte und aufgeregt etwas in sein Telefon brüllte: »Ja, den Reitz haben wir schon einmal erwischt!« Wahrscheinlich ein Staatsanwalt, dachte ich mir. Als ich wieder in das Wohnzimmer ging, sah ich wie einer der Polizisten meine eingerahmte Hitler-Fotografie von der Wand nahm. »Interessanter Einrichtungsgeschmack«, brummte er. »Hören Sie«, sagte ich zu dem Zwei-Meter-Polizisten, der die ganze Zeit wie ein Wachhund neben mir hertrottete. »Ich will einen Anwalt, und zwar jetzt!« Das hier war nicht mein erster Kontakt mit der Polizei. Ich kannte meine Rechte.

»Kriegen Sie auf der Wache.«

»Aber ich habe jetzt einen Anspruch.«

»Einen Scheiß haben Sie ...«

»Okay«, dachte ich, »scheinbar ist das hier wirklich eine ernste Nummer. Diese Jungs scheinen nun wirklich überhaupt keinen Spaß zu verstehen.« Doch noch bevor ich weiter darüber nachdenken konnte, drückte mich der Kerl bereits gegen die Wand und legte mir Handschellen an. »Ist das Ihr Ernst?«, fluchte ich. »Glauben Sie denn ernsthaft, ich laufe Ihnen hier weg, oder was?« Doch es hatte keinen Sinn. Man packte die harten Bandagen gegen mich aus.

Ich wurde abgeführt, und als ich meine Wohnung verließ, zuckte ich für einen kurzen Moment zusammen. Ein helles Scheinwerferlicht blendete mich. Ich blinzelte. »... und hier kann die Polizei einen ersten Ermittlungserfolg vorweisen«, hörte ich eine Frauenstimme. »Der Mann, der hier abgeführt wird, ist Axel Reitz, der sogenannte Hitler von Köln. Der Staatsanwaltschaft ist ein großer Schlag gegen die deutsche Neonaziszene geglückt.« Das war ein Fernsehteam. Jetzt verstand ich auch, warum man mir die Handschellen angelegt hatte. Das war besser für die Show, die sie veranstalten wollten. Nachdem man mich genügend vorgeführt hatte, wurde ich auf den Rücksitz eines Polizeiwagens gesetzt. Als man die Tür hinter mir schloss, sank ich tief in den Ledersitz ein und atmete durch. Mir war, als würde sich meine Kehle zuschnüren.

Es war nicht das erste Mal, dass ich in Handschellen abgeführt wurde. Aber dieses Mal war etwas anders. Bei all den Festnahmen zuvor war ich stets der Ansicht, mir geschehe eine ungeheure Ungerechtigkeit. Da war ich wütend und kämpferisch. Ich wehrte mich so gut, wie ich konnte. Doch dieses Mal lagen die Dinge anders. Ich war nicht mehr wütend, sondern einfach nur müde und erschöpft. Mein Akku war leer. Und ich hatte keine Lust mehr zu kämpfen, weder für mich noch für die Szene. Eine Szene, der ich beinahe mein gesamtes Leben geopfert hatte. Dabei glaubte ich doch schon längst nicht mehr an sie. Ich zuckte zusammen. Es war das erste Mal, dass ich diesen Gedanken zuließ. Ich hegte ihn schon die letzten Monate instinktiv, aber hatte mich nie getraut, ihn auszuformulieren.

Aber ja: Ich glaubte nicht mehr an diese Szene. Und ich wollte auch gar nichts mehr mit ihr zu tun haben. Mein Magen zog sich zusammen. Es bereitete mir körperliche Schmerzen, diesen Gedanken einmal konsequent zu Ende zu denken. Ich war mein ganzes Leben einer Ideologie hinterhergelaufen, doch mein unerschütterlicher Glaube hatte tiefe Risse bekommen.

Aber was, fragte ich mich, was würde noch von mir übrigbleiben, wenn ich meinen Glauben aufgäbe? Der Mensch Axel Reitz und der Nazi Axel Reitz waren doch identisch. Mein ganzes Leben war ein politischer Kampf. Und dieser beherrschte mein Dasein. Dabei hatte ich die Wahrheit längst erkannt, auch wenn ich es mir bis zu diesem Zeitpunkt nicht eingestanden hatte. Ich hatte einen Fehler gemacht, denn ich hatte mich irgendwann und irgendwo fürchterlich verlaufen.

Ein Polizist öffnete die Fahrertür und nahm vorne Platz. Er schmiss den Motor an. Ich hatte keine Ahnung, was genau man mir vorwarf. Ich hatte keine Ahnung, was als Nächstes passieren würde. Aber vielleicht, dachte ich, vielleicht war dieser Tag eine Art Weckruf. Vielleicht war das der letzte Weckruf, den ich noch bekommen würde. So konnte es einfach nicht mehr weitergehen. Ich schaute aus dem Fenster. Es begann zu regnen. Ich sah die Polizisten, die meine halbe Wohnung ausräumten. Sie trugen mein ganzes Leben in ihren Händen. Wie war es nur so weit gekommen? Wie hatte ich mich nur so sehr verlaufen können? Und wo hatte das Ganze begonnen? Ich schloss meine Augen und versuchte, die vielen Bilder in meinem Kopf zu sortieren.

1. DER EINSTIEG

Die Geschichte meines jungen Lebens war viele Jahre die Geschichte einer Radikalisierung, die Geschichte eines schrecklichen Irrwegs. Mit 13 Jahren bin ich eine Reise angetreten, auf der ich mich fürchterlich verirrt habe. Ich bin einen Weg gegangen, auf den ich rückblickend nicht stolz bin. Einen Weg, auf dem ich viele Menschen verletzt und gedemütigt habe.

Ich hätte auf diesem Kurs unzählige Abzweigungen nehmen können, um doch noch einmal umzukehren, aber ich habe sie alle verpasst. Bis ich irgendwann an einem Abgrund stand, von dem aus ich endlich klar sehen konnte, was ich aus meinem Leben gemacht hatte. Ich blickte herab auf eine Welt, die auf Hass, Intoleranz und Fremdenfeindlichkeit basierte. Das war der Moment, an dem ich mich entschloss, nie wieder in dieses Leben zurückzukehren.

Ich habe mich oft gefragt, wo diese Geschichte eigentlich anfängt. Und ich habe die unterschiedlichsten Antworten darauf gefunden. Vielleicht beginnt meine Geschichte am 10. Januar 1983 in Fliesteden. Fliesteden ist eine kleine, beschauliche Gemeinde im Rhein-Erft-Kreis. Es gibt dort 2000 Einwohner, einen Bäcker, einen Metzger und einen Tante-Emma-Laden. In Fliesteden kennt jeder jeden. Alles ist beschaulich und geordnet, alltägliche Kriminalität ist dort ein Fremdwort. Als ich das Licht der Welt erblickte, war ich ein Nachzügler. Meine Mutter hatte bereits aus erster Ehe eine Tochter, die schon nicht mehr bei uns im Haus wohnte. Mein größerer Bruder war 15 Jahre älter als ich. Und mein ältester Bruder lebte nur noch als Erinnerung bei uns. Er verstarb, noch bevor ich geboren wurde. Mein Vater war leitender Außendienstmitarbeiter bei Bayer und verdiente sehr gut. Meine Mutter war Hausfrau, und ich war der Mittelpunkt ihrer Welt. Diese Bindung dürfte sich noch einmal verstärkt haben, als ich schon als Kind an Diabetes Typ I erkrankte. Von diesem Moment an stand ich noch mehr im Mittelpunkt und wurde behütet und umsorgt. Meine Mutter achtete permanent darauf, dass es mir gut ging und ich meine Insulinspritzen regelmäßig bekam. Vielleicht entwickelte ich damals unbewusst das Bedürfnis, im Zentrum des Interesses zu sein. Zumindest zog sich dieser Drang wie ein roter Faden durch meine Kindheit. Ich wurde zu einem kleinen Exzentriker. Ich hörte als kleiner Junge gerne klassische Musik und lief ständig mit einem geschnitzten Holzstab und einem Magierhut, den ich von einem Karnevalskostüm zweckentfremdet hatte, durch die Nachbarschaft und spielte Dirigent.

Vielleicht beginnt meine Geschichte aber auch an einem Samstagabend, als ich gerade elf Jahre alt war und mit meinen Eltern vor dem Fernseher saß. Es war Winter, draußen war es ziemlich kalt, die Heizung war hoch aufgedreht, und wir saßen zu viert auf der Couch. Mein Vater zappte durch das Programm und blieb bei einer Volksmusiksendung der ARD hängen. »Ach toll«, freute er sich, als Marianne und Michael auf der Bühne standen und irgendein kitschiges Lied schmetterten. Mein Bruder und ich warfen uns vielsagende Blicke zu, was mein Vater sofort mitbekam.

»Ja, ja«, fing er gleich an zu motzen, »ich weiß schon, ihr mögt das nicht. Aber da kann ich ja nichts dafür, dass ihr keinen richtigen Geschmack habt.«

Das war typisch für meinen Vater. Sein Film- und Musikgeschmack ging ihm über alles. Was uns anderen gefiel, lehnte er kategorisch ab. Er fand unsere Vorlieben immer »Mist« oder »etwas für Dumme«. Meine Mutter gab ihm nie groß Paroli, und auch ich hatte es bis zu diesem Samstagabend einfach so hingenommen.

»Wisst ihr«, setzte mein Vater noch einmal nach, »Volksmusik ist mit großem Abstand die erfolgreichste Musik in Deutschland. Das sagt doch alles.«

»Das stimmt nicht«, widersprach ich ihm.

Für einen kurzen Moment herrschte Stille im Zimmer. Es war das erste Mal, dass ich meinem Vater so deutlich widersprach.

»Doch, es stimmt natürlich«, bekräftigte er noch einmal.

»Papa«, blieb ich bei meiner Meinung. »Das ist doch völliger Quatsch. Nimm doch alleine einen Weltstar wie Michael Jackson. Der verkauft sehr viel mehr CDs und Schallplatten als deine Volksmusiker-Dödel.«

»Tut er nicht«, beharrte mein Vater stur.

»Und warum steht er dann ständig auf dem ersten Platz in den Hitparaden?«

Mein Vater bekam einen roten Kopf, schaltete den Fernseher ab und stand von der Couch auf. »Du hast doch überhaupt keine Ahnung von der Welt, Junge!«, brüllte er und verzog sich. Auch das war typisch für meinen Vater. Er konnte ein Querulant sein. Seine Meinungen zu allen möglichen Themen waren unumstößlich. Es war einfach nicht möglich, ihn in irgendeinem Fall vom Gegenteil zu überzeugen. Egal, wie gut meine Argumente waren, er blieb stur bei seinem Punkt. Wäre er der Ansicht gewesen, die Welt sei ein

Quadrat, dann hätte selbst die NASA ihm nicht die Wahrheit klarmachen können. Allerdings bezog sich die Sturheit meines Vaters nicht auf politische Inhalte, sondern mehr auf alltägliche Dinge. Es störte mich, dass er bestimmte Sachverhalte nicht hinterfragte. Einmal rief die Mutter eines Klassenkameraden bei ihm an. Wir hatten uns auf dem Schulhof ein bisschen in die Wolle gekriegt, weil er mich permanent geärgert und ich mich irgendwann zur Wehr gesetzt hatte. Aber meinen Vater interessierte meine Version der Geschichte gar nicht. Er gab der Mutter meines Mitschülers uneingeschränkt recht, dass ich Mist gebaut hätte. In dieser Zeit entwickelte ich einen ausgeprägten Gerechtigkeitssinn. Ich reagierte empfindlich, wenn man mir Unrecht tat.

Aber im Grunde beginnt meine Geschichte an einem völlig unspektakulären Schultag in der siebten Klasse, an dem mein Wunsch, im Mittelpunkt zu stehen, und mein übersteigerter Gerechtigkeitssinn herausgefordert wurden und mich auf einen Weg führten, der mein gesamtes weiteres Leben für immer verändern sollte.

* * *

Frau Dr. Söhnke-Wittlau legte das Buch auf dem Lehrerpult ab und blickte in die Klasse. »Und dann«, sagte sie, »dann habe ich mir noch etwas ganz Besonderes für unsere Projektwoche überlegt.«

Die Projektwoche, ein kollektives Stöhnen ging durch das Klassenzimmer. Die Projektwoche war eines dieser Themen, für das sich die Begeisterung meiner Mitschüler in doch sehr engen Grenzen hielt. Bei mir war das anders. Ich richtete mich ein wenig auf und hörte zu. Ehrlich gesagt: Ich freute mich auf die Projektwoche. Wir sollten eine Art Einführung in die deutsche Politik erhalten. Von der Geschichte der Bundesrepublik über die Funktionsweise des deutschen Parlamentarismus. Was für meine Mitschüler fürchterlich langweilig war, empfand ich als spannend.

Ich war 13 Jahre alt, auf der Realschule und aufgrund meiner Faulheit nicht immer der beste Schüler gewesen. In Mathe und Physik hatte ich noch immer schlechte Noten und so konzentrierte ich mich auf die Fächer, die mich interessierten. Das waren meistens die klassischen Laber-Fächer, wie Deutsch oder Politik, da konnte ich punkten.

»Damit das alles nicht ganz so trocken und bloß Theorie ist«, fuhr Frau Söhnke-Wittlau fort, »werdet ihr ein Jugendparlament gründen.«

Fragende Blicke im Klassenzimmer. Ein Jungendparlament?

»Ihr gründet kleine Parteien«, erklärte unsere Sozialkundelehrerin. »Und mit diesen Parteien setzt ihr euch für die Belange hier in der Schule ein.« Sie führte aus, was sie damit meinte: »Ihr könnt euch etwa für den Naturschutz einsetzen. Dass der Schulteich künftig besser gepflegt wird. Oder für mehr Recht und Ordnung, in dem ihr etwa fordert, dass die Raucherecke besser kontrolliert wird.« Frau Söhnke-Wittlau schaute in die Klasse und fuhr fort: »Ihr könnt kreativ sein. Und damit ihr eine ungefähre Vorstellung davon entwickelt, was ihr in euer Parteiprogramm schreiben könnt, möchte ich, dass einer von euch als Projektarbeit die Wahlprogramme der echten Parteien vorstellt.«

Und damit es ein bisschen mehr Abwechslung gab, sollten das eben nicht nur die Programme der im Bundestag vertretenen Parteien sein, sondern auch solche der Kleinstparteien. »Meldet sich irgendjemand freiwillig?«, fragte meine Lehrerin. Ich schaute mich in der Klasse um. Wie zu erwarten war, meldete sich niemand. »Ach«, dachte ich, »was soll's?« Ich fand diese Aufgabe irgendwie spannend und hob meinen Finger. Frau Söhnke-Wittlau lächelte und nickte. »Sehr gut, Axel«, sagte sie. »Dann übernimmst du das.«

Meine Sozialkundelehrerin mochte mich, und ich mochte sie. Frau Söhnke-Wittlau war keine klassische Lehrerin. Sie war eine promovierte Theologin, eine ältere, durchaus resolute Dame, die immer mit Herzblut bei der Sache war. Sie war beseelt davon, für die richtigen Werte einzutreten. So gehörten zu ihrem Unterricht oft lange Exkurse über den deutschen Nationalsozialismus und die Urschuld der Deutschen. Irgendwie war das ihr Thema: die bösen Nazis und die Gefahr, die von ihnen ausging. Ich hatte mich daran nie gestört. Im Gegenteil, ich hatte sogar einmal *Schindlers Liste* in den Unterricht mitgebracht und vorgeschlagen, den Film im Unterricht zu schauen. Das stieß bei Frau Söhnke-Wittlau natürlich auf offene Ohren. Ich hatte den Streifen vorher gesehen und war erschreckt über die Verbrechen der Nazis. Ganz klar, dass das die Bösen waren. Und ganz klar, dass Frau Söhnke-Wittlau hier klare Kante zeigte.

Ich ging nach Hause und widmete mich noch am selben Nachmittag meiner Aufgabe. Irgendwie musste ich an sämtliche Parteiprogramme herankommen. Zunächst aber galt es herauszufinden, welche Parteien es überhaupt gab. Das war gar nicht so einfach, denn wir befanden uns in der Prä-Internet-Ära, eine einfache Google-Suche war entsprechend nicht drin. Ich schrieb also den Bundeswahlleiter in Bonn an. Der ließ mir nach ein paar Tagen eine Liste mit allen zur Wahl zugelassenen Parteien zukommen. Von vielen hatte ich noch nie etwas gehört: die Anarchistische Pogo Partei Deutschlands, die Bayernpartei, die Grauen. Knapp 40 Parteien standen auf der Liste. Ich formulierte einen Standardbrief, kopierte ihn 40-mal und schickte ihn an die Adressen der jeweiligen Parteizentralen. Dann hieß es abwarten. Einige Parteien antworteten gar nicht. Einige existierten vielleicht auch schon gar nicht mehr. Aber viele Parteien schrieben mir tatsächlich und schickten mir ihre Wahlprogramme.

Nach ein paar Tagen erreichten mich die ersten Antworten. Große Umschläge, die vollgestopft waren mit jeder Menge Wahlkampfmaterialien. Broschüren, Flyer, Kugelschreiber und Sticker waren dabei. Ich fischte das jeweilige Wahlprogramm heraus und stopfte die restlichen Unterlagen in meinen Schrank. Dann blätterte ich die Programme durch und klebte sie unsortiert auf eine große Pappe. Nach einer Woche hatte ich genug Material zusammen. Ich beschloss, dass meine Arbeit nun fertig war und nahm sie mit zur Schule, um sie meiner Lehrerin zu präsentieren.

* * *

Als am nächsten Tag der Sozialkundeunterricht zu Ende war, wartete ich ab, bis die anderen Schüler den Klassenraum verlassen hatten und in die Pause gegangen waren. »Frau Söhnke-Wittlau«, sagte ich dann und ging auf sie zu. »Ich bin fertig mit den Wahlprogrammen.« Ich legte meine Collage auf das Lehrerpult. Ich hatte alle Programme nebeneinander angeordnet, sodass man sie aufklappen und durchlesen konnte. Ehrlich gesagt, machte ich mir keine allzu großen Illusionen, dass die anderen Schüler sich wirklich mit meinem Material auseinandersetzen würden, aber das war schon okay. Es war eine leichte Aufgabe gewesen, eine sichere gute Note.

Frau Söhnke-Wittlau betrachtete das Plakat und nickte. »Sehr schön«, sagte sie. »Sehr, sehr schön. Das hast du wirklich gut gemacht.« Ich freute mich über das Lob und merkte meiner Lehrerin an, wie viel Freude sie an dem Plakat hatte.

Nach und nach entdeckte sie viele der unbekannten Parteien und blätterte ein wenig in den Prospekten. »Dafür gebe ich dir eine 1, Axel«, sagte sie. »Nur eine Sache geht nicht. Die hier ...«, sagte sie und riss drei Programme von dem Plakat herunter, »die hier können wir nicht zeigen.« Ich stutzte. Was war denn jetzt los? Hatte meine Lehrerin gerade wirklich drei Programme von meiner Collage heruntergerissen? Ich schaute sie fragend an. »Diese Parteien«, sagte meine Lehrerin, »stellen wir hier nicht aus. Denen geben wir kein Forum.« Ich verstand nicht, was sie meinte, und schaute mir die Programme an. Es waren die von der NPD, der DVU und den Republikanern.

»Was soll das bedeuten?«

»Das sind radikale Parteien«, sagte sie. »Die stellen wir in unserer Schule nicht aus.«

»Moment mal«, dachte ich. Was sollte das denn? Die Aufgabe war es doch, alle wählbaren Parteien auszustellen. Da konnte meine Lehrerin doch nicht einfach drei Programme wegnehmen. Ich fragte noch einmal nach. »Die sind radikal, die wollen wir hier nicht«, sagte sie nur.

»Aber das sind ganz normale Parteien, die man ganz normal wählen kann. Wenn sie so schlimm wären, dann wären sie doch verboten.«

Ich erklärte ihr, dass sie auf der Liste waren, die mir der Bundeswahlleiter geschickt hatte. Aber Frau Söhnke-Wittlau schaute mich nur an, zerriss die Wahlprogramme demonstrativ vor meinen Augen und schmiss sie dann in den Mülleimer. Diskussion beendet. Ich blieb zurück und verstand die Welt nicht mehr.

Die Art, wie sie mit mir sprach, erinnerte mich an die Diskussionskultur von meinem Vater. Der sagte auch einfach immer, dass das Gespräch beendet war, statt meine Einwände irgendwie ernst zu nehmen. Alleine das triggerte mich schon ungeheuer. Sie stellte dann die Reste meines Materials aus. Die anderen Schüler schauten einmal drüber und schrieben sich ein paar Sätze heraus, die sie für ihre Schülerparteien nutzten. Die Schülerpartei, die sich um den blöden Teich kümmern wollte, griff eine Naturschutzparole heraus. Niemanden interessierte es, dass drei Programme fehlten. Nur ich ärgerte mich.

Abends lag ich in meinem Bett und dachte noch einmal über alles nach. Mir ging die Sache nicht mehr aus dem Kopf. Eigentlich mochte ich Frau Söhnke-Wittlau. Aber ihr merkwürdiges Verhalten konnte ich einfach nicht begreifen. Wenn sie es mir wenigstens erklärt hätte. Ich schaltete mein Nachtlicht an und setzte mich auf die Kante meines Bettes. Lag es vielleicht doch an mir? Hatte ich irgendwas übersehen? Ich stand auf und ging zu meinem Schreibtisch, wo ich noch einmal alle Unterlagen durchging, die man mir geschickt hatte.

Tatsächlich hatte ich noch die Umschläge von den drei Parteien, die sie für das ultimative Böse erklärt hatte. Die Republikaner, die NPD und die DVU. Ich schaute mir die Flyer und die Programme noch einmal etwas genauer an. Die NPD warb mit der Parole »Sicherheit durch Recht und Ordnung«. Ich zuckte mit den Schultern. Was war daran so verkehrt? Was konnte man gegen Sicherheit haben? Oder gegen Recht? Oder gegen Ordnung? Und selbst wenn man nicht der Law-&-Order-Typ sein mochte, dann waren diese Forderungen doch kein großes Problem, oder? Zumindest rechtfertigte das meiner Meinung nach nicht die Zensur durch Frau Söhnke-Wittlau.

Die Sticker der DVU waren die knalligsten. »Ich bin stolz ein Deutscher zu sein«, stand da drauf. Oder »Deutschland, Deutschland über alles«. Das fand ich schon ziemlich platt. Aber auch hier sah ich keinen Grund, dass man diese Parteien so verteufelte wie meine Lehrerin. Wie konnte es sein, dass sie sich so sehr über die paar Sprüche aufregte? Ich begriff es einfach nicht. Zumal die Programme von den linksextremen Parteien kleben bleiben durften. Daran störte sich meine Lehrerin offenbar nicht. Dabei hatten sie meine Meinung nach viel schärfere Positionen. Sie warben ganz offen mit der »Revolution«. Und die PDS schrieb ganz klar »Wir sind nicht sozial. Wir sind Sozialisten.« Ich entschied mich, die Parteien noch einmal anzuschreiben und zu erläutern, was mir passiert war. Ich wollte ihre Inhalte verstehen.

Wieder verging einige Zeit. Von der DVU und den Republikanern bekam ich keine Antwort mehr, aber von der NPD. Sie schickten mir weitere Materialien zu: unter anderem die Parteizeitung *Deutsche Stimme* und jede Menge Unterlagen, ergänzt durch einen Brief des Vorsitzenden der NPD Köln, Peter Lingnau. Er lud mich ein, einfach mal bei einem Treffen vorbeizukommen. Ich legte die Einladung beiseite und blätterte die NPD-Broschüren durch. Ich las mich ein wenig ein. Die Themen erschienen mir noch immer nicht verkehrt zu sein. *Schutz der Familie. Schutz der Jugend vor Rauschgift.* Das fand ich jetzt alles nicht sonderlich schlimm. Warum durfte das nicht gezeigt werden?

Und dann las ich in der Parteizeitschrift noch etwas, das mich stutzig machte. Dort stand, dass manche Menschen im Gefängnis saßen, nur weil sie ihre Meinung gesagt hatten. Das konnte ich mir beim besten Willen nicht vorstellen. Seit wann kam man denn ins Gefängnis, nur weil man seine Meinung vertrat? Ich meinte, wenn man jemanden körperlich angriff, na klar, das war eine Straftat. Aber, wie ich fand, konnte man doch jede Ansicht der Welt äußern, egal, wie doof sie war. Wir lebten ja schließlich in Deutschland, einem Rechtsstaat, einer freien Demokratie. Also beschloss ich, das Thema Meinungsfreiheit im nächsten Sozialkundeunterricht anzusprechen.

* * *

Ich hatte mich vorbereitet. Die *Deutsche Stimme* und ein paar der zugeschickten Broschüren hatte ich gelesen. Aber das sollte reichen, da war ich mir sicher. Ich hatte gute Argumente an der Hand, um Frau Söhnke-Wittlau entgegenzutreten. Immerhin hatten wir einiges zu besprechen. Ich spürte, wie ich langsam aufgeregter wurde, als sie das Klassenzimmer betrat. Für mich war das so etwas wie ein kleiner Showdown. Und ich hatte mir dafür auch genau den richtigen Tag ausgesucht. Denn heute sollte es im Unterricht darum gehen, die Projektwoche auszuwerten. Was war gut gelaufen, was schlecht, und was hatten wir aus der Woche gelernt?

Ich wartete auf die erstbeste Gelegenheit, dann meldete ich mich. Frau Söhnke-Wittlau atmete schwer aus. Seit ich im Unterricht immer wieder Fragen stellte, die ich aus der NPD-Broschüre aufgeschnappt hatte, waren meine Sympathiewerte bei ihr in den tiefsten Keller gesunken. Von ihrem Lieblingsschüler war ich zu einer beinahe unerwünschten Person geworden. Zumindest kam es mir so vor. »Ich habe gelernt«, begann ich mit geschwellter Brust, »dass es um die Meinungsfreiheit in diesem Land nicht sonderlich gut bestellt ist.« Zack. Das hatte gesessen. Ich lehnte mich zurück und beobachtete ihre Reaktion. Nach und nach verfärbte sich ihr Gesicht in ein immer dunkleres Rot.

»Was redest du denn da für einen Unsinn, Axel?«, begann sie gegenzuhalten. »Das Recht auf eine freie Meinung endet dort, wo die Rechte anderer Menschen gefährdet werden.«

»Aha«, sagte ich. »Und darum wurden die Wahlprogramme von ihnen zensiert? Wahlprogramme von Parteien, die offiziell in diesem Land legal sind und gewählt werden können? Und darum sitzen Leute sogar im Gefängnis, weil sie eine eigene Meinung vertreten?«

»Nur Menschen, die gefährlich für andere Menschen sind, sitzen im Gefängnis.«

»Wie kann denn eine Meinung bitteschön eine Gefahr sein?«, hielt ich dagegen. »Wie kann man jemanden einsperren, der niemandem etwas getan hat? Der einfach nur eine andere politische Ansicht hat?«

»Manche Meinungen«, beharrte Frau Söhnke-Wittlau, »fügen unserer Gesellschaft einen Schaden zu.«

»Wenn es meine Meinung ist, dass es statt einem Gott ein fliegendes Spaghetti-Monster gibt, dann ist das meine Meinung. Vielleicht ein bisschen irre, aber dafür darf man mich doch nicht einsperren! Leben wir hier in einer Diktatur oder was?«

Und wieder ein Treffer. Damit hatte ich nicht nur das politische, sondern auch das religiöse Empfinden meiner Lehrerin so stark bombardiert, dass sie sich einer Diskussion nun komplett entzog.

»Menschen, die bestimmte Meinungen vertreten, gehören in Haft. Was die sagen, ist verbrecherisch. Und damit ist das Thema beendet!«, würgte sie das Gespräch nun endgültig ab, was mich nur noch wütender machte. Doch bevor ich noch widersprechen konnte, klingelte bereits die Schulglocke. Ich packte mir meinen Rucksack und ging aus der Klasse. Ich hatte eine ungeheure Wut im Bauch. Ich fühlte mich wieder an meine Kindheit erinnert. An die Diskussionen mit meinem Vater. Es war einfach ungerecht, dachte ich. Sie versuchte ja nicht einmal, mit Argumenten gegen mich anzukommen, sondern sie würgte jede Diskussion ab. Wie konnte das nur sein?

Dabei ging es mir gar nicht darum, die rechtsextremen Parteien grundsätzlich zu verteidigen. Ich hatte überhaupt keine Sympathien für sie oder ihre politische Gesinnung. Es ging mir nur um diesen einen Punkt. Es ging mir um die Meinungsfreiheit. Dass sie doch das Recht haben müssten, ihre Meinung zu äußern, so, wie alle anderen auch. Um nichts anderes.

»Hey Axel«, hörte ich die Stimme von einem Klassenkameraden. »Warte mal.« Ich blieb stehen und sah, wie eine Gruppe Jungs auf mich zukam. Sie strahlten mich an und klopften mir auf die Schulter. »Super gemacht, Axel«, sagten sie.

»Wirklich?«, fragte ich nach. Ich spürte, wie die Wut ein wenig verflog. Scheinbar war ich für meine Klassenkameraden ein Held. Das beruhigte mich. Sie hatten offensichtlich erkannt, worum es mir ging. Sie hatten verstanden, irgendetwas stimmte nicht und dass ich mich stark für die Meinungsfreiheit in diesem Land machte und die Dinge hinterfragte, statt sie einfach nur hinzunehmen und ...

»Ja, das war spitzenmäßig! Es ist gar nicht aufgefallen, dass ich meine Hausaufgaben nicht dabei hatte. Du musst das jetzt unbedingt öfter machen.«

»Was denn machen?«, fragte ich etwas naiv.

»Na, die Lehrer in solche Diskussionen verwickeln. Dann prüfen die die Hausaufgaben nicht ...«

»Aber ... findet ihr denn nicht, dass ich recht habe? Ich meine, es wird ständig von Meinungsfreiheit gesprochen und ...«

Sie zuckten mit den Schultern. »Ach, ist uns doch egal«, sagten sie. Okay, vielleicht hatte ich mich doch ein wenig zu früh gefreut. Echte Verbündete hatte ich noch nicht gefunden.

Es geht bei Radikalisierungsprozessen meistens nicht primär um die Ideologie. Oft geht es um unerfüllte Bedürfnisse. Wenn zur richtigen Zeit, die falschen Leute auf einen zukommen, besteht die große Gefahr von ihnen abgefischt zu werden. Egal ob Kommunist, Salafist, oder Rechtextremist. Darum ist es zentral, den Menschen zuzuhören. Ihre Bedürfnisse und Sorgen ernst zu nehmen. Auf einer zunächst einmal ganz unpolitischen Art.

* * *

Als ich abends nach Hause kam, erzählte ich meinen Eltern von dem, was an diesem Tag in der Schule passiert war. Meine Mutter verteilte die Spaghetti, die sie gekocht hatte, auf unseren Tellern. »Wie kann es denn sein, dass sie einfach bestimmte Meinungen nicht zu Wort kommen lässt?«, fragte ich in den Raum hinein. Meine Mutter hörte gar nicht richtig zu. Mein Vater schaute mich grimmig an. »Um welche Parteien ging es denn da?«, fragte er mich.

»Um die NPD und die ...«

»Ach«, sagte er mit einer wegwerfenden Handbewegung. »Junge, hör doch auf! Die braucht kein Mensch. Das sind Nazis!« Ich schüttelte den Kopf. »Aber Papa, es geht hier doch ums Prinzip.«

»Prinzip, Prinzip – im Prinzip sind das einfach Nazis. Die können weg. Die reden nur Murks.«

»Es geht ja nicht darum, dass ich teile, was sie sagen. Es geht nur darum, dass sie doch ein Recht haben sollten, es überhaupt zu sagen, wir leben hier schließlich in Deutschland und nicht in einer Diktatur.«

»Junge, wenn du Politik machen willst, dann solltest du zur Jungen Union gehen«, sagte mein Vater. »Die sind in Ordnung. Mit denen kannst du über so was diskutieren. Aber nicht mit diesen Quatsch-

Parteien.« Die Junge Union? Hm, dachte ich. Warum eigentlich nicht. Einen Versuch war es wert. ich schrieb die Jugendorganisation der CDU an und traf mich mit ihnen. Sie hatten einen Stammtisch in der Region. Doch so wirklich wurde ich nicht mit ihnen warm. Ich hatte das Gefühl, dass es den Leuten hier nicht so wirklich darum ging, etwas zu verändern. Sondern darum, irgendwo in der großen Politik mitzuspielen und sich einen Posten zu sichern.

Ich wollte mit ihnen unbedingt über das Thema sprechen, was mich so sehr beschäftigte. Die Meinungsfreiheit. Ich erzählte ihnen, was ich in der Projektwoche erlebt hatte, doch es war den Leuten, die hier saßen, völlig egal. Sie schauten mich nur an, als hätte ich nicht mehr alle Tassen im Schrank, winkten ab und beerdigten das Thema. Sie nahmen mich einfach nicht ernst. Sie behandelten mich genauso, wie mein Vater und meine Lehrerin mich behandelt hatten. Und das machte mich einfach nur wütend.

Nein, ich konnte mit der Jungen Union wirklich nichts anfangen. Also versuchte ich es doch bei der NPD.

Selbst gut gemeinte Ratschläge können manchmal einfach nur als Schläge empfunden werden. Auf diese Weise werden extremistische Narrative von einer »fehlenden Diskussionskultur« gefüttert.

Gerade zu Beginn einer Radikalisierung ist es wichtig, sachlich auf die Probleme der Menschen einzugehen, statt eine Diskussion einfach abzuwürgen. Es geht darum, sein Gegenüber ernst zu nehmen, ihm auf Augenhöhe zu begegnen – und somit eine Vertrauensbasis zu schaffen, damit Feindbilder gar nicht erst entstehen können.

* * *

Ich stieg aus der Bahn und schaute mich um. Melatenfriedhof, Köln-Lindenthal, es war 19 Uhr. Mittlerweile war es schon dunkel. Ich war zum ersten Mal in dieser Ecke der Stadt. Es war nicht sonderlich viel los. Ein paar Autos fuhren vorbei. Es war kaum noch jemand unterwegs. Ich schaute mich um. Die Straßenlaternen tauchten die Haltestelle in ein orangenes Licht, eine ältere Frau wartete auf die nächste Bahn.

Dann sah ich am anderen Ende der Straße ein paar Menschen stehen. Vorsichtig näherte ich mich ihnen. Noch bevor ich etwas sagen konnte, kam einer von ihnen auf mich zu. »Du musst Axel sein?«, sprach er mich an. »Wir hatten miteinander geschrieben«, begrüßte er mich in kölschem Singsang. Das war Peter Lingnau, Vorsitzender der NPD Köln. Eine wirkliche Erscheinung. Peter war ein großer, bärtiger Mann, dem an beiden Händen zahlreiche Finger fehlten. Er hatte als Jugendlicher einmal versucht, eine Bombe zu bauen. Nun, das hatte offensichtlich nicht so richtig funktioniert.

»Schön, dass du gekommen bist«, sagte er herzlich und legte seine Hand auf meine Schulter. »Komm, wir gehen rüber.« Ich schloss mich der Gruppe an, und wir marschierten im Gänsemarsch über die große Hauptstraße zu einem Wirtshaus. »Wirtshaus Stass« stand auf dem großen Eingangsschild. Als wir die Tür öffneten, schlug mir eine angenehme Wärme entgegen. Wir wurden gleich von dem Wirt begrüßt, einem dickbäuchigen Holländer mit einem Zwirbelbart. Er führte uns an unseren Platz in einem kleinen Saal, den der Holländer mit einer Schiebetür vom Rest der Gaststube separierte.

Ich schaute mich um. Es hatten sich gut 20 Leute eingefunden, ein durchmischtes Publikum. Die meisten wirkten recht bürgerlich. Da saßen sogar honorige Leute: Rechtsanwälte, Postangestellte, aber auch ein paar Rentner, die gerne in Erinnerungen schwelgten und von einem besseren Deutschland träumten. Und das sollten die bösen Nazis sein, vor denen ich gewarnt wurde? Das konnte ich gar nicht glauben. Diese Leute wirkten doch völlig harmlos.

Dann eröffnete Peter die Runde. Er sprach ein wenig von den anstehenden Wahlkampfveranstaltungen und von der allgemeinen politischen Lage innerhalb der Partei. Es war ein bisschen langweilig. Aber Peter schaffte es, selbst die trockensten Pflichtpunkte der Tagesordnung mit ein wenig Selbstironie und seinem rheinischen Charme sympathisch herüberzubringen.

Nach einer guten Stunde Pflichtprogramm ging der Abend in den geselligen Teil über. Es wurde noch eine Runde Bier bestellt und ganz plötzlich rückte ich in den Mittelpunkt der Veranstaltung.

Lingenau stellte mich vor. »Wir haben hier einen ganz besonderen Gast«, sagte er. »Einen jungen Mann, der schon sehr früh erkannt hat, was hier in diesem System falsch läuft«, führte er mich ein.

»Was macht denn ein so junger Kerl wie du bei uns?«, fragte mich ein älterer Mann. Ich überlegte kurz, was ich ihm sagen sollte, dann entschied ich mich, ihm meine Geschichte zu erzählen. Ich berichtete also von Frau Söhnke-Wittlau, erzählte ihm von der Projektwoche und von den Wahlprogrammen, die meine Lehrerin einfach weggeworfen hatte.

Ich merkte plötzlich, wie es im Saal ruhig wurde, wie sich alle Blicke auf mich richteten. Die Männer schüttelten die Köpfe. »Unglaublich«, riefen sie. »Typisch BRD-Systemlinge!« Ein anderer verschluckte sich fast an seinem Bier vor Wut. Dann klopfte mir Peter mit seinen verbliebenen Fingern auf die Schulter. »Du kannst stolz auf dich sein, Junge«, sagte er. »Du hast schon sehr früh Dinge erkannt, die andere nicht erkennen.« »Ganz toll«, sagte ein alter Herr, »dass du dich von dem System nicht indoktrinieren lässt.

Lass dir von denen bloß nicht eintrichtern, was du darfst und was du nicht darfst.«

Ich fühlte mich wohl, denn ich spürte, dass ich dort gut aufgehoben war. Endlich waren da Leute, die mich verstanden und die Dinge ähnlich sahen wie ich. Ich wurde angenommen. Und noch viel wichtiger: Ich wurde ernstgenommen. Als wir die Runde auflösten, kam ein junger Kerl auf mich zu. Er war vielleicht Anfang oder Mitte 20 und sah aus wie ein Vampir, kreidebleich und dünn. Sein Name war Christian. Er war Mitglied der Jugendorganisation der NPD, der Jungen Nationaldemokraten in der Region. Er gab mir seine Telefonnummer und meinte, ich solle mich einmal melden. Dann versorgte er mich noch mit zahlreichen Prospekten und Zeitschriften. Ich nahm das alles dankbar entgegen und freute mich darüber, endlich Menschen gefunden zu haben, die mich verstanden.

Extremisten geht es nicht wirklich darum, die Probleme eines Menschen zu lösen. Sie nutzen sie viel mehr als Einfallstor um ihre Weltanschauung an den Mann und an die Frau zu bringen. Das schaffen sie, in dem sie aus den erlebten Einzelfällen ein System konstruieren. Damit prägen sie ein einseitiges, auf Vorurteilen basierendes Weltbild, was die Grundlage für eine Ideologie aus Kampf, Hass und totaler Ablehnung ist. Hier gilt es früh gegenzusteuern und darüber aufzuklären, dass subjektiv erlebtes Unrecht nicht systemisch ist. Es gibt immer Gegenbeispiele, die sich finden lassen und das Weltbild somit wieder weiten.

* * *

Weiterhin trafen wir uns einmal im Monat im Wirtshaus des alten Holländers. Aber nach und nach merkte ich, dass sich neben den ganz netten und sympathischen Menschen, denen ich hier begegnet war, auch einige wirklich schräge Charaktere versammelt hatten.

»Hey Axel«, winkte mich Sascha einmal zu sich rüber. Sascha kam aus dem Aachner Raum, ein reiner Parteifunktionär. Aber er hatte etwas Verschlagenes an sich, das mir suspekt war. Widerwillig ging ich zu ihm herüber. Sascha war ein großer, übergewichtiger Glatzkopf, der ständig einen roten Kopf hatte. Ein wirklich unangenehmer Kerl.

»Ich finde das toll, dass du hier so mitmischst«, sagte er. »Du bist noch so jung, aber hast bestimmt eine glänzende Karriere vor dir.« Er nahm einen Schluck von seinem Bier. »Ach, um eine Karriere geht es mir eigentlich nicht«, winkte ich ab.

Das meinte ich auch so. Es gab kaum etwas, das für mich uninteressanter war, als in der Partei irgendwelche Posten zu übernehmen. Ich wollte einfach Dinge vorantreiben: Flugblätter verteilen, Plakate aufhängen, die Menschen davon überzeugen, dass wir diejenigen waren, die für Meinungsfreiheit eintraten. Denn das war nach wie vor mein großes Thema. Sascha lachte, er schien das nicht ernst zu nehmen. »Das sagst du jetzt ...«, begann er. »Du hast wirklich Potenzial. Du kannst gut reden. Die Leute gut einwickeln. Weißt du was, ich nehme dich unter meine Fittiche. Glaub mir, es lohnt sich für dich.« Während ich etwas von ihm wegrückte, schaute er sich um, ob irgendwer unser Gespräch mithörte. Als er sich sicher war, dass niemand in unserer Nähe stand, zog er mich noch etwas näher an sich heran.

»Ich sage dir eins, Axel, wenn hier Weihnachten ist, dann klingeln die Kassen. Ich werde ständig bei den alten Förderern eingeladen, und da gehen Spendenumschläge über den Tisch. Junge,

Junge, das kannst du dir gar nicht vorstellen. Ein Weihnachten reicht, um das halbe Jahr gut zu leben.«

»Was für ein widerlicher Typ«, dachte ich und hielt fortan Abstand zu ihm. Aber ich sollte schnell feststellen, dass sein Verhalten innerhalb der Partei gar nicht so unüblich war. Jeder versuchte sein persönliches Auskommen auf Kosten der Partei und der Kameraden zu bestreiten.

Ich setzte mich an einen der freien Tische zu einem der älteren Herren, Bernd. Bernd war recht harmlos. Er war einfach nur ein großer Schwätzer. »Na Bernd«, begrüßte ich ihn. »Wie geht es dir?« Er nahm einen Schluck von seinem Kölsch und rückte ein wenig an mich heran. »Gut, gut, Axel, du, ich zeig dir mal was ...«

Ich wusste, was jetzt kam. Aber ich ließ ihm den Spaß. Bernd zog einen ausklappbaren Ausweishalter hervor. Darin waren Parteiausweise von der Deutschen Liga für Volk und Heimat, der NPD, den Republikanern und der DVU. Also so ziemlich von allen rechtsextremen Parteien, die es gab. Das Ding hatte er mir schon auf der letzten Sitzung präsentiert, und auf der davor auch. Bernd war wahnsinnig stolz, dass er in allen rechten Parteien Mitglied war. »Wie hast du das eigentlich geschafft?«, fragte ich ihn. »Es gibt doch zwischen den einzelnen Parteien Unvereinbarkeitsbeschlüsse ... Die dürften dich doch alle gar nicht aufnehmen.« Aber Bernd zuckte nur mit den Schultern. »Was scheren mich die Unvereinbarkeitsbeschlüsse?«, fragte er nur und lächelte verschmitzt. »Ich bin für eine Vereinigte Rechte, wir müssen alle zusammenhalten.« »Viele Nullen machen noch keine Eins«, dachte ich mir, aber ich ließ ihm seinen Spleen.

Wie gesagt, war Bernd harmlos. Viel besorgniserregender fand ich zum Beispiel Trixie, die am anderen Ende des Raumes saß. Trixie war eine der ersten Reichsbürgerinnen überhaupt. Als ich das erste Mal mit ihr sprach, erzählte sie mir, ihr neuer Freund sei Minister in einer Exilregierung. Zunächst begriff ich überhaupt nicht, was sie da redete. Minister einer Exilregierung? Erst nach und nach verstand ich, das Trixie nicht mehr alle Latten am Zaun hatte.

Ein echtes Problem hatte ich auch mit Melly. Sie war Stützpunktleiterin, also Chefin der Jungen Nationaldemokraten in Köln und galt als junge Nachwuchshoffnung. Aber irgendwie schien sie mir nicht ganz sauber zu sein. Sie sprach dauernd von UFOs, Jan van Helsing und Neuschwabenland. Sie war davon überzeugt, dass die alten Nazis mit Flugscheiben zu einer geheimen Basis auf dem Mond entkommen waren und eines Tages wieder zurückkommen würden. Auch bei ihr dachte ich zu Beginn noch, dass sie mich auf den Arm nehmen wollte. Aber diese Frau meinte ihre Erzählungen völlig ernst.

Ich schaute zu Bernd herüber, der seine Ausweise inspizierte und an seinem Bier nippte. Ihn und die anderen Mitglieder hier schien dieses merkwürdige Verhalten einiger Leute nicht zu stören. Ich war mir nicht sicher, ob diese Toleranz der Parteiphilosophie oder doch bloß der kölschen Lebenseinstellung »Jeder Jeck is anders« geschuldet war. Jedenfalls fand ich die Vorstellung unmöglich, dass sich junge Leute für die NPD interessierten und dann zu Melly geschickt wurden, damit sie ihnen erst einmal einen Vortrag über Weltraumnazis halten würde. Was war das nur für ein Haufen? So sympathisch mir einige der Leute auch waren, begriff ich nicht, wie sich dort so viele Spinner tummeln konnten.

Aber es waren nicht einmal diese Spinner, die mich am meisten nervten. Die hätte ich in Kauf genommen. Viel schlimmer fand ich diese Untätigkeit. Tatsächlich unternahmen wir einfach gar nichts. Wir trafen uns und debattierten. Aber ich wollte mehr. Ich wollte raus, auf die Straße gehen. Ich wollte die Menschen darauf aufmerksam machen, wie es um die Meinungsfreiheit in diesem Land bestellt war. Wie sollte sich denn etwas ändern, wenn wir uns nur ins Hinterzimmer verkrochen und darüber jammerten, wie schlecht die Welt doch war?

* * *

Doch ich hatte gar nicht so viel Zeit, mich zu ärgern, denn der Wahlkampf 1998 stand vor der Tür. Somit kam nun ein wenig Schwung in die Partei. Ich freute mich darauf, nun endlich aktiv zu werden. Das war genau das, was ich die ganze Zeit schon machen wollte. Es war ja schön und gut, mich mit Peter und den anderen Monat für Monat im Wirtshaus zu treffen und über die Lage des Landes zu schimpfen, aber ich wollte nicht nur reden. Ich wollte wirklich etwas verändern. Ich wollte anpacken.

Und im Wahlkampf gab es nun auch für die anderen endlich keine Ausrede mehr, nicht auf die Straße zu gehen. Doch bevor wir mit dem eigentlichen Wahlkampf beginnen konnten, hatten wir noch eine andere Aufgabe zu erledigen. Wir mussten Unterschriften sammeln. Das war eine Besonderheit des deutschen Wahlrechts. Wenn eine Partei nicht in mindestens zwei Landtagen oder im Bundestag vertreten war, musste sie eine bestimmte Anzahl an sogenannten Unterstützungsunterschriften sammeln, um bei der Bundestagswahl antreten zu dürfen. Diese Regelung wurde eingeführt, damit nicht unzählige Miniparteien auf den Wahlzetteln standen.

Die NPD hatte immer knapp die erforderlichen Unterschriften zusammenbekommen, aber das war kein Selbstläufer, erst recht nicht in Köln. Da wir nicht genügend Mitglieder in unseren Reihen hatten, mussten wir eine Kaltakquise durchführen. Das bedeutete: von Tür zu Tür gehen, klingeln und um Unterschriften bitten. Das mag im oberfränkischen Wunsiedel einigermaßen problemlos über die Bühne gehen, aber in Köln-Kalk, mit einem Migrantenanteil von gefühlt 80 Prozent, war das keine dankbare Aufgabe. Dennoch zogen wirklich all unsere Leute mit. Sogar die alten Parteiopas waren Feuer und Flamme und zeigten ein Engagement, dass ich ihnen am Stammtisch gar nicht zugetraut hätte.

Wir hatten für die Unterschriftensammlung eine Hochhausstrategie entwickelt. Das bedeutete, möglichst viele Unterschriften in Hochhäusern zu sammeln. Das erschien sinnvoll, denn in den sozialen Brennpunkten waren die Menschen meist dankbar, wenn man sie direkt ansprach. Und unsere Parolen verfingen dort in der Regel auch gut. Die übliche Masche war, ein wenig Sozialneid zu schüren. »Guck mal«, sagten wir dann, »der Ali bekommt vom Staat die Kohle, die eigentlich dir zusteht. Kann doch nicht sein, dass das eigene Volk leidet, während die Ausländer den Arsch gepudert bekommen.« Das war ziemlich platt, aber mit solchen Parolen konnte man dort gut fischen.

Diese ausländerfeindlichen Parolen waren mir zu diesem Zeitpunkt eigentlich noch ziemlich unangenehm. Mein Thema war die Meinungsfreiheit, aber ich nahm das in Kauf, wenn wir damit Menschen erreichen konnten. Und es gab uns die Chance, auf wenig Raum eine Menge Unterstützer zu finden.

An einem Mittwoch machte ich mich also mit ein paar Kameraden auf nach Köln-Kalk. Wir waren immer zu viert. Zwei sammelten Unterschriften, und zwei warteten im Auto. Falls es Ärger gab, warnten sie uns, und wir konnten schnell in den Wagen springen und wegfahren. An diesem Tag lief bis dahin alles ganz gut. Wir waren im siebten Stock und ich drückte auf eine Klingel, an der kein Name stand. Wir warteten ein paar Sekunden, da öffnete mir eine große, übergewichtige Frau im Bademantel die Türe. Sie starrte uns an.

»Guten Tag«, begrüßte ich sie freundlich. »Mein Name ist Reitz, ich bin von der NPD und wir ...« Sie ließ mich nicht aussprechen, sondern drehte ihren Kopf weg und brüllte quer durch die Wohnung: »Ronny, komm mal an die Tür. Die Nazis sind hier!« Ich schaute zu meinem Kameraden rüber. Er zuckte nur mit den Schultern. Ich bekam ein ungutes Gefühl. Wer war Ronny? Ein Sympathisant? Oder vielleicht doch irgendein Antifa-Typ, der mit einem Baseballschläger anrücken würde? Ich ging vorsichtshalber einen halben Schritt zurück und war bereit, so schnell ich konnte wegzulaufen, sollte sich Ronny als Gefahr entpuppen.

Die dicke Frau schaute mich mit einem leeren Blick an. »Kommt gleich«, sagte sie seelenruhig. Ich musterte sie. Sie entsprach dem Klischeebild einer RTL-Hartz-IV-Asi-Darstellerin, wie man sie für keine Reality-TV-Show besser casten konnte. Nach wenigen Sekunden, die sich für mich wie eine halbe Ewigkeit anfühlten, riss jemand die Tür auf. Ich atmete einmal durch. Vor mir stand ein junger, drahtiger Kerl im Unterhemd und mit kahlrasiertem Schädel. Er grinste mich an. Er hatte nicht mehr allzu viele Zähne im Mund, aber ich erkannte sofort, das war ein Sympathisant. »Toll, dass ihr endlich da seid«, sagte er, als hätte er uns irgendwie erwartet. »Habt ihr Sticker dabei?« Ich nickte. Ich gab Ronny ein paar Sticker und Kugelschreiber, und als Dank telefonierte er schnell seine halbe Familie zusammen, die uns dann ganze zehn Unterschriften gab. Das war eine starke Ausbeute. »Macht's gut, Jungs, viel Erfolg noch«, rief er uns hinterher und schmiss dann die Tür seiner Wohnung zu. Das Problem an unserer Hochhausstrategie war, dass jedes Gebäude immer wieder aufs Neue eine kleine Wundertüte war. Man wusste nie, was man bekam, wenn man an einer Türe klopfte. Im nächsten Stock öffnete mir ein muskelbepackter Araber, der seine schwarzen Haare wie ein Mafioso zurückgekämmt hatte und ein goldenes Kettchen trug.

»Was ist?«, fragte er. Ich musterte ihn. Die Ali-Sozialneid-Masche würde hier nicht ziehen. »Zu dir wollte ich nicht«, sagte ich dreist und ging an die nächste Tür. Ich hatte Schwein, dass ich mir dafür keinen Ärger einhandelte. Dennoch forderten wir unser Glück weiter heraus. Und wir gingen nicht zimperlich vor. An der nächsten Tür öffnete uns eine ältere türkische Dame. »Guten Tag«, sagte sie freundlich. »Ja, hallo«, sagte ich. »Darfst du hier wählen?« Sie schaute mich unsicher an und nickte. »Dann unterschreib mal«, wies ich sie an und drückte ihr die Unterschriftenliste in die Hand. Ich benahm mich wie das letzte Arschloch. Aber Hauptsache, wir bekamen irgendwie unsere Listen gefüllt.

Bei zunehmender Radikalisierung heiligt der Zweck irgendwann alle Mittel. Man redet sich ein, dass man für eine gute Sache kämpft – das rechtfertigt dann ein unsoziales, asoziales und herrisches Verhalten. Schließlich geht es um ein höheres Ideal. In solchen Situationen brauchen radikalisierte Menschen ein Korrektiv, das ihnen zeigt, wie zynisch ihre Weltanschauung eigentlich ist.

* * *

Ein paar Wochen später holte mein Karma mich ein. Wir hatten unsere Unterschriften erfolgreich gesammelt und konnten daher mit der NPD zum Bundestagswahlkampf antreten. Also stand nun die zweite Phase unserer Tätigkeit an: Wir mussten plakatieren.

Bei Plakatierungsaktionen hatten wir gegenüber anderen Parteien einen großen Nachteil. Wir mussten unsere Poster immer höher aufhängen als üblich, da Plakate mit der Aufschrift NPD häufig beschädigt, beschmiert oder abgerissen wurden. Darum hatten wir immer eine Leiter dabei.

Außerdem hieß es vorsichtig sein. Denn nicht nur die Poster wurden zum Ziel von Vandalismus, sondern auch wir selbst. Als das Internet noch nicht so weit entwickelt war wie heute, gab es noch Antifa-Telefonketten. Wenn jemand aus der linken Szene etwas von unseren Aktivitäten mitbekam, organisierte derjenige eine Telefonkette. Innerhalb kürzester Zeit standen dann einige Linksextreme vor einem, die ihren Hass auf uns am liebsten handfest klärten. Das passierte gerade in Köln immer wieder.

Wegen dieser Gefahr waren wir besonders umsichtig, als wir eines Tages auf dem Kölner Rudolfplatz unsere Leiter aufbauten und ich mich aufmachte, eines unserer Plakate an einer Straßenlaterne aufzuhängen. Es war schon dunkel draußen, späte Nacht. Wir waren schon seit einigen Stunden unterwegs, und ich hatte nur noch drei Plakate übrig, die ich irgendwo zentral aufhängen wollte. Mich begleitete Dennis, ein treuer Parteisoldat. Er hielt die Leiter fest, während ich hinaufstieg und die Plakate mit Kabelbinder befestigte. Ich war müde. Der Tag war lang und mir ging durch den Kopf, was ich heute noch alles an Papierkram zu erledigen hatte.

Als das Plakat hing und ich langsam abstieg, sah ich, wie ein Fahrradfahrer auf uns zukam, ein junger Typ mit einem Hoodie. Er wurde etwas langsamer, schaute sich um, fuhr dann an uns vorbei und – scheiße! Was war das? Ich spürte plötzlich einen pochenden Schmerz. Mir wurde rot vor Augen. Ich fiel nach hinten, Dennis musste mich auffangen und stützen. Was war denn los mit mir? Auf einmal schien alles nur noch verzerrt bei mir anzukommen.

Ich hörte, dass Dennis etwas sagte, aber ich verstand ihn nicht. Ich vernahm nur tiefe Bässe. Mir wurde schummrig vor Augen. Er half mir, mich hinzusetzen. Ich spürte einen tiefen Schmerz an meinem Rücken und fasste instinktiv an die Stelle. Als ich mir die Hand vor Augen hielt, sah ich plötzlich, dass meine Finger feucht und voller Blut waren. Was war denn hier los?, schoss es mir durch den Kopf; auf einen Schlag war ich wieder völlig bei mir. Der Kerl auf dem Fahrrad hatte mich abgestochen.

»Axel, geht es dir gut?«, hörte ich die Stimme von Dennis, der besorgt aussah. »Ja«, sagte ich, »ja, es geht schon.«

»Komm, ich bringe dich ins Krankenhaus.«

Ich schüttelte den Kopf. »Auf gar keinen Fall«, lehnte ich vehement ab. »Wenn meine Eltern davon etwas mitbekommen, dann kann ich die Parteiarbeit künftig komplett vergessen.« Dennis schaute mich fassungslos an. »Du wurdest gerade mit einem Messer abgestochen, und du denkst jetzt daran, dass du Ärger von deinen Eltern kriegen könntest?«

»Du kennst meine Eltern nicht ...«

Ich atmete tief durch. »Alles in Ordnung«, lächelte ich. »Nichts passiert.« Dennis ging zu seinem Auto, holte einen Verbandskasten aus dem Kofferraum und versorgte notdürftig meine Wunde. »Bist du wirklich sicher, dass wir nicht ...« »Absolut«, sagte ich und raffte mich wieder auf. Ich war noch etwas wackelig auf den Beinen, aber es ging. »Wollen wir zur Polizei gehen?«, fragte er. Ich winkte ab. Eine Anzeige, das wusste ich, würde sowieso im Sande verlaufen. Wir hatten den Täter ja nicht mal richtig gesehen. Dennis setzte mich in sein Auto und fuhr mich nach Hause. Mein Einsatz für die Partei hatte sich nicht sonderlich gelohnt. Bundesweit kamen wir nach der Wahl auf 0,3 Prozent. Aber die Narbe, die mir an diesem Tag verpasst wurde, trage ich noch heute.

Gewalt erzeugt Gegengewalt. Gewalt senkt aber auch die eigenen Hemmschwellen und beschleunigt die Radikalisierung. Sie ist immer falsch und kontraproduktiv! Radikalisierte Menschen wird man niemals mit Gewalt überzeugen können.

2. RADIKALISIERUNG

Mein angetretener Weg führte mich immer tiefer in die rechte Szene. Innerhalb kürzester Zeit radikalisierte ich mich zunehmend. Ich fühlte mich von meinen Lehrern, meinen Eltern und meinen politischen Gegnern so ungerecht behandelt, dass ihre Ablehnung auf mich wie ein Brandbeschleuniger wirkte. Und je tiefer ich mich in meiner neuen Welt verkapselte, desto starrsinniger wurde ich. Ich regte mich nun über Dinge auf, für die ich mich sonst nie interessiert hätte. Am meisten trieb es mich um, wie ungleich Rechte und Linke behandelt wurden. Ich konnte es nicht begreifen, dass die kommunistischen Parteien in Deutschland weiterhin erlaubt waren, während man die NSDAP und ihre Nachfolgeparteien verboten hatte. Ich fand das unfair. Es musste doch gleiches Recht für alle gelten, oder etwa nicht? Ich hätte es ja zumindest rational verstanden, wenn man auf deutschem Boden alle extremistischen Parteien untersagte. Die MLPD und die DKP standen weiterhin zur Wahl – die NSDAP und ihre Nachfolgeorganisationen hingegen wurden verboten. Auch bezüglich der NPD wurde immer wieder über ein Verbotsverfahren diskutiert. Warum war das so?

Die Menschen, mit denen ich mich nun umgab, flüsterten mir alle möglichen Verschwörungstheorien ein. Der Staat, sagten sie mir, wolle uns mundtot machen, weil er Angst vor uns hätte, weil wir im Besitz der Wahrheit waren. Hier setzten sie bei meinem großen Thema an. Der Meinungsfreiheit. Was denkst du denn, fragten sie mich, warum es keine Meinungsfreiheit gibt? Na, weil hinter dem ein viel größerer Plan steckt. Irgendwelche finsteren Mächte wollen verhindern, dass das Volk diese Wahrheit erfährt. Denn, so hieß es in der Szene, wenn die Deutschen erst einmal die historische Wahrheit erkannten, statt das Zerrbild, dass einem in der Schule beigebracht wurde, dann würden sich die Massen unserer Bewegung anschließen.

Ich war zwiegespalten. Einerseits konnte ich es mir noch immer nicht vorstellen, dass irgendwelche dunklen Mächte das Land dumm halten wollten. Auf der anderen Seite merkte ich aber schon, dass irgendwas nicht stimmte. Mir wurde stets erzählt, die Nazis seien das Böse. Aber die Menschen, die ich in der Szene kennengelernt hatte, waren doch nicht böse. Das waren in meinen Augen normale Leute. Okay, einige Verrückte hatten wir schon in unseren Reihen – aber geschenkt. Das waren doch nur harmlose Spinner. Keine gefährlichen Mörder! Und so wie man mir in der Szene den Nationalsozialismus erklärte, war die Ideologie auch weit entfernt von dem, was ich bisher immer gehört hatte.

In der Schule brachte man uns bei, es handele sich um eine mörderische Ideologie, welche die weiße Rasse über alles setzte. Dass die Deutschen alle Nichtarier auslöschen wollten. Aber meine neuen Freunde erklärten mir, es sei ganz anders. Dass man gar nichts gegen andere Rassen habe. Im Gegenteil, man wolle doch einfach nur, dass jede Rasse in ihrem vorgesehenen Lebensraum blieb und sich so die Völker und Kulturen frei entwickeln konnten. Die Türken sollten ihre türkische Kultur behalten, die Nigerianer ihre nigerianische Kultur. Und die Deutschen sollten eben ihre deutsche Kultur leben. Die geistige Transferleistung, dass man ein »reinrassiges Volksgebiet« nur mit Gewalt schaffen könnte, konnte oder wollte ich damals noch nicht vollbringen. Für mich als 14-Jähriger war nur klar: Man versuchte, uns als Monster darzustellen, die wir in meinen Augen nicht waren. Man rückte die Idee des Nationalsozialismus in ein schlechtes Licht. Und ich war überzeugt, dagegenhalten zu müssen. Von diesem Moment an begriff ich mich – aus Prinzip – selbst als Nazi.

Extremisten versuchen immer die subjektiven Erfahrungen eines Menschen in einen großen, allgemeinen Kontext zu rücken. Erlebte Ungerechtigkeiten werden instrumentalisiert, um einen großen, dahinterstehenden Plan zu skizzieren. Dafür sind Menschen anfällig. Umso wichtiger ist es, dass gesellschaftliche Ungerechtigkeiten immer auch von demokratischen Kräften als solche benannt werden, damit radikale Kräfte gar keine Angriffspunkte haben.

Mein Gedanke war: Man müsste den Leuten nur klarmachen, dass es eine andere Erklärung für den Nationalsozialismus gab. Dass ihnen ein falsches Bild vermittelt wurde. Wenn die Menschen anfangen würden, sich einmal richtig mit der Ideologie zu beschäftigen, dann würden sie verstehen, dass man ihnen nicht die Wahrheit erzählt hatte. Also setzte ich auf subversive Propaganda. Wir mussten den Deutschen einfach nur zeigen, dass es uns noch gab, dann würden sie sich schon mit uns und unserer Ideologie beschäftigen. Und die Wahrheit erkennen. Wir brauchten dafür noch nicht einmal eine zentrale Organisation, die der Staat dann sowieso wieder verbieten würde. Ein Zellensystem reichte aus: Hunderte von NS-Einzelkämpfern, welche die Flamme am Leben erhielten.

Aber das Konzept stammte nicht von mir. Es gab eine Organisation, die sich dieser Aufgabe verschrieben hatte: die NSDAP-AO. Das AO stand für Auslands- und Aufbauorganisation. Man setzte sich für eine Wiederzulassung der NSDAP ein und baute dabei auf die Mittel, die ich auch für sinnvoll erachtete – Propaganda. Hinter dem Verein steckte ein gewisser Gary Lauck, ein US-Amerikaner mit deutschen Wurzeln, der ein glühender Antisemit und Hitler-Verehrer war. Er hatte in Amerika einen Versandhandel gegründet, bei dem die deutsche Neonaziszene alles bestellen konnte, wonach ihr der Sinn stand – angefangen von verbotener rechtsextremer Lektüre bis hin zu radikalen Stickern, Flaggen und Plakaten mit Nazisymbolik.

Die Adresse der NSDAP-AO hatte ich aus einem Verfassungsschutzbericht. Dort wurde breit über die Organisation berichtet. Zur Illustrierung druckte man einen ihrer Flyer ab – samt der Postanschrift, die ich mir direkt notierte.

Auf diese Weise gelangte ich an Material, an das ich sonst nicht gekommen wäre. Ich bestellte mir alle möglichen Sticker und Flyer, die ich überall in der Stadt anbrachte. Die Sticker, die ich verklebte, verkündeten allerdings keine politisch tiefgründigen Botschaften. Sie bestanden einfach nur aus plumper Hetze. Das waren Aufkleber mit Hakenkreuzen oder dummen Sprüchen wie »Ausländer raus«. Ich war so verblendet, dass ich überhaupt nicht begriff, wie sehr solche stumpfen Parolen die Menschen anekeln würden. Ich dachte wirklich, damit würde ich meinen Teil dazu beitragen, dass das Volk endlich aufwachen würde. Es sollten einfach alle sehen: Die Nazis waren noch da.

Wie dumm das alles war, verstand ich damals nicht. Nicht nur, dass ich auf diese Weise niemanden erreichte, im Gegenteil, die

Leute sogar noch verschreckte – ich brachte mich auch selbst in Bedrängnis. Immer wieder wurde ich beim Verkleben der Sticker erwischt und erhielt zahlreiche Anzeigen und Hausdurchsuchungen. Meine Eltern trieb das zur Verzweiflung, aber ich war unbeirrbar. Ich machte einfach weiter. Bis die Justiz schließlich die Reißleine zog. Ich war so unbelehrbar, dass ich als Strafe einen zweiwöchigen Jugendarrest aufgedrückt bekam. Aber auch das beeindruckte mich nicht all zu sehr. Da ich an schweren gesundheitlichen Problemen aufgrund meiner Diabetes litt, attestierte mir ein Arzt, haftunfähig zu sein. Ich schickte das Attest an die entsprechenden Stellen.

Bis es eines Morgens an der Haustür klingelte. Ich machte mich gerade fertig für die Schule, als ich die Türe öffnete und zwei Polizisten sah, die den Kopf schräg legten. »Bist du Axel Reitz?«

Ich nickte. »Gut«, sagte einer der beiden. »Du hast deinen Haftantritt versäumt. Darum nehmen wir dich jetzt mit.« »Moment, Moment ...«, versuchte ich, die Lage ein wenig zu beruhigen und erklärte den beiden Männern, ich hätte ein Attest vorgelegt. »Was denn für ein Attest?«, fragten sie leicht spöttisch.

»Ich bin krank, ich habe ...«

»Du siehst nicht krank aus, wir nehmen dich mit.«

Wieder wehrte ich mich: »Nein, wirklich, das geht nicht, ich ...« Keine Chance, die beiden zogen mich aus dem Haus und steckten mich auf den Rücksitz ihres Polizeiwagens. »Hören Sie«, bettelte ich regelrecht. »Selbst wenn Sie mir nicht glauben und mich mitnehmen – ich bin Diabetiker. Ich brauche dringend Insulin. Bitte lassen Sie mich das einpacken.« Die beiden ignorierten mein Flehen. Sie hielten mich wirklich für einen Simulanten. Ich nahm an, dass sie bei so ziemlich jedem Jugendlichen, den sie einkassieren wollten, irgendwelche Ausreden zu hören bekamen. Ich bin krank und mir geht es nicht so gut, waren sicherlich die beliebtesten Sprüche.

Als wir die Jugendarrestanstalt Remscheid erreichten, spürte ich, wie es mir zunehmend schlechter ging. Mir war schwindelig und übel. Mein Blutzucker war sicher deutlich angestiegen. »Bitte«, flehte ich die Männer ein letztes Mal an. »Ich brauche mein Insulin.« Ich muss in diesem Moment schon wie ein Gespenst ausgesehen haben, zumindest nahmen die Beamten mich jetzt ein wenig ernster und verlangten vom Justizpersonal, das mich entgegennahm, mich als Erstes dem Anstaltsarzt vorzuführen.

»Nicht, dass der Knabe noch umkippt.«

Tatsächlich wurde ich zu einem älteren Herrn in weißem Kittel ins Zimmer gebracht, der mich nur kurz von der Seite musterte, während er seinen Buchschrank aufräumte. »Haftbeginn?«, fragte er. »Ich bin sehr krank«, sagte ich. »Ich habe ...«

»Das sagen sie alle. Wirklich alle. Aber die Nummer zieht bei mir nicht, glaub mir Kleiner, ich habe schon alles gesehen, du bist haftfähig.«

»Ich bin Diabe ...«

Aber da wurde ich schon auf meine Zelle gebracht. Mein Gesundheitszustand wurde nun von Minute zu Minute kritischer. Mein Blutzuckerspiegel schoss durch die Decke, mein Magen zog sich zusammen. Ich bekam Krämpfe und fiel zu Boden. Dann übergab ich mich. Mir wurde schwarz vor Augen. Ich dämmerte weg. Als ich wieder aufwachte, machte gerade ein Aufseher seine Runde. Ich rief ihn zu mir. »Ich habe noch einen Anruf frei«, sagte ich, als ich mich daran erinnerte, wie ich am Empfang eingewiesen wurde. »Ich möchte sofort meine Eltern anrufen.«

Ich schwankte, als man mich zu einem Telefon brachte. Dass ich meine halbe Zelle vollgekotzt hatte, schien den Aufseher zwar ein wenig zu verstören, aber nicht so richtig zu beunruhigen. Schließlich hatte der Arzt gesagt, bei mir sei alles okay. Ich war mittlerweile komplett überzeugt, dass man bereit war, mich einfach sterben zu lassen, wenn ich mir nicht selbst helfen würde. Ich erreichte meinen Vater und erzählte ihm genau, was passiert war. Er begriff sofort, wie ernst die Lage war und tat das einzig Richtige. Er rief die Polizei an.

Tatsächlich trafen dann Polizisten ein und befreiten mich aus meiner Zelle, in der ich mich am Boden krümmend in meinem eigenen Erbrochenen wälzte. Ich wurde sofort in ein Krankenhaus gebracht und intubiert. Später verklagte ich die Anstaltsleitung. Diese beschuldigte den Arzt, der zu diesem Zeitpunkt allerdings im Ruhestand war. Damit war das durch. Dieser Vorfall bestärkte mich noch einmal in meinem Hass gegen das System. Meine Belohnung folgte: Ich musste meine zwei Wochen nicht mehr absitzen. Diese Grenzerfahrung bremste meine Radikalisierung nicht. Im Gegenteil, ich war mir sicher, man hätte mich verrecken lassen – nur weil ich ein Nazi war.

* * *

Ein paar Wochen später unterhielt ich mich auf einer Parteiveranstaltung mit Achim. »Es ist gut, dass wir Leute wie sie haben«, hörte ich ihn sagen und schüttelte den Kopf. Achim war einer der treuesten Parteisoldaten, die ich jemals kennengelernt hatte. Er war der NRW-Landesvorsitzende der Jungen Nationaldemokraten und schickte sich an, für den Bundesvorsitz zu kandidieren. »Wir brauchen solche Zugpferde.« Mit Zugpferden meinte er hier Melly, und ich begriff nicht, wie er solch eine Person so unglaublich falsch einschätzen konnte. Sie hatte sich in den vergangenen Monaten komplett aus dem Wahlkampf herausgehalten. Ich erzählte Achim, wie wir auf einer Hochhaustour waren und sie nach zwei Stunden keine Lust mehr hatte. »Sie hatte keine Lust mehr?«, fragte er. Ich nickte: »Sie verkündete uns ganz selbstverständlich, sie habe entschieden, dass das keine Arbeit für sie sei.«

»Und dann?«

»Dann setzte sie sich ins Auto, wo sie auf uns wartete, während wir von Tür zu Tür liefen.«

Mir war völlig unverständlich, wie man jemanden wie sie in der Parteielite einordnen konnte. Ehrlich gesagt, verstand ich nicht einmal, wie sie überhaupt irgendeine Funktion in der Partei innehaben konnte. Sie war ja nicht nur offensichtlich unfassbar faul. Sie verschreckte doch auch jedes potenzielle neue Mitglied, das sich der nationalen Sache anschließen wollte, und das von ihr zunächst einmal etwas von Mondbasen auf Aldebaran zu hören bekam. Diese Frau konnte man doch nicht auf normale Leute loslassen.

»Sie hat ihre Stärken, Axel. Wir brauchen sie für die nationale Sache«, sagte Etzer. Es waren Momente wie diese, die mich immer stärker an der NPD zweifeln ließen. Hinzu kam, dass ich während meiner Recherchen in den Zeitschriften und Verteilern immer wieder auf etwas stieß, das mir wie eine gute Alternative zu der Partei erschien. Ich entdeckte die sogenannten Freien Strukturen.

Die Freien Strukturen hatten sich in den späten 1990er-Jahren gebildet. Der Hintergrund waren die vorangegangenen Vereinsverbote. Seit 1992 griff der Staat in puncto rechter Szene hart durch und verbot alle kleineren rechtsextremen Parteien nach und nach: die Nationale Offensive, die Deutsche Alternative und die Nationalistische Front, um nur einige zu nennen. 1995 traf es dann auch die größte und radikalste der Kleinstparteien, die Freiheitliche Deutsche Arbeiterpartei, die FAP. Einige der führenden Köpfe der jeweiligen Parteien wurden zwischenzeitlich angeklagt und vor Gericht gestellt. Nur die NPD blieb noch übrig.

Die rechte Szene lag zu diesem Zeitpunkt völlig am Boden. Alle großen Hoffnungen hatten sich zerschlagen. Man hatte fest daran geglaubt, dass nach dem Mauerfall die »nationale Revolution« folgen würde, aber die blieb aus. Michael Kühnen, der in den 1970er-Jahren den Neonazismus begründet hatte und für mich ein absolutes Vorbild war, war an Aids verstorben, die angemeldeten Demonstrationen verliefen im Sande, der beliebte Hess-Marsch wurde verboten. Und sämtliche Kleinparteien waren auch weg.

Zunächst gründete man ein paar Kegel- und Sportvereine, mittels derer man sich versammelte. Aber da auch in diesen Gruppen wieder die altbekannten Köpfe zusammenkamen, griffen die Behörden wegen Fortführung einer verbotenen Vereinigung durch. Es drohten lange Haftstrafen. Viele Kader waren orientierungslos. Sie wussten nicht, wie sie sich nun organisieren sollten. Einige gingen zur NPD, fühlten sich dort jedoch nicht wohl, weil die Partei ihnen zu zahm war. Andere wiederum waren frustriert, gaben auf und kehrten der rechten Szene den Rücken.

Nach einigen Jahren der Depression formierten sich viele Leute neu. Darunter Typen wie Thomas Wulff, die auf die Idee kamen, eine neue Organisationsform zu wählen. Sie wussten, dass rechtsextreme Parteien und Vereine sowieso wieder verboten werden würden. Also entwickelten sie das Konzept der Freien Strukturen. Dieser Idee zufolge sollte man sich in lokalen Kleinstgruppen treffen und von dort aus Aktionen planen, unkompliziert, ohne bundesweite Strukturen und irgendwelcher Vereinsmeierei. So war man zum einen viel flexibler und schlagkräftiger und zum anderen ein Stück weit vor dem staatlichen Zugriff geschützt. Die Menschen, die sich in den Freien Strukturen wiederfanden, waren hauptsächlich Kader der verbotenen Organisationen, die viel radikaler dachten und aktionistischer aufgestellt waren als die

NPD-Leute. Man wollte wieder auf die Straße gehen und Präsenz zeigen.

Diese Leute glaubten fest daran, dass Parlamentarismus in eine Sackgasse führte und man eine Bresche schlagen müsste, indem man durch pure Präsenz dem Volk vor Augen führte, dass da noch eine Bewegung war, die etwas anders machen wollte. Irgendwie fand ich diesen Ansatz sinnvoll. Ich hatte bereits erfahren, dass die NPD nichts veränderte. Die Freien Strukturen schafften es wenigstens, ein wenig Aktionismus auf die Straße zu bringen. Und ich fühlte mich ihnen auch inhaltlich näher als den meisten NPD-Leuten. Die waren meist viel zu bürgerlich und glaubten noch zu sehr an Demokratie. Die Freien Strukturen hingegen legten ihren Fokus mehr auf die sozialen Themen. Was sollten wir über vergangene Grenzen reden, wenn es aktuell Deutsche gab, die nichts zu essen hatten? Diese Einstellung gefiel mir. Während die NPD-Leute auf die Vergangenheit schauten, blickten die Freien Kameradschaften nach vorne. Und bald sollte ich erste Kontakte in diese Szene aufbauen.

* * *

In den Zeitschriften, die ich in dieser Zeit las, stieß ich immer wieder auf Anzeigen der sogenannten »Nationalen Initiative Freiheit für Gottfried Küssel«. Küssel war ein bekannter österreichischer Neonazi, der immer wieder öffentlich den Holocaust leugnete und für eine alternative Geschichtsschreibung eintrat. Er war ein Überzeugungstäter und erhielt Anzeige um Anzeige, Strafe um Strafe, aber er machte einfach weiter. Er ließ sich nicht den Mund verbieten. Unfassbar dumm, könnte man sagen. Aber gerade weil er so unbelehrbar war, galt er in der Szene als eine Art standhafter

Held. Und als er sich dann auch noch ein Urteil wegen NS-Wiederbetätigung einfing und in Österreich zu 15 Jahren Haft verurteilt wurde, galt er bei uns endgültig als Märtyrer.

Ich hatte Küssel nie kennengelernt, aber seine Geschichte und seine Standfestigkeit imponierten mir. Also schrieb ich einen Brief an die »Nationale Initiative Freiheit für Gottfried Küssel«. So wie ich Briefe an alle Vereinigungen schrieb, die ich irgendwo entdeckte und die mir interessant vorkamen. Aber tatsächlich war die NIFGK kein Verein. Hinter der Initiative verbargen sich – wie bei vielen Konstrukten dieser Art – lediglich ein paar Einzelaktivisten, die man anschreiben konnte und die einem dann ein paar Sticker und Flyer zurückschickte. Aber das wusste ich nicht. Und darum schrieb ich munter Briefe an die Initiative, stellte ein paar Fragen, erläuterte ein paar meiner Gedanken. Irgendwann bekam ich auch die Telefonnummer dieser Organisation und rief dort hin- und wieder an. Als Leitfigur der NIFGK agierte ein Aktivist namens Sven. Sven war offenbar ziemlich schnell genervt von mir. Irgendwann leitete er mich an einen seiner Mitstreiter weiter. »Du, ich habe hier einen 14-jährigen Jungen, der mir ewiglange Briefe schreibt. Kannst du dich nicht darum kümmern?« Er konnte. Und so lernte ich den Mann kennen, der mein Leben für immer verändern sollte: Thomas Brehl.

Brehl war mir natürlich schon vorher ein Begriff. Er war einer der Stellvertreter von Michael Kühnen. Brehl war ein aktiver Netzwerker und Autor von zahlreichen Artikeln, die er in allen möglichen rechtsextremen Publikationen unterbrachte. Ich las seine Texte gerne, denn er hatte nicht nur einen klugen, strategischen Blick auf die rechte Szene, der vielen anderen Protagonisten fehlte. Er war in meinen Augen einfach auch ein Urgestein, ein alter Kämpfer. Und er war selbstkritisch, ging mit sich selbst und unseren Leuten hart ins Gericht.

Das ausgerechnet er mir plötzlich auf einen meiner Briefe antwortete, war ein absoluter Adelsschlag für mich. Ich konnte es gar nicht glauben. Ich war 14 Jahre alt, erst seit ein paar Monaten in der Szene aktiv und stand schon im Kontakt zu einer der wichtigsten Personen im rechtsextremen Spektrum. Brehl hatte mir einen ausführlichen Brief geschrieben, mir alle meine Fragen beantwortet und mir darüber hinaus noch einmal seine Weltanschauung dargelegt. Ich ließ es mir nicht nehmen und antwortete ihm mit einem bestimmt ebenso langen Brief. Und von diesem Tag an waren Thomas und ich Brieffreunde.

Meinen Eltern gefiel es gar nicht, dass nun Tag für Tag Briefe und kleine Pakete an mich ihren Briefkasten verstopften. Zumal einige in altdeutscher Sütterlinschrift adressiert waren. »Junge«, fragte mich meine Mutter eines Tages. »Von wem bekommst du denn jeden Tag so viel Post? Das ist doch nicht normal.« Ich versuchte, ihr zu erklären, dass das meine politische Korrespondenz war, aber sie schüttelte nur den Kopf. Ihr gefiel überhaupt nicht, was ich da veranstaltete. Ich überlegte, mir ein Postfach einzurichten, war jedoch noch zu jung dafür. Aber es gab die Möglichkeit, die Briefe und Pakete mit »postlagernd« zu beschriften. Dann wurden sie einem nicht zugestellt. Also lief ich fortan jeden Tag nach der Schule vier Kilometer von Fliesteden zum Postamt und holte mir die Briefe und Propagandamaterialien ab. Für mich war Brehl eine Respektsperson, die man alles fragen konnte. Er wiederum war froh, dass er jemanden formen konnte, der auch in Aktivistenkreise hineinwirkte.

Rutscht man in eine radikale Szene ab, erkennt man sehr schnell, dass dort nicht alles so läuft, wie es einem von außen zunächst erscheinen mag. Hier sind vermeintlich selbstkritische Figuren wie Thomas Brehl wichtig. Sie vermitteln: Ja, es läuft nicht alles gut, aber wir haben das Problem erkannt. Es wird sich etwas ändern. Aber das ist nur Suggestion. In Wahrheit ändert sich meistens gar nichts. Hier ist ein guter Ansatzpunkt um Menschen, die Augen zu öffnen und ihnen klar zu machen, dass eine radikale Weltanschauung schon an sich das Problem – und nicht reformierbar ist.

* * *

Nach ein paar Monaten stand bei der NPD ein Thema auf der Tagesordnung, das für ordentlich Sprengstoff sorgte. Es gab eine Ausstellung, über die man in ganz Deutschland heiß diskutierte. Sie hieß »Verbrechen der Wehrmacht« und stieß eine gesellschaftliche Debatte an, die in einer solchen Vehemenz schon lange nicht mehr geführt worden war. Diese Wanderausstellung wurde von dem Hamburger Institut für Sozialforschung angestoßen und führte durch insgesamt 34 deutsche Städte. Sie war in zwei Teilen konzipiert und sollte die Dimensionen der Naziverbrechen durch die deutsche Armee aufzeigen.

Wir fanden diese Ausstellung natürlich unmöglich. Für uns als Rechtsextreme war es eine Selbstverständlichkeit, »unsere« Wehrmacht gegen jede Kritik zu verteidigen. Aber wir bekamen unerwartete Schützenhilfe, denn auch Teile des bürgerlichen und konservativen Spektrums sahen diese Ausstellung sehr kritisch. Jede Menge Stimmen aus der CDU beharrten darauf, »unsere«

Armee sei anständig gewesen und diese Ausstellung würde einfache Soldaten zu Unrecht als Verbrecher denunzieren. Denn das wären nur einfache Männer gewesen, die bloß Befehle befolgt, nichts mit Naziverbrechen zu tun hatten und anständig waren.

Es schien auf einmal, als wäre 1968 völlig vergessen. Und tatsächlich wurde erst in dieser Zeit deutlich, dass die Aufarbeitung der deutschen Nazivergangenheit durch die 1968er nur in bestimmten Milieus stattgefunden hatte. Wer sich damit befassen wollte, wusste natürlich, dass die Wehrmacht kein anständiger Verein war. Aber in der Gesamtgesellschaft weigerte man sich, so genau hinzuschauen. Daher gab es Abwehrreflexe und ein noch immer verklärtes Geschichtsbild, dass man propagierte. Man einigte sich auf das Paradigma, dass Hitler ein Verbrecher gewesen war, aber Opa, der für ihn gekämpft hatte, ja nur seine Befehle befolgt hatte und kein übler Kerl war. Wahrscheinlich war dieses Verhalten ein psychologischer Schutzmechanismus, um zumindest einen Teil der Bevölkerung reinzuwaschen.

1968 hatte uns gelehrt, dass es das Böse in Deutschland gab. Aber das Böse waren immer noch die anderen. Besonders deutlich wurde das bereits in den 1980er-Jahren, als Franz Schönhuber mit seinen rechtspopulistischen Republikanern große Erfolge feierte. Er hatte noch vor seiner Parteitätigkeit ein autobiografisches Buch mit dem Titel *Ich war dabei* geschrieben, dass nicht nur zu einem riesigen Politikum, sondern auch zu einem Bestseller wurde.

Er schrieb, dass er der Waffen-SS angehört hatte, und distanzierte sich zugleich von der SS, die laut Schönhuber die einzigen Verbrecher gewesen waren. Er publizierte auch, er hasse Heinrich Himmler dafür, dass er seine Leute mit diesen Verbrechern in einen Topf geworfen und beschmutzt habe. Er und seine ehemaligen Kameraden hingegen hätten immer eine reine Weste gehabt.

Gerade in konservativen Milieus, die seit Langem einen Schlussstrich ziehen wollten, fielen Schönhubers Äußerungen auf fruchtbaren Boden, etwa nach dem Motto: »Wir haben jetzt genug aufgearbeitet, es reicht irgendwann mal, es war doch nicht alles schlecht.« Das waren Aussagen, die man nun wieder zu hören bekam.

Für die rechte Szene waren diese Debatten ein absoluter Glücksfall. Und es gab einen Mann, der das besser erkannte, als alle anderen: der neue NPD-Chef Udo Voigt. Er organisierte Demonstrationen in all den Städten, in denen die Wanderausstellung Station machte. Dank der Demonstrationen konnten wir uns als Vertreter einer schweigenden Mehrheit inszenieren. Frei nach dem Motto: »Wir tun jetzt was! Wir lassen uns von den Linken nicht die Geschichtsschreibung kapern und unsere Großväter als Verbrecher abstempeln.«

Die Demonstrationen wurden ein ungeheurer Erfolg für die Szene. Das lag auch daran, dass Voigt die Freien Strukturen strategisch für sich einband. Er hatte das »Drei-Säulen-Konzept« entwickelt. Dieses besagte, dass er den Kampf um die Parlamente, den Kampf um die Straße und den Kampf um die Köpfe ausrief. Er war überzeugt, dass man auf der Straße aktiv sein musste, um die Köpfe der Wähler für die Partei zu gewinnen, die dann den Kampf in das Parlament trägt. Für die Straße und den sogenannten vorpolitischen Raum brauchte er die Freien Strukturen. Dass er sich damit eine Klientel angelte, die weitaus radikaler war als die klassische NPD, war ihm egal. Das nahm er in Kauf.

Mit seiner Strategie schaffte er es tatsächlich, die Partei zu revitalisieren. Das lag auch daran, dass Männer wie Friedhelm Busse, der ehemalige Chef der FAP, der aus den Freien Strukturen kam, ein regelrechter Volkstribun war, der jetzt auf NPD-Veranstaltungen auftrat. Er war imstande, große Reden zu halten und viele Leute mitzureißen. Solche Leute fehlten der NPD. Plötzlich gingen wieder Hunderte, ja Tausende auf die Straße. Das hatte es für die NPD seit Jahrzehnten nicht mehr gegeben.

Seit Ewigkeiten war die NPD eine rein vergangenheitsbezogene Partei. Die Mitglieder druckten ihre Propagandaschriften noch in Fraktur, klebten sich Soldatenbilder an die Wände und verehrten Rudolf Heß.

Gerade bei uns jungen Mitgliedern kam der neue Aktionismus sehr gut an. Wir wollten unbedingt mit auf diese Demos fahren, was die Kölner Partei allerdings immer wieder ablehnte. »Ach«, sagte man, »das bringt doch nichts. Das gibt doch nur schlechte Presse.« Die wollten lieber weiter in ihren Hinterzimmern verschimmeln.

Doch irgendwann wurden die Diskussionen um die Teilnahme an den Demos konkret. Denn Udo Holtmann, der NRW-Landesvorsitzende, hatte eine Demonstration in Münster angesetzt. »Und jetzt besteht natürlich der Wunsch«, trug Lingnau einen Brief vor, »dass wir uns als Kölner NPD dort anschließen.« Ich war sofort begeistert. Das war genau das, worauf ich so lange gewartet hatte. Endlich ein wenig Action, freute ich mich und ergriff sofort das Wort. Für mich war völlig klar, dass wir dort geschlossen aufmarschieren würden. Das war eine Sache der Solidarität. Wenn der Landesvorstand rief, dann konnten wir uns nicht verweigern. »Klasse, wir sollten sofort Fahrtgruppen planen«, sagte ich überschwänglich und erwartete, dass die Kameraden ihre Biergläser vor Begeisterung in die Luft reißen und laute Jubelschreie ausstoßen würden. Revolution, wir kommen!

Doch das taten sie nicht. Kein Gejohle, keine Begeisterung, keine Fahrtenplanung, nichts. Die anderen schauten betreten zu

Boden. »Ich weiß ja nicht«, sagte ein älterer Kamerad nach einer Weile. »Ich glaube, wir sollten uns da nicht anschließen.« Wie bitte? Ich dachte, ich hörte nicht richtig. Das war die erste NPD-Demo seit Ewigkeiten in NRW. Seit Wochen berichtete schon die Presse. Es wurde richtig Stimmung gemacht. »Münster ist eine linke Studentenstadt«, warf jemand ein. »Da wimmelt es nur so von Antifa-Zecken.« »Na und?«, schmiss ich sofort entgegen. »Ein Grund mehr, unsere Kameraden zu unterstützen!« Peter Lingnau hielt sich zurück. Er wog seinen Kopf von links nach rechts, als wäre er unentschlossen. »Das gibt doch massiv Presse«, rief ein weiterer Kamerad in die Runde. »Da kommen wir nicht gut bei weg.« »Ja genau«, pflichtete jemand ihm bei. »Nachher druckt die Schweinepresse noch Fotos von mir, dann ist aber die Kacke am Dampfen.«

Ich war fassungslos. Was waren das denn für Revoluzzer? Schrieben sich auf die Fahnen, das System ändern zu wollen, hatten aber Angst davor, von den Nachbarn schräg angeguckt zu werden. Was für Duckmäuser. Was für Feiglinge.

Aber eigentlich hätte ich mich darüber nicht wundern müssen. Ich hatte es ja längst erkannt, dass die Partei komplett gespalten war. Zum einen gab es neue, radikalere Kräfte, die sich um den neuen Vorsitzenden Udo Voigt sammelten. Zum anderen wollte ein großer Teil der Partei diesen Weg nicht bis zum Ende mitgehen. Diese Leute befürchteten, dass man sie als zu radikal wahrnehmen würde.

Dabei waren viele von ihnen Krypto-Nazis. Nach außen hielten sie die bürgerliche Fassade aufrecht, aber wenn wir unter uns waren, dann wollten sie mit den Radikaleren mithalten. »Ich bin ja einer von euch«, sagte mir einmal ein älterer Genosse, nachdem er sich ein bisschen Mut angetrunken hatte. »Ich habe zu Hause auch die Märsche der SA auf Schallplatte.« Und Peter Lingnau wagte sich zu fortgeschrittener Stunde sogar einmal aus der Deckung und sagte, er sei schon der Ansicht, dass der Hitler so einiges richtig gemacht habe. Ganz allgemein sei das Dritte Reich auch eine tolle Sache gewesen, aber das könne man ja nicht so offen sagen.

Dieses Verhalten zeigte mir, dass man in der Sache durchaus Sympathien mit den radikaleren Kräften der Freien Strukturen hegte. Es ging ihnen wohl eher um die strategische Ausrichtung und die Angst, dass man die Partei verbieten würde, wenn man allzu radikal auftritt. Das Drei-Säulen-Konzept von Voigt lehnten sie entsprechend ab. Sie trafen sich gern im stickigen Hinterzimmer, um dort ein wenig in Erinnerungen an das vermeintlich gute alte Deutschland zu schwelgen. Aber auf die Straße gehen? Auf keinen Fall. Man sah sich selbst als bürgerlich. Und so war auch die Kölner NPD. Für sie war der wichtigste Termin des Jahres die nationale Weihnachtsfeier. Dort wurde ein »nationales Wichteln« veranstaltet. Da bekam man dann CDs von Frank Rennicke, einem beliebten rechtsextremen Liedermacher, oder die gerade angesagten Parfüms »Nationalist« oder »Walküre«, der »herbe Duft vom Neuen Reich«.

Mich trieb ihre Art zur Weißglut. »Das ist doch jetzt nicht euer Ernst«, fluchte ich. »Die Partei fordert unsere Hilfe. Und es geht um die Ehre unserer Soldaten, und ihr verkriecht euch?« Betretenes Schweigen. Ich begriff es einfach nicht. »Hier sitzen 50 Leute am Tisch, da müssen doch mindestens 25 mit nach Münster«, beharrte ich. Aber keiner wollte.

Peter Lingnau versuchte, die Wogen ein wenig zu glätten. »Na«, sagte er in seinem rheinländischen Singsang. »Mer ham ja hier in Köln auch jenoch zu tun.« Da wurde ich wirklich sauer. Was für ein Sauhaufen! Ich stand auf und verließ das Wirtshaus. Von wegen nationaler Widerstand. Denen ging es doch nicht um unser Land, denen ging es nur um sich selbst. Dabei gab es doch jetzt endlich einmal die Möglichkeit die »historischen Wahrheiten« richtigzustellen.

Vielen Dank – ohne mich. Ich hatte gerade die Tür erreicht, da spürte ich eine Hand auf meiner Schulter. »Axel, Axel, warte doch einmal ...«, hörte ich eine Stimme und drehte mich um. Hinter mir stand Siegfried Lutz. Siegfried war ein älterer Mann, Mitte 50 oder Anfang 60, lichtes Haar, untersetzt. Er war ein freundlicher und ruhiger Typ, der mir nie groß aufgefallen war. Er war zwar bei jeder Sitzung dabei, aber er hielt sich immer dezent im Hintergrund.

»Ich finde das super, was du da eben gemacht hast ...«, sagte er und schaute mich an. Mit Stolz setzte er nach: »Ich bin ehemaliges FAP-Mitglied und bei uns lief das damals noch ganz anders.« Ich betrachte Siegfried. Er war ein ehemaliges FAP-Mitglied? Das hätte ich nicht gedacht. Für mich war er immer völlig unscheinbar. Einfach ein netter Kerl, der sich anderen Leuten gegenüber meistens reserviert verhielt. Früher war er wohl einmal Vertreter gewesen, mittlerweile war er Frührentner. Er hatte zwei kleine Dackel und verkörperte zumindest nach außen hin das Bild des typischen deutschen Spießbürgers. Wenn man ihn nicht näher kannte, hätte man ihn wohl nicht als rechtsextrem eingeschätzt.

»Ich bin froh, dass jetzt ein bisschen junges Blut in der Partei ist«, gestand er mir. »Und wie du so voranpreschst, das tut uns gut.« Scheinbar hatte Siegfried nur darauf gewartet, dass jemand ihn mitziehen würde. »Jedenfalls sehe ich das so wie du, das mit Münster, das geht nicht, da können wir die Kameraden nicht alleine lassen. Wir müssen was machen. Wollen wir nicht zusammen hinfahren?« »Siegfried«, sagte ich, »das finde ich eine wirklich tolle Idee.«

* * *

Und so fuhr ich gemeinsam mit Siegfried nach Münster. Und noch zwei weitere Kameraden hatten sich bereit erklärt mitzukommen: die Gebrüder Breuer. Ansonsten wollte kein einziges NPD-Mitglied aus Köln mitziehen, eine Schande.

Nach der Demo verstanden Siegfried und ich uns so gut, dass wir uns entschieden, gemeinsam etwas auf die Beine zu stellen. Wir hatten beide verstanden, dass die Dinge bei der NPD alles andere als glatt liefen. Es war nicht bloß das mangelnde Engagement. Auch organisatorisch war die Truppe um Peter Lingnau in einem völlig desolaten Zustand. Zum einen waren da diese völlig lächerlichen Gestalten, die ich einfach nicht ernst nehmen konnte. Zum anderen hatte ich mitbekommen, wie man mit potenziellen Neumitgliedern umging. Ich hatte von Interessierten gehört, die sich bei der Partei gemeldet hatten, deren Briefe aber einfach nicht weitergegeben oder beantwortet wurden. Oder die dann zunächst bei Melly landeten und sich Vorträge über UFOs anhören mussten. Dass mein Einstieg bei der NPD so verhältnismäßig glatt gelaufen war, war wohl eher ein glücklicher Zufall.

Auch Siegfried störte die Situation in der Partei. Wir waren überzeugt, es besser zu können, wenn wir es selber anpackten. Und so gründeten wir unsere eigene freie Struktur. Wir nannten sie die »Kameradschaft Köln«, später wurde sie umbenannt in »Kameradschaft Walter Spangenberg«, nach einem ermordeten SA-Mann. Es war in Kreisen Michael Kühnens üblich, dass man Kameradschaften nach bei Straßenschlachten ums Leben gekommenen SA-Leuten benannte – den sogenannten »Blutzeugen der Bewegung«. Wir verfassten gemeinsam ein Gründungspamphlet. Es war viel radikaler als alles, was die NPD jemals formuliert hatte. Und es war größenwahnsinnig. Wir bekannten uns frei nach Michael Kühnen dazu, für die Wiederzulassung der NSDAP und für das vierte Großdeutsche Reich einzutreten. Wir definierten uns als politische Soldaten, die im Kampf für Deutschland an der vordersten Front standen. Wir wollten radikal sein und den Nationalsozialismus revitalisieren. Meine Radikalisierung hatte ihren vorläufigen Höhepunkt erreicht. Ich hatte mich zu diesem Zeitpunkt schon völlig in einer Ideologie verlaufen, die mich ernsthaft glauben ließ, dass nur der Nationalsozialismus Deutschland und die Welt zu retten vermochte. Ich glaubte wirklich daran und nahm überhaupt nicht mehr wahr, wie wahnsinnig das eigentlich war. Je mehr Propaganda ich las, je mehr ich mich mit radikalen Leuten traf, die meine Weltsicht bestätigten, desto verbohrter wurde ich.

Neben unserem völlig überzogenen Anspruch, Deutschland retten zu wollen, verfolgten wir auch handfeste strategische Ziele, die weitaus realistischer waren. In unserer Kameradschaft ging es uns darum, die nationalen Kräfte in Köln zu bündeln – all die Leute zu vereinen, denen die NPD zu verschlafen war. So vorzugehen, eröffnete uns viel mehr Möglichkeiten als zuvor. Wir druckten eigenes Propagandamaterial und sorgten für einen Anlaufpunkt, an dem wir unter uns waren und keine Rücksicht auf Parteistatuten nehmen mussten. Eine Struktur, in der wir einfach Nazis sein konnten. Und all das kam bei vielen Leuten gut an. So sprachen wir nicht nur in der Partei die Menschen an, von denen wir annahmen, dass sie ähnlich tickten wie wir. Siegfried griff auch auf seine alten Netzwerke zu und schaffte es, dass wir für unsere Gründung einiges an alter FAP-Prominenz zusammenbekamen.

* * *

Am 10. Oktober 1998 war unser offizieller Gründungstag. Wir hatten eine Kleingartenanlage gemietet, dort gab es ein Rondell mit Theke.

Ich hatte mich zurecht gemacht für unseren großen Tag, trug ein Braunhemd und die Haare korrekt gescheitelt. »Aufgeregt?«, fragte mich Siegfried. »Ach was«, winkte ich ab und versuchte, professionell zu wirken. Aber natürlich war ich aufgeregt. Auch wenn ich wusste, dass sich einige Leute angekündigt hatten, war doch nicht klar, wie es am Ende laufen würde. Wenn wir am Schluss nur mit drei Hanseln dasaßen, wäre die Blamage perfekt gewesen.

Aber ich wurde zunehmend ruhiger, denn nach und nach füllte sich unser kleiner Raum. Es wurde immer voller. Ich zählte einmal durch, es waren knapp 40 Leute erschienen. Und nicht irgendwer, wir hatten es tatsächlich geschafft, große Namen zu gewinnen. Christian Malcoci war da. Malcoci war einer der zentralen Strippenzieher der militanten rechtsextremen Bewegung. Viele bezeichneten ihn als eine Spinne, die sich auf alle neuralgischen Stellen der Bewegung setzte und von dort aus im Verborgenen agitierte. Michael Thiel war da, ein ehemaliger Funktionär aus der Kühnen-Bewegung und Mitbegründer der mittlerweile verbotenen Deutschen Alternative. Auch Sven Skoda war gekommen, der geistige Ziehsohn von Malcoci, der für das Nationale Infotelefon Rheinland verantwortlich war. Das war ein neuartiges, ziemlich cleveres Konzept. Wenn man dieses Infotelefon anrief, meldete sich ein Anrufbeantworter, der einem Meldungen aus der Szene vorlas. »Kameraden, es gibt eine neue Zeitschrift, die könnt ihr hier und dort bestellen«, hieß es zum Beispiel dann.

Für uns war die Anwesenheit solcher prominenten Figuren ein Adelsschlag. Das waren Leute mit Rang und Namen. Als wir alle beisammen waren und der offizielle Teil begann, wurde eine Botschaft von Thomas Brehl, der nicht anwesend war, verlesen. Dann hielt Siegfried Lutz eine Ansprache und führte durch das Programm, in welchem auch ich eine kurze Rede hielt.

Als der offizielle Teil der Veranstaltung beendet war, stellte ich mich an den Tresen und kam mit ein paar Leuten ins Gespräch. »Hey Kamerad«, hörte ich plötzlich eine Stimme und drehte mich um. Vor mir stand ein unscheinbarer Typ. Er trug ein weißes Hemd, eine Anglerweste mit unzähligen Taschen und eine Brille. Seine Haare hat er sich sorgfältig zu einem Mittelscheitel gekämmt. Er stellte sich mir als »Helle« vor.

»Das war eine gute Rede«, sagte er und gab mir die Hand. Ich bedankte mich, und wir unterhielten uns. Schnell wurde mir klar, dass Helle nicht so war wie die meisten anderen vor Ort. Er war ruhig und drängte sich nicht auf. Das war ungewöhnlich, denn in der Szene zeigten die meisten Menschen einen ausgeprägten Geltungsdrang. Helle war jedoch definitiv clever, wie man an seiner Art zu sprechen merkte. »Weißt du, Axel«, sagte er. »Ich habe damals schon das Postfach für die FAP in Köln gemacht, das besteht noch immer – wenn ihr Bedarf habt, könnt ihr das auch für eure Kameradschaft verwenden.« »Das ist ein sehr nettes Angebot«, bedankte ich mich. »Wir denken darüber nach.« Das klang schon verlockend, ein richtiges Postfach. Besser als ständig nur »postlagernd« auf die Briefe schreiben zu lassen und dann kilometerweit zur nächsten Poststation laufen zu müssen.

Wir tauschten unsere Telefonnummern, und ich mischte mich wieder unter die Leute. Dann entdeckte ich Ralf Tegethoff. Er trug ein Uniformhemd und stand mit einem Glas Wasser am Tresen. Tegethoff war einer der wichtigsten Köpfe der Freien Strukturen. Seine Kameradschaft aus dem Rhein-Sieg-Kreis war deutschlandweit prominent. Sein Faible fürs Soldatische hatte ihn berühmt gemacht. Er klopfte mir auf die Schulter. »Junger Kamerad«, sagte er. »Du gefällst mir! Toll, was ihr hier auf die Beine gestellt habt.« Ein Lob von Ralf Tegethoff, das war für mich ein weiterer Adelsschlag.

Er lobte mich für meinen korrekten Scheitel und mein Braunhemd. Dann nickte er in Richtung Helle. »Ihr habt euch schon kennengelernt? «, fragte er mich. »Er scheint ein guter Kerl zu sein«, bestätigte ich. »Das ist er. Kenne ihn noch aus den alten FAP-Tagen. Ein guter Soldat. Zuverlässig. Unaufgeregt. Der Sache treu. Dem könnt ihr vertrauen.« Eine Empfehlung von Tegethoff war viel wert und nahm mir den letzten Zweifel. Ich würde mit Siegfried darüber reden, dass wir diesen Helle mehr in unsere Strukturen einbinden sollten. Gute Leute auf den richtigen Positionen zu haben, war entscheidend.

Dann verabschiedete sich Tegethoff von mir und gab mir seine Telefonnummer. »Wenn irgendetwas ist, melde dich jederzeit.« Obwohl ich noch so jung war, zollten mir selbst die Uralt-Kader Respekt. Christian Malcolci lobte mich für den frischen Wind, den ich in die Szene brachte. Sollte ich bis zu diesem Zeitpunkt noch letzte, versteckte Selbstzweifel und Unsicherheiten gehabt haben, waren sie nun endgültig weg. Ich entwickelte ein unglaubliches Selbstbewusstsein. Wir hatten es geschafft, schon an unserem Gründungstag in der ersten Liga der rechtsextremen Szene in Westdeutschland anzukommen. Und wir hatten gerade erst angefangen.

* * *

Die Gründung unserer Kameradschaft war ein voller Erfolg. Und das sprach sich herum. Wir bekamen viele Anfragen von Leuten, die bei uns mitmachen wollten. Siegfried und ich entschlossen uns also, möglichst schnell ein zweites Treffen abzuhalten. Wir wollten auf keinen Fall unseren aktuellen Schwung verlieren. Ein Treffen pro Monat war unser Ziel. Aber das war gar nicht so leicht, denn wir mussten erst einmal einen Ort finden, an dem wir uns treffen konnten. Die meisten Kneipen und Lokale waren keineswegs interessiert, ihre Räume irgendwelchen Neonazis zur Verfügung zu stellen. Und wir brauchten Orte, an denen wir ausschließlich unter uns waren. Die Vorstellung, dass im Nebenraum irgendwelche Familien ihr Essen bestellten, während wir unsere Hitler-Lobpreisungen in die Mikrofone brüllten, fand selbst ich merkwürdig.

Nachdem wir einige Absagen bekommen hatten und uns so langsam die Zeit davonlief, fragte ein Kamerad bei einer Kirche in Köln-Gremberg an, die einen kleinen Saal vermietete. Wir erzählten den Leuten von der Kirche irgendeinen Quatsch, wir würden den Raum für eine private Geburtstagsfeier oder so etwas brauchen. Scheinbar kaufte uns die Kirche die Story ab und wir hatten unseren Raum, den ich erst einmal mit alten Nazidevotionalien dekorierte. Außerdem bereitete ich meine Rede für den Anlass vor. Es hatten sich rund 70 Leute angekündigt, also noch einmal deutlich mehr als bei unserem Gründungstreffen. Ich wertete das als ein gutes Zeichen.

Wieder war ich aufgeregt, als es losging, aber dieses Mal fühlte sich das Treffen schon etwas routinierter an. Ich hielt meine Rede, in der ich die NPD scharf angriff und sie wegen ihrer Untätigkeit als Gegner markierte, gegen Ausländer und Juden hetzte und dafür mit frenetischem Applaus gefeiert wurde. Aber mir war wichtig, dass wir nicht bloß redeten, sondern auch Dinge vorantrieben und Aktionen in die Wege leiteten, die die nationale Szene voranbrachten. So stellte ich unseren Plan vor, eine nationale Bibliothek aufzubauen. Wir sammelten Spenden ein, von denen wir Bücher kaufen wollten, die man sich dann kostenlos ausleihen konnte. So wollten wir künftige Kader schulen.

Als ich meine Rede beendet hatte und von dem kleinen improvisierten Rednerpult stieg, ließ ich meinen Blick durch den Raum schweifen. Es waren sehr viele Leute dort, und alle saßen nebeneinander: alte FAP-Funktionäre, junge Nationalisten, Skinheads. Während ein alter Kader auf die Bühne stieg, träumte ich ein wenig vor mich hin. Wenn wir schon nach nur einer Sitzung so viele Menschen versammeln konnten, was könnten wir dann erst in einem Jahr zustande bringen? In fünf oder zehn Jahren? »Wir könnten es wirklich schaffen«, dachte ich. »Wir könnten tatsächlich eine Massenbewegung werden.«

Und dann kam das SEK. Es ging so schnell, dass ich einen Moment brauchte, um zu realisieren, was vor sich ging. Die Türen wurden aufgestoßen, und zahlreiche, schwarzvermummte Gestalten liefen in den Raum. Es brach ein Tumult aus. »Polizei!«, gaben sich die Männer zu erkennen. »Hände über die Köpfe, Hände über die Köpfe!« Unsere Leute sprangen von ihren Stühlen auf und wussten gar nicht, wie ihnen geschah. Immer mehr schwarzgekleidete Polizisten mit gezogenen Waffen drangen in den Raum. »Hände über den Kopf!«, brüllten sie immer wieder und kreisten uns ein. Scheiße! Was war denn hier los? Ich stand im Hintergrund und verfolgte, wie die Beamten immer mehr von unseren Leuten Handschellen anlegten und sie auf den Boden drückten.

»Sofort die Hände hinter den Kopf!«, hörte ich eine Stimme nah bei mir. Ich drehte mich nach links und sah einen Beamten, der mit seiner Knarre direkt auf mein Gesicht zielte. »Ist doch alles in Ordnung«, sagte ich und versuchte zu deeskalieren. »Was soll denn das, wir sind hier doch keine Terroristen«, sagte ich und wurde in dem Moment gegen die Wand gedrückt. »Ihr seid dreckige Nazis«, sagte mir der Bulle ins Gesicht, scheinbar der Einsatzleiter dieser Aktion. »Und eins verspreche ich dir, Kleiner, euch mit eurer Nazischeiße mache ich platt«. Dann riss er mich herunter, drückte mein Gesicht auf den Boden und legte mir Handschellen an. »Ab heute keine Kameradschaft mehr.« »Von wegen, dachte ich trotzig. »Ab heute legen wir erst richtig los. Nur um es euch Arschlöchern so richtig zu zeigen.«

Wir wurden vor Ort fotografiert, dann begleitete man uns nach Hause, wo alles durchsucht wurde. Meine Eltern waren alles andere als begeistert, als ich mit der Polizei nach Hause kam. Sie saßen gerade vor dem Fernseher und schauten eine Volksmusiksendung.

So erschreckend die Erfahrung auch war, von einem Spezialeinsatzkommando aufgemischt zu werden, irgendwie bestätigte mich die Aktion, auf dem richtigen Weg zu sein. Wenn der Staat derart interessiert war, uns kleinzuhalten, dann musste er uns wirklich als eine Gefahr ansehen. Am nächsten Tag waren die Medien voll mit Berichten über uns. Wir waren also auf dem richtigen Weg!

Je mehr Gegenwind man bekommt, desto mehr sieht sich der Radikale bestätigt. Dahinter steht eine völlig unrealistische Selbstüberschätzung. Jede Form von Gegenwind suggeriert eine Bedeutung, die faktisch nicht vorhanden ist. Man baut alles in seine Erklärungsmuster ein. Man muss den Menschen an diesem Punkt immer und immer wieder vor Augen führen, dass ihre Zirkelschlüsse Interpretationen, aber keine Fakten sind.

* * *

Wir suchten uns einen Szeneanwalt, der schnell Akteneinsicht bekam. »Die Sache ist ernst«, offenbarte er uns ein paar Tage später. »Die wollen euch plattmachen.« Plattmachen bedeutete, dass sie uns verbieten wollten. Der Vorwurf lautete, wir seien eine FAP-Nachfolgeorganisation. Zu unserer Kameradschaft gehörten einige FAP-Mitglieder, und wir verwendeten ein altes FAP-Postfach. Das reichte ihnen, um Ermittlungen einzuleiten. Wir erfuhren schnell, dass der Staatsschutz uns schon seit unserem ersten Treffen auf dem Schirm hatte. Der kleine Kirchensaal wurde vorab verwanzt und mit Videokameras bestückt. Ich biss mir auf die Lippen, als ich das hörte. »Okay«, dachte ich. »In Zukunft heißt das, noch vorsichtiger zu sein.«

»Was können wir machen?«, fragte ich unseren Anwalt. »Ihr müsst jeden Verdacht beseitigen, dass ihr irgendwie in Verbindung zur FAP steht.« Er schaute Siegfried an. »Am besten«, sagte er, »wäre es, wenn du den Vorsitz abgibst.« Siegfried nickte. Das war für ihn kein Problem. Nicht nur, dass er überhaupt keine Eitelkeiten kannte und wirklich für die Sache lebte. In den letzten Tagen hatte ihn die Kameradschaft ohnehin genervt. Der Grund war ein kleiner Zwischenfall, der ihn stark belastete. Wenn ich sage, ein kleiner Zwischenfall, dann meine ich wirklich einen ziemlich kleinen Zwischenfall. Auf unserem Gründungstag hatte sich ein Kamerad von ihm Geld geliehen, um Getränke für die Kleingartenanlage zu kaufen, in der wir unsere Sitzung abhielten. Es ging um rund 100 Mark. Das Geld hatte er Siegfried aber nicht zurückgegeben, und Siegfried war wütend darüber, weil er meinte, jetzt sogar von seinen eigenen Kameraden abgezogen zu werden. Daher spielte er schon mit dem Gedanken, komplett aus der Kameradschaft auszutreten. Ich überzeugte ihn zum Glück davon, an Bord zu bleiben, aber nach der Aktion fiel es ihm nicht schwer, den Vorsitz abzugeben.

»Aber dir ist klar, dass du das dann machen musst, Axel?« Ich nickte. Eigentlich hatte ich darauf keine große Lust. Es war nicht so, dass ich die Aufmerksamkeit nicht auch genossen hätte. Aber ich sah mich eher als jemanden, der im Hintergrund stand und die organisatorische Arbeit übernahm. Bislang war ich Kameradschaftssekretär, die perfekte Stelle für mich. Aber ich erkannte dennoch, dass es sinnvoll für mich war, den Vorsitz zu übernehmen. Ich traute mir das zu.

»Ich habe noch etwas für euch«, sagte unser Anwalt und schob uns eine Akte herüber. »Was ist das?«, fragte Sigfried. Ich schaute mir die Akte an und wusste sofort, was wir da vor uns hatten. »Das sind die Aussagen, die einige unserer sogenannten Kameraden bei der Polizei über uns gemacht haben.« Ich konnte es nicht glauben. Öffentlich schworen sie uns die Treue und taten, als wären sie die denkbar loyalsten Brüder. Aber sobald der Staat sie auch nur ein klein wenig in die Mangel nahm, sangen sie wie die Vögel. Ich schüttelte den Kopf. Unfassbar. »Aber das ist gut«, sagte Siegfried und tippte auf die vor uns liegende Akte. »Jetzt können wir aussortieren.«

Und das taten wir. Wir verabschiedeten uns von dem Gedanken, die »Kameradschaft Walter Spangenberg« solle eine Massenbewegung werden. Von diesem Tag an hielten wir unseren Kreis möglichst klein und setzten nur noch auf vertrauenswürdige Mitglieder. Wir nahmen nicht mehr jeden auf. Nach ein paar Monaten schaffte es unser Anwalt auch tatsächlich, das Strafverfahren abzuwenden. Und ich wuchs schnell in meine Rolle als Kameradschaftsführer hinein.

Nach außen hin wird in jeder radikalen Szene Kameradschaft und Solidarität beschworen. In der Realität werden diese Werte aber regelmäßig mit Füßen getreten. Das sind keine Einzelfälle, sondern Alltag. Die Neonaziszene ist Games Of Thrones auf Wish bestellt. Man muss radikalisierten Menschen immer wieder vorführen wie weit die Idealvorstellungen von der Realität entfernt sind.

* * *

Wir nahmen uns vor, uns vom Staat nicht einschüchtern zu lassen. Ganz im Gegenteil, wir hatten die Kampfansage verstanden und nahmen sie an. Wir trafen uns weiter. Und wir hatten uns neu aufgestellt. Helle hatte nun eine wichtige Rolle bei uns und wurde zu meinem Stellvertreter. Einmal im Monat hielten wir unseren Stammtisch ab, entweder in einer angemieteten Kegelbahn oder in einem Hinterzimmer von irgendeiner Spelunke, in der man uns kannte. Wir wollten uns selber treu bleiben und hielten unsere Veranstaltungen in Braunhemd und Nazi-Camouflage ab, entsprechend mussten die Wirte natürlich eingeweiht und auf Linie sein, damit sie nicht die Polizei riefen oder uns einfach hochkant rauswarfen. Nach einiger Zeit schlich sich eine gewisse Routine ein. Wir besprachen die neuesten Termine, organisierten uns und verteilten Propagandamaterial. Dann stimmten wir uns ab, was in der Region und was überregional laufen sollte und wo wir uns beteiligen würden.

Indem wir regelmäßig auf Demonstrationen erschienen, waren wir schnell angebunden. Jedes Wochenende stand irgendwas an. In dieser Zeit war es mir besonders wichtig, dass wir uns mit der Kameradschaft gut vernetzten. Wenn wir nicht selber Kameradschaftsabende abhielten, dann fuhren wir durch das Land und besuchten andere befreundete Gruppen.

In dieser Zeit waren wir auch zum ersten Mal bei Ralf Tegethoff zu Besuch. Ralf war freundlich im persönlichen Kontakt. Aber sobald er seine öffentliche Rolle einnahm, war er nicht mehr der nette Ralf, sondern der Kommandeur. Tegethoff kultivierte einen unglaublichen Soldatenfetisch. Er verehrte alles zutiefst, was irgendwie soldatisch war. Zudem trat er immer nur in Uniform in Erscheinung. Er wirkte wie ein lebender Anachronismus, aber irgendwie war das eben der Tegethoff. Eine Figur, die von Teilen belächelt, aber von den meisten respektiert wurde.

Wir trafen uns in einer Kneipe, die er gemietet hatte. Ich war erstaunt, denn alle Anwesenden waren ordentlich gekleidet. Und Tegethoff schien seine Leute fest im Griff zu haben. Während er die Termine für die nächsten Wochen verlas, war im Raum kein Mucks zu hören. Ich schaute zu Helle rüber, der neben mir saß und die Augenbrauen hochzog. Er schien mindestens genauso beeindruckt zu sein, wie ich. Helle hatte ebenfalls ein Faible für dieses Soldatentum. Ich hingegen konnte damit kaum etwas anfangen.

Mitten in der Veranstaltung sprang Tegethoff plötzlich auf und rief: »Kameraden, aufstehen! Jetzt geht's raus zum Formalexerzieren!« War das ein Scherz? Ich musste mich zusammenreißen, um nicht laut loszulachen. Aber seine Truppe gehorchte, die 20 Männer im Raum sprangen auf und stellten sich vor der Tür auf. Tegethoff schritt in Feldherrenpose an ihnen vorüber und befahl: »Kameraden, Achtung! Ausrichten, Blick geradeaus. Jetzt: Marsch!« Und dann marschierten sie wirklich einmal um diese blöde Kneipe herum. Helle reihte sich ein und trottete brav mit. Ich konnte es einfach nicht glauben. Ich wollte hier Termine absprechen, ein paar Bier trinken und nicht durch den Matsch laufen.

»Kamerad Reitz«, raunzte mich Tegethoff an, als er sah, dass ich an der Tür lehnte, mir das Spektakel nur von Weitem ansah und keinerlei Anstalten machte, an dem Quatsch mitzuwirken. »Was ist denn mit dir?« Er meinte das wirklich ernst. Weil ich Tegethoff mochte und ihn nicht vor den Kopf stoßen wollte, spielte ich sein Spiel mit. »Kamerad Tegethoff«, sagte ich und streckte den Rücken durch. »Ich nicht!«

»Wieso das, Kamerad Reitz? Bist du etwas Besseres?«

»Nein Kamerad Tegethoff, im Gegenteil. Du bist Kameradschaftsführer. Ich bin Kameradschaftsführer. Wie würde es denn vor meinen Leuten aussehen, wenn ich mich jemandem von gleichem Rang unterordne?«

Er zögerte, starrte mir in die Augen. Er nickte. »Du hast recht, Kamerad Reitz. Du nimmst mit mir den Aufmarsch ab.« Dann stellte ich mich neben ihn, und wir beobachteten, wie die anderen um die kleine Kneipe marschierten. Niemand tanzte aus der Reihe.

Als wir am Abend wieder nach Hause fuhren, war ich einigermaßen verblüfft von dem, was ich erlebt hatte. Aber so war Tegethoff eben, er zog keine Show für uns ab. Bei späteren Gelegenheiten sollte ich das immer wieder feststellen. Wenn man mit ihm im Auto saß und an der Tankstelle hielt, gab er die Kommandos vor. »Kameraden, absitzen!«, hieß es dann. Vorher durfte keiner aufstehen. Anschließend musste man sich vor dem Auto aufstellen und warten, bis er weitere Befehle gab. Für jeden Außenstehenden musste dieses Verhalten Realsatire sein. Aber er lebte seine merkwürdige Vorstellung vom Soldatentum einfach aus. Dabei hatte Tegethoff Gerüchten zufolge nie selber beim Bund gedient.

3. STRASSENAKTIVISMUS

Trotz all unserer eigenen Aktivitäten besuchte ich auch weiterhin die NPD-Veranstaltungen in Köln. Auch wenn ich wirklich eine tiefe Abneigung gegen die Partei entwickelt hatte, wusste ich doch, dass sie gebraucht wurde. Die NPD war gut vernetzt und bundesweit organisiert, und außerdem war sie für viele Menschen ein erster Anlaufpunkt. Ich begriff die Partei auch als eine Art Durchlauferhitzer. Wer sich weiter radikalisieren wollte, dem boten wir ganz uneigennützig einen Platz in der Kameradschaft an.

So wie ich zu ihr, hatte auch die NPD ein gespaltenes Verhältnis zu uns. Zum einen sahen einige Mitglieder unser radikales Auftreten kritisch und fanden unsere offen nationalsozialistische Ausdrucksweise abstoßend. Zum anderen war ihnen aber auch klar, dass wir jungen Menschen etwas boten, wozu sie selbst nicht in der Lage waren. Und sie verstanden, dass sie unsere Manpower brauchten. Sie benötigten Leute, die während der Wahlkämpfe ihr Propagandamaterial verteilten, für sie Unterschriften sammelten und ihre Veranstaltungen besuchten. Uns kettete eine Art gegenseitige Abhängigkeit aneinander.

Bei einer Gelegenheit zeigte sich, wie sehr wir die Partei doch noch brauchen würden. Am 22. Mai 1999 sollte die berühmte Wehrmachtsausstellung nach Köln kommen. Für unsere Kameradschaft war völlig klar, dass wir dort etwas Gewaltiges auf die Beine stellen mussten. Besonders nachdem sich in den anderen Städten schon gezeigt hatte, welch ein Erweckungserlebnis die Demonstrationen für die Szene waren und wie sehr sie rechte Kräfte mobilisierten. Es hatte sich mittlerweile abgezeichnet: Das Konzept von Udo Voigt war aufgegangen. Sein Kampf um die Straße, die Köpfe und die Parlamente hatte die Altherrenpartei NPD aus der Leichenstarre erweckt.

Nur: In Köln schien das noch immer nicht so richtig angekommen zu sein. Ich fühlte mich wieder an meine ewig lange Diskussion mit den NPD-Kameraden erinnert, als es darum ging, in Münster Präsenz zu zeigen. »Ach wirklich«, sagte ein älteres Parteimitglied, als wir uns beim alten Holländer im Wirtshaus trafen, »jetzt fängt das schon wieder an. Immer nur Demos, Demos, Demos, es gibt doch viel Wichtigeres, was wir für Deutschland machen können.« Ich war diese Sprüche mittlerweile gewohnt, trotzdem ärgerten sie mich. »Und dann ausgerechnet hier in Köln«, warf ein anderer ein. »Hier gab es keinen nationalen Aufmarsch seit dem Zweiten Weltkrieg mehr ... die Presse würde sich auf uns stürzen.«

»Genau das ist doch der Sinn der Sache, Kamerad«, antwortete ich ihm stoisch. »Wir müssen auf uns aufmerksam machen. Wir müssen diesen zähen Kautschuk aufbrechen, der die gesamte nationale Bewegung umgibt.« Ich hatte diese Floskeln mittlerweile so verinnerlicht, dass ich sie aus dem Stand vortragen konnte. »Jungs, ganz ehrlich«, versuchte ich es dann noch einmal ein wenig burschikoser. »Es lief was in München, es lief was in Münster, vor ein paar Wochen lief eine riesige Demo in Bonn. Wir müssen da jetzt auch etwas machen. Die Kölner NPD kann nicht der einzige Kreisverband sein, der kneift.« Die älteren Herren waren wenig begeistert, aber sie sahen meinen Punkt.

Besonders die Demo in Bonn, nur 30 Kilometer von Köln entfernt, hatte für einigen Wirbel gesorgt. Nicht unbedingt, weil sie so rege besucht war. Es waren nur ein paar hundert Nationalisten gekommen, die fernab vom Schuss ein wenig am Rhein entlangliefen, aber das Highlight war die Rede von Friedhelm Busse. Busse war ein alter Neonazikader, der in Sachen Radikalität alle in die Tasche steckte. Aber er war auch ein verdammt guter Redner. Für die NPD waren die offen rassistischen und judenfeindlichen Aussagen, die er in hohem Stakkato herausschmetterte, ein Albtraum, da sie nur haarscharf am Volksverhetzungsparagraphen vorbeischrammten. Dennoch machte die Rede Eindruck auf die Szene. Busse schaffte es wie kaum ein Zweiter, die Menschen zu mobilisieren. Über seine Rede in Bonn sprachen gefühlt alle. Und das war es ja, worum es ging. Schließlich waren die Demonstrationen kein Selbstzweck.

»Passt auf«, sagte ich, »wenn *ihr* keine Demo machen wollt, dann machen *wir* das eben.«

»Moment, Moment«, sagte Lingnau, denn das gefiel ihm nun auch nicht. Er wusste, er würde vor der Parteiführung verdammt blöd dastehen, wenn die NPD in Köln sich die Show von einer Kameradschaft stehlen ließ.

»Das geht so auch nicht.«

»Wie wäre es damit«, schlug ich schließlich meinen geheimen Plan vor. »Wir ziehen das zusammen durch. Wir kümmern uns um die Organisation, dafür meldet ihr die Demo offiziell an.« So vorzugehen hatte viele Vorteile, denn wenn eine Privatperson eine solche Veranstaltung anmelden wollte, wurde sie meist von den Behörden untersagt. Wenn die NPD als eine offizielle Partei die Demo organisierte, lagen die Hürden, um sie zu unterbinden, weitaus höher.

Wir einigten uns schließlich auf diese Vorgehensweise, und Paul Breuer meldete die erste Demonstration der rechtsextremen

Szene in Köln seit über 55 Jahren für die NPD an. Ich hätte es auch gemacht, aber ich war noch zu jung, und Paul war das perfekte Bindeglied zwischen der Partei und meiner Kameradschaft. Seit wir uns auf der Demo in Münster richtig kennengelernt hatten, waren wir viel miteinander unterwegs. In der Kameradschaft war er neben Helle mittlerweile so etwas wie meine rechte Hand. Er band sich noch ein Stück weit enger an uns, als sein Zwillingsbruder beschloss, aus der Szene auszusteigen. So wurden Helle, Paul und ich zu einem Triumvirat, das die Szene in Köln auf der radikalen nationalsozialistischen Linie mitbestimmte.

»Wir brauchen Flugblätter«, sagte ich, und kaum hatte ich den Satz ausgesprochen, hörte ich schon wieder einen alten NPD-Mann aufstöhnen: »Flugblätter? Wirklich? Muss das denn sein? Dass wir eine Demo machen, reicht doch.« »Wenn wir die auch noch bewerben«, warf ein anderer Halbtoter ein, der sich den ganzen Abend hinter seinem Bierglas versteckt hatte, »dann gibt das nur Ärger. Da kommen dann die Linken und schlagen Krach. Dann wird das so öffentlich.« »Wir brauchen Flugblätter«, entgegnete ich mit Engelsgeduld. »Die Medien werden in jedem Fall über unsere Veranstaltung berichten. Und was sie schreiben werden, wird uns in keinem guten Licht dastehen lassen.« Geraune im Saal. »Also müssen wir gegensteuern. Mit den Flugblättern können wir unsere Version der Geschichte erzählen. Darum geht es doch.«

Wir einigten uns schließlich drauf, dass die Partei sich um den Druck kümmerte. Das war für mich eine gute Lösung. Damit lag beinahe die gesamte organisatorische Planung in meinen Händen, und die NPD musste sich nur darum kümmern, dass ihr Kürzel auf der Anmeldung stand und die Flyer gedruckt wurden.

* * *

Es überraschte mich nicht groß, aber dass die Kameraden von der Partei es nicht einmal schafften, ihre Minimalaufgaben zu erfüllen, machte mich wütend. Es verging Woche um Woche, und die Flyer kamen nicht an. Mittlerweile war bereits ein Monat vorbei, und die Demo rückte näher. »Diese blöden Schweine«, schimpfte Paul, dessen Wut auf die NPD sich mittlerweile gesteigert hatte. »Nicht nur, dass die sich ständig wegducken, jetzt sabotieren die uns auch noch!«

Ich konnte ihm nicht widersprechen. »Ganz ruhig«, sagte ich. »Ich werde das mit Peter klären.« Ich griff zum Hörer und rief ihn an. »Lingnau« antwortete er in seinem gewohnten Singsang. »Watt kann isch für Sie tun?«

»Peter, der Axel hier. Ich wollte einmal nachfragen, was denn aus den Flyern geworden ist.«

»Welche Flyer?«

»Die Flyer für unsere Demo, Peter. In fünf Wochen ist es soweit ...«

»Ach ja, keine Sorge, die kommen schon noch, die sind noch in der Druckerei.«

»Und wann?«

»Na, ich nehme mal an, wenn sie fertig gedruckt sind.«

»Peter, wir wollen unbedingt vor der Demo ein paar Verteilaktionen machen. Es ist wirklich verdammt wichtig, dass wir genügend Menschen mobilisiert bekommen, darum würde ich wirklich gerne wissen, wann ...«

»Ett kütt, wie et kütt«, kölschte er ins Telefon und damit war das Gespräch beendet.

Nachdem wir auch in den nächsten beiden Wochen keine Flyer zu Gesicht bekamen, entschied ich, einfach unsere eigenen Flugblätter zu drucken. Ich vereinbarte eine Expresszustellung und ließ sie an Paul liefern. Auf den Flyern hatte ich ein paar Änderungen vorgenommen. Unter den Kontaktdaten stand an erster Stelle die Adresse unserer Kameradschaft. Dann gaben wir die Kontaktdaten des Nationalen Infotelefons Rheinland an und zum Schluss erst die von der NPD Köln. »Ach nee«, jammerte Lingnau, als er die Flyer in die Hände bekam. »Da ist jetzt das Nationale Infotelefon viel größer als wir abgedruckt«. Wie man es auch machte, dachte ich, machte man es falsch. Aber das Gejammer der NPD war mir völlig egal. Wir waren selbstbewusst genug, um zu erkennen, dass wir mittlerweile die Zugpferde in der Region waren. Und wir spürten bereits, wie die Bedeutung der Kölner NPD schwand.

* * *

Und dann war es so weit. Der große Tag war gekommen, der 22. Mai 1999, ein historisches Datum, zumindest für uns. Wir veranstalteten unsere erste eigene Demonstration in Köln. Aber diese Demo war nicht nur für uns als Organisatoren etwas Besonderes, sie strahlte auch in die rechte Szene hinein. Schließlich war das nicht bloß unsere erste Demo, sondern gleichzeitig auch die erste offizielle Veranstaltung dieser Art von Nationalisten überhaupt in der Stadt seit 1945. Wie bedeutend dieses Signal war, ließ sich schon an der Gästeliste erkennen. Sämtliche Szenegrößen hatten sich angekündigt. Christian Worch, Holger Apfel, Ralf Tegethoff, Christian Malcoci und Bernd Stehmann waren da, alles Männer mit Rang und Namen.

Als ich den Kölner Ebertplatz erreichte, freute ich mich riesig. Die Straßen waren voller Menschen. Die besondere Bedeutung dieser Demo war nicht nur in unseren Kreisen angekommen – es hatten sich zahlreiche Gegendemonstranten versammelt, von linksextremen Antifaleuten bis hin zur bürgerlichen Mitte hatte man das

Gefühl, ganz Köln würde gegen uns mobil machen. Als ich meine Kameraden begrüßte, verstand ich kaum ein Wort, so laut waren die schrillen Trillerpfeifen und das Geschrei und Gejohle unserer Gegner. Ich blickte über die Menschenmasse. Es waren bestimmt Tausende gekommen – eindrucksvoll. Dann schaute ich auf unsere Gruppe. Wir waren 200, vielleicht 300 versprengte Kameraden. Einige hielten tapfer die schwarz-rot-weiße Flagge in die Höhe, anderen sah man an, dass sie sich ganz und gar nicht wohl fühlten.

Als ich die gewaltige Allianz aus Linken, Bürgerlichen und normalen Durchschnittsdeutschen uns gegenüber sah, verspürte ich puren Trotz. Man versuchte doch tatsächlich mit allen Mitteln, uns davon abzuhalten, die Bevölkerung aufzuwecken. Unsere Wahrheit wurde kleingehalten. Das zeigte doch, dass wir recht hatten und auf dem richtigen Weg waren. Wenn wir so klein, so mickrig, so unwichtig waren, würden ja nicht so viele Menschen gegen uns auflaufen. Die Linke, das System, sie erkannten, dass sie es hier mit einem richtigen Gegner zu tun hatten. Zumindest redete ich mir das damals ein.

Und wir? Wir waren bereit zu kämpfen. Ich atmete einmal tief durch und schaute zu meinen Kameraden herüber. Auch wenn wir wenige waren, waren wir Kämpfer. Wir würden uns nicht einschüchtern lassen. Und wir würden dort garantiert nicht weggehen, nur weil wir den Zecken nicht passten! Wir ließen uns nicht verscheuchen oder in die Knie zwingen. Ja, die alte NPD hatte klein beigegeben, aber wir, wir würden das nicht tun. Wir würden heute einen triumphalen Aufmarsch hinlegen. Ich freute mich, dass es nun endlich losgehen würde. Doch es kam ein klein wenig anders. Die Polizei in Köln hatte bis dahin keinerlei Erfahrung mit Aufmärschen und Gegendemonstrationen in dieser Größenordnung gemacht und war restlos überfordert. Für jeden Schritt, den wir machten, rückten die Gegendemonstranten zwei Schritte nach. Wir waren komplett eingekesselt. Wir schafften es vielleicht, ein paar Meter zu gehen, dann stand unser kleiner Demonstrationszug komplett still. Ein Polizist kam kopfschüttelnd auf uns zu. »Das wird nichts«, sagte er. »Wie das wird nichts?«, fragte ich nach. »Wir haben eine Demonstration hier ordentlich angemeldet. Wir haben ein Recht, unsere Route zu laufen.« Der Beamte schaute mich bedröppelt an. »Theoretisch ja«, sagte er. »Aber praktisch ...« Ich wurde wütend. Das wollte ich mir nicht bieten lassen. Ich hatte kein Problem damit, dass Gegendemonstranten kamen, sollten sie doch, das war ja auch gut für uns, weil wir so mehr Aufmerksamkeit bekamen. Aber dass wir unser Recht nicht ...

Ich zuckte zusammen und schaute an mir herunter. Irgendwas hatte mich gerade getroffen. War das ...? Ich verzog angewidert das Gesicht. Eier! Die warfen tatsächlich mit Eiern auf uns. »Scheiß Nazis, verpisst euch!«, hörte ich Gegendemonstranten brüllen. »Was soll das denn?«, fragte mich Paul, der soeben eine Tomate an den Kopf bekommen hatte. Unfassbar, wirklich. Wir versuchten wieder, etwas vorzudrängen, aber es brachte nichts. Man hatte uns komplett eingekesselt. Es ging weder voran noch zurück. Wir waren gefangen. Wenn die Polizisten nicht zwischen uns und den Gegendemonstranten gestanden hätten, wäre wohl ein größeres Unglück geschehen. Ich hasste diese Antifaleute.

Irgendwann bemerkte ich, dass die Linken nun auch die uns schützenden Polizisten angriffen. Sie schmissen mit Mehl und Eiern, und als die Lebensmittel weg waren, warfen sie sogar Pferdeäpfel auf uns. Die NPD hatte uns einen Abgesandten aus der Bundesparteizentrale geschickt: Dietmar. Er hatte schon einige Demos mitgemacht und sollte uns zur Seite stehen. Aber so etwas wie hier hatte wohl auch jemand wie er noch nicht erlebt. Von Minute zu Minute wurde er zusehends nervöser. Irgendwann hielt er sein riesiges Mobiltelefon von seinem Ohr weg und schaute uns an. »Paul«, brüllte er gegen den Lärm der Trillerpfeifen und »Nazis-raus!«-Rufe an. »Am Telefon ist ...« »Wer ...?« Wir verstanden kein Wort. Wir befanden uns in einem regelrechten Hexenkessel. Dietmar kam noch einen Schritt näher an Paul heran und brüllte ihm ins Ohr. »Das ist Udo Voigt am Telefon. Er sagt, wir sollen die Demo abbrechen. Wir können uns keine negativen Schlagzeilen erlauben, wenn das komplett eskalieren sollte.« Abbrechen? Von wegen! Wir würden keinen Millimeter zurückweichen. Jetzt erst recht nicht. Selbst wenn der NPD-Chef persönlich das von uns verlangte. »Alles klar«, sagte Paul zu Dietmar. »So machen wir es. Wir halten Stellung.« Er verzweifelte: »Nein, nein, Paul. Herr Voigt hat gesagt ...« Paul reckte ihm seinen gestreckten Daumen entgegen. »Keine Sorge, wir halten die Stellung«, beharrte er einfach. Wir wollten uns unsere Demo auf keinen Fall kaputt machen lassen. Wir würden so lange hier stehen, bis wir endlich marschieren durften.

Ich schaute mich um und sah, dass die Polizisten eine Schneise zwischen den Gegendemonstranten und uns schlugen. Die Reihen lichteten sich. Die keifenden und brüllenden Antifas von gegenüber wurden plötzlich ruhig. Und auch unsere Leute hielten inne. Was war denn jetzt los? Ich schaute mich um. Und dann sah ich es. Ich konnte es nicht glauben, so absurd wirkte es. Inmitten einer Neonazidemo in der Kölner Innenstadt führte die Polizei eine Hochzeitsgesellschaft durch die Schneise. Die Braut wirkte ein wenig bedröppelt, ihr Mann schien das Ganze mit Humor zu nehmen.

»Na, von diesem Hochzeitstag können sie wirklich noch ihren Kindern erzählen«, sagte ich zu Paul, der neben mir stand. Er lächelte.

Doch von Minute zu Minute wurde es unangenehmer. Der Kessel zog sich enger zusammen. Wieder kam der Einsatzleiter auf

Paul Breuer als Demo-Anmelder zu. »Es geht nicht«, sagte er. »Wir müssen das jetzt abbrechen, wir können nicht mehr für eure Sicherheit garantieren.« »Und wahrscheinlich nicht mal mehr für eure eigene«, dachte ich, als ich in die hasserfüllten Gesichter unserer Gegner sah. Kurz darauf fuhren mehrere Busse vor, die sich eine Schneise durch die Gegendemonstranten geschlagen hatten. Die Polizisten drängten uns einzusteigen. Wir hatten keine Chance, es war vorbei. Ich setzte mich nach hinten auf einen der freien Plätze und schaute aus dem Fenster.

Die Gegendemonstranten freuten sich, denn sie hatten es geschafft, uns zu vertreiben. Ich sah, wie sie sich gegenseitig bejubelten und ihren kleinen Sieg feierten. Ich war wütend, verdammt wütend. Das wollte ich auf keinen Fall auf mir sitzen lassen. Ich schaute zu Paul herüber. »Wir kommen wieder«, sagte ich. Paul nickte und schaute dann ernüchtert auf den Boden. Der Bus fuhr los, quer durch die Masse der Menschen, die gegen die Scheibe klopften und uns Grimassen schnitten. »Wartet nur ab«, dachte ich. »Ihr werdet schon noch alle sehen.«

Mit der Radikalisierung geht auch eine extrem selektive Wahrnehmung einher. Auch wenn man wirklich niemanden für seine politischen Forderungen begeistern kann, biegt man sich seine Realität zurecht. Die Eigenwahrnehmung ist irgendwann komplett verzerrt. Das Problem: Dieses falsche Selbstbild, dass auch eine Art Schutzmechanismus ist, ist irgendwann schwer zu erschüttern, weil man sich das eigene Versagen nicht eingestehen will.

* * *

Die Demo war also in die Hose gegangen, aber das ließen wir nicht auf uns sitzen. Ich war fest entschlossen nachzulegen, noch einmal wiederzukommen. Und dieses Mal würden wir uns nicht bloß die Beine in den Bauch stehen, sondern marschieren. Das hatte ich mir fest vorgenommen. Wir brauchten allerdings einen neuen Anlass für eine Demo. Die Wehrmachtsausstellung würde schließlich in ein paar Wochen weiterziehen. Ich überlegte mir also einen aktuellen Aufhänger. Da kam es mir gelegen, dass gerade viel über den Doppelpass debattiert wurde. Das war für mich der perfekte Anknüpfungspunkt. Man musste nicht rechtsextrem sein, um gegen die doppelte Staatsbürgerschaft zu sein. Aber wir konnten die Skepsis vieler Menschen aufgreifen. Zugegeben: Wir gingen dabei nicht gerade subtil vor. Wir versuchten nicht, Brücken in bürgerlichere Milieus zu bauen, sondern verbreiteten platt unsere rassistischen Stereotype. Statt zu versuchen, die Menschen mit Argumenten zu erreichen, setzten wir auf dumpfe Parolen: »Gegen den Doppelpass. Deutschland den Deutschen.« Nun gut, zumindest die Aufmerksamkeit war uns damit sicher.

Und auch der NPD gefiel diese Parole. Sie erklärten sich bereit, die Demonstration über ihren Namen laufen zu lassen. Paul Breuer meldete sie an, und ich machte mich gleich nach unserem gescheiterten Wochenende dran, alles zu planen. Und es klappte: Wir erhielten zahlreiche Solidaritätsbekundungen und viele Zusagen von prominenten Gesichtern aus der rechten Szene, die wieder dabei sein wollten. Für uns war klar: Köln, wir kommen wieder.

Alles lief genauso, wie ich es mir vorstellte, bis Paul Breuer die Bombe platzen ließ. Ein paar Wochen vor der Demo trafen wir uns in einem alten Wirtshaus, um noch einmal alles durchzugehen. Als wir über die nächsten anstehenden Termine sprachen und ich erwähnte, dass es noch eine NPD-Veranstaltung gab, auf der wir uns sehen lassen sollten, stöhnte er nur. »Ach nee«, sagte er. »Ich habe echt keinen Bock mehr auf die Demokröten.« Demokröten war unser Schimpfwort für die in unseren Augen viel zu feigen und zu seichten Parteifunktionäre. Ich konnte Paul ja verstehen. Parteiveranstaltungen waren immer ein Horror. Und darüber hinaus hatten wir nicht vergessen, wie sie uns beim ersten Anlauf sabotiert hatten. Wie sie uns mit den Flyern und der gesamten Vorbereitung hängen gelassen hatten. Aber dennoch: Wir brauchten die NPD. Wir konnten eine Demonstration in der Größenordnung nicht ohne sie aufziehen.

Ich baute Paul ein wenig auf: »Komm schon, wir müssen uns da sehen lassen.«

»Lass uns doch die Veranstaltungen ohne die durchziehen.«

»Das tun wir doch sowieso«, beruhigte ich meinen Mitstreiter. »Wir schreiben NPD drauf, aber machen es selbst.« Er zuckte mit den Schultern. Man merkte, dass er wirklich die Nase von der Partei voll hatte. »Die Sache ist die ...«, sagte er und nahm noch einen Schluck von seinem Bier. »Du hast ja vielleicht recht, mit dem, was du sagst, aber ich war halt einfach so wütend, dass ...« Er stockte. Ich schaute meinen Stellvertreter an. »... dass was?«

»... dass ich letzte Woche ausgetreten bin.« Ich fasste mir an den Kopf. Das war doch nicht sein verdammter Ernst?

»Paul, das ist doch jetzt nicht dein verdammter Ernst!« Er schaute betreten auf sein Glas Bier. »Ja, doch ...«, sagte er.

»Paul, in ein paar Wochen ist die Demonstration. Du hast sie angemeldet. Die NPD wird da garantiert nicht ihr Logo draufklatschen, wenn ...«

»Ist doch egal, Axel.« Er schüttelte den Kopf und fing sich wieder. »Merken die doch gar nicht. Bis die davon Wind kriegen, ist die Demo längst gelaufen. Kein Bock mehr auf die Doofköpfe.«

Ich seufzte und lehnte mich in meinem Stuhl zurück. Ich verstand nicht, warum einige meiner Leute überhaupt kein Verständnis von Strategie und Taktik hatten. Aber gut, was sollte ich machen? Vielleicht hatte Paul ja recht. Vielleicht bekamen die NPD-Leute das alles gar nicht mit. Vielleicht würde es einfach niemandem auffallen.

* * *

Am nächsten Morgen weckte mich ein unangenehm schrilles Geräusch. Ich drehte mich zur Seite und zog mir mein Kopfkissen über das Gesicht, aber es half nicht. Wer auch immer da anrief, er war penetrant und gab nicht auf. Mein Pflichtgefühl meldete sich. Vielleicht war es ja wichtig. Widerwillig stand ich auf und nahm den Hörer ab.

»Reitz, hallo?«

»Holtmann, hier.« Udo Holtmann, der NRW-Chef der NPD. Was wollte der denn jetzt von mir? »Axel, merkwürdige Sache. Bald ist ja die große Doppelpassdemonstration bei euch in Köln.«

»Ja.«

»Und angemeldet wurde die Demo von Paul Breuer ...« Auf einen Schlag war ich hellwach. Von wegen, fällt niemandem auf. »Aber wenn ich das richtig sehe«, fuhr Holtmann fort, »dann ist der Breuer gar nicht mehr in der Partei.« Ich schwieg und überlegte mir, wie ich am klügsten vorgehen würde. Jetzt bloß keinen Fehler machen, Axel. »Eine Veranstaltung, für die wir die Verantwortung übernehmen, angemeldet von einem Nicht-Parteimitglied?«, kostete es Holtmann genüsslich aus, »Das könnt ihr vergessen.«

Ich ging in meinem Kopf alle möglichen Alternativen durch. Wie wäre es, wenn ich kurzerhand jemand anderen präsentierte, der die Demo anmeldete und noch Parteimitglied war? Ich ging alle durch, die infrage kämen. Aber nein, da war niemand, der es hätte machen können. Die Kameraden rissen sich nicht gerade darum, eine Demo anzumelden. Man wurde für alles, was nicht gut lief, verantwortlich gemacht, musste juristisch haften und bekam auch noch den ganzen Shitstorm der Presse ab.

»Lieber Udo«, begann ich mit einer Engelsstimme auf den NPD-Mann einzureden, »ich bin mir absolut sicher, dass das ein riesiges Missverständnis ist. Nie und nimmer würde der Paul aus der Partei austreten. Gib mir ein paar Stunden und ich kläre das.« Holtmann grummelte etwas vor sich hin und legte dann den Hörer auf. Ich rief sofort Paul an und erzählte ihm, was passiert war. »Blöd gelaufen«, sagte er. Allerdings, blöd gelaufen. »Und was machen wir jetzt?«, fragte er etwas kleinlaut.

»*Wir* werden jetzt einen Brief an Holtmann schreiben, das sei alles ein großes Missverständnis. Du wirst behaupten, dass du nicht aus der NPD, sondern nur aus dem Vorstand der NPD Köln austreten wolltest, in dem du Mitglied warst.«

»Aber ich hatte klar geschrieben, dass ...«

»Du hältst jetzt die Fresse, Paul«, sagte ich gereizt. »Wir werden jetzt nicht ein paar Wochen, bevor es losgeht, die Gesamtveranstaltung gefährden. Sobald da nicht mehr NPD draufsteht, wird das sofort verboten. Darauf wartet die Behörde ja nur. Du kriechst jetzt zu Kreuze. Du wirst heute noch den Brief abschicken, den ich dir hier vorformuliere, klar?« »Klar«, bestätigte Paul kleinlaut, und ich setzte für ihn ein maximal unterwürfiges Schreiben auf. Anschließend rief ich Peter Lingenau an und erklärte ihm die Situation. Er verstand die Lage und gab mir sein Wort mitzuspielen. Natürlich war unser Vorgehen leicht durchschaubar. Wir waren jetzt auf das Wohlwollen der Partei angewiesen. Und die hielt uns noch ein Stück weit hin.

Holtmann teilte mir mit, er habe sich mit einigen Kameraden beraten, und sie könnten den Rücktritt vom Rücktritt nicht einfach so abnicken. Wir sollten noch einmal auf der Landesvorstandssitzung vorsprechen. Also mussten wir den langen Weg gehen. Ich fuhr mit Paul und Helle zur Landesvorstandssitzung der NPD, auf der wir uns erklären sollten. Die Parteizentrale lag in Wattenscheid, wo die NPD seit Ewigkeiten eine heruntergekommene Immobilie in der Günnigfelder Straße besaß, welche sie für solche Treffen benutzte. Es war ein doppelstöckiges, uraltes Haus, das sie als »Nationales Zentrum« bezeichnete.

Ich war zum ersten Mal dort und staunte nicht schlecht, als uns Holtmann durch das Haus führte. Überall stapelten sich vergilbte NPD-Plakate aus den 1970er-Jahren, und es roch auch ein wenig modrig. Holtmann war uns gegenüber nicht feindselig eingestellt. Er war durch und durch Parteikader, ein enger Weggefährte von Udo Voigt, und hegte große Sympathien für dessen Drei-Säulen-Konzept. Als er uns durch das Gebäude führte, klopfte er verschmitzt auf den Boden und meinte: »Watt glaubt ihr, wie viele Wanzen der Behörden sich hier im Laufe der Jahre anjesammelt haben?«

Ein ironischer Aspekt war, dass Holtmann – wie später herauskam – ein V-Mann war. Das hielt er nicht einmal geheim, sondern erzählte es Voigt ganz offen. »Na und?«, sagte er. »Werde gut dafür bezahlt, von dem Geld können wir die Partei voranbringen.« Holtmann argumentierte, er gäbe den Behörden keine relevanten Informationen weiter, sondern erzähle nur, was sie ohnehin schon wussten. Für Voigt schien das okay zu sein. Als sich jedoch herausstellte, dass auch Holtmanns Stellvertreter ein V-Mann war und somit V-Männer den größten deutschen Landesverband führten, wurde auch dem letzten Idioten klar, wie verloren diese Partei war.

Im Konferenzraum standen wir dem Vorstand Rede und Antwort. Die Atomsphäre war eisig. Wir konnten spüren, wie angespannt die Parteispitze war. Der Richtungsstreit, den Udo Voigt entfacht hatte, war auch im Landesvorstand in vollem Gange. Mit uns am Tisch saßen Vertreter von zwei verschiedenen NPDs, die in unterschiedliche Richtungen drängten.

Und ich saß da mit meinen 16 Jahren und versuchte, irgendwie die Sache zu einem guten Abschluss zu bringen. Unter keinen Umständen wollte ich riskieren, dass unsere Demo in letzter Minute abgesagt würde. Dafür hatten wir einfach viel zu viel investiert. Ich erklärte noch einmal mit Engelsgeduld, dass Paul nicht gänzlich aus der NPD austreten wollte, sondern nur aus dem Vorstand der NPD Köln. Das war offensichtlicher Schwachsinn, den jeder dort durchschaute. Dennoch mussten wir die Fassade aufrechterhalten.

»Wir arbeiten doch zusammen. Wir sind doch alle im selben Team«, beschwor ich eine Solidarität, die, wie mir klar war, in der Szene gar nicht existierte. Und die ich mit meinen Angriffen auf die NPD immer wieder selbst torpedierte. »Schauen wir doch einmal den Tatsachen ins Gesicht. Wir brauchen euch, und ihr braucht uns. Ihr kennt doch das neue Konzept von Udo Voigt. Ihr wollt doch in die Parlamente, aber dafür braucht ihr die Straße. Ihr könnt nicht ohne uns, und wir können nicht ohne euch. Das wissen wir, und das haben wir verstanden. Falls das nicht rübergekommen ist, tut mir das leid. Aber der Paul ist ja hier, um euch das nochmal zu erklären, dass wir die Partei natürlich brauchen.« Es funktionierte.

In der vorhergehenden Nacht hatte ich Paul gründlich gebrieft und seinen kleinen Entschuldigungsvortrag mit ihm so lange einstudiert, bis wirklich alles passte. Es hatte sich gelohnt, er trug ihn einwandfrei vor. Und dank der Unterstützung von Udo Holtmann, der sich mehr für uns einsetzte, als ich erwartet hatte, ließen sie Paul am Ende weiter in der NPD mitmachen. So war unsere Demo gesichert.

* * *

Nachdem breit über unsere Kameradschaftsgründung und unsere erste Köln-Demo berichtet worden war, stieg mein Bekanntheitsgrad nicht mehr bloß im Nationalen Lager, sondern auch in den Kreisen unserer Gegner. Es dauerte nicht lange, bis die Antifa auf mich aufmerksam wurde und mich ins Visier nahm. Zum ersten Mal bekam ich das mit, als die Linksextremen in der Nähe unseres Hauses Flugblätter mit einem Foto von mir verteilten. Es war eine Art Fahndungsplakat, auf dem ich als Neonazi geoutet wurde. Das war ein merkwürdiges Gefühl.

Aber erst ein paar Wochen später verstand ich so richtig, welche Auswirkungen diese Flyer hatten. Ich war gerade in Köln unterwegs, kam von einer Versammlung und machte mich auf den Weg zu einer Bahnhaltestelle. Weil ich am Rande von Köln wohnte, fuhr ich immer erst mit der Bahn zum Müngersdorfer Stadion und nahm von dort aus den Bus nach Hause.

Irgendwie hatte ich die ganze Zeit so ein merkwürdiges Gefühl. Ich konnte es nicht so richtig einschätzen. Es war, als verfolgte man mich. Immer wieder schaute ich mich um, aber da war nichts. Nur normale Bürger, die sich von der Arbeit auf den Heimweg machten. Niemand schien mich groß zu beachten. Wurde ich langsam paranoid? Komm schon, Axel, alles nur in deinem Kopf. Ich musste immer wieder daran denken, wie irgendein Typ mich damals von seinem Fahrrad aus niedergestochen hatte. »Wahrscheinlich«, sprach ich mir selbst gut zu, »ist es ganz normal, dass mein Verstand mir Streiche spielt.«

Ich wartete an der Haltestelle, bis endlich die Straßenbahn einfuhr. Ich stieg ein, setzte mich auf einen Platz und schaute aus dem Fenster. In Gedanken war ich bereits bei unserer nächsten Kameradschaftssitzung und wir planten unsere nächste Aktion und ... Ein lautes, krachendes Geräusch riss mich aus meinen Gedanken. Ich schreckte auf. Scheiße, was war das denn? Ich schaute aus dem Fenster, das auf einmal völlig zersplittert war, und sah zwei vermummte Männer an der Haltestelle. »Scheiß Nazi!«, brüllte einer. Und ich sah, wie er Schwung holte und einen weiteren Backstein gegen die Scheibe schmiss. Glücklicherweise fuhr die Bahn genau in diesem Moment los, und der Stein erwischte eine andere Scheibe, sonst wäre er wahrscheinlich hindurchgegangen und hätte mich genau am Kopf getroffen.

In der Bahn brach Chaos aus. Die Leute fingen an zu schreien und liefen panisch nach vorne zum Fahrer, der glücklicherweise nicht direkt anhielt, sondern weiterfuhr und mich somit in Sicherheit brachte. Der zweite Stein hätte die Scheibe durchbrochen, da war ich mir hundertprozentig sicher. Ich hätte ihn wohl abbekommen. Mein Magen verkrampfte sich. Was waren das nur für Asoziale, dachte ich, die meinen Tod wollten, nur weil sie eine andere politische Meinung vertraten? Ich schaute mich in der Bahn um. Zum Glück hatte niemand von den anwesenden Leuten begriffen, dass dies ein Anschlag auf mein Leben gewesen war. Ich hätte keine Lust gehabt, der Polizei jetzt auch noch Rede und Antwort zu stehen. Als die Bahn hielt und der Fahrer den Schaden begutachtete, sprang ich heraus und nahm mir ein Taxi nach Hause.

Als ich die Haustür aufschloss, warteten meine Eltern schon auf mich. »Axel«, sagten sie, »wir müssen reden.« Auch das noch.

Ich schüttelte den Kopf und winkte ab. Gerade hatte ich wirklich keine Lust, mich zum gefühlt hundertsten Mal einer Grundsatzdebatte über meine politischen Ansichten zu stellen. Ich war soeben knapp einem Anschlag entkommen und wollte mich einfach nur auf mein Zimmer verziehen und mich in meinem Bett verkriechen. »Wir reden morgen«, sagte ich und beachtete meine Eltern nicht weiter. »Nein«, sagte mein Vater streng und hielt ein Blatt Papier in die Höhe. »Das kann jetzt nicht warten.« Ich blieb stehen. Für einen kurzen Moment dachte ich darüber nach, den beiden zu erzählen, was gerade passiert war, aber das war sinnlos. Sie würden sich nur aufregen und noch vehementer darauf drängen, dass ich mich aus meinen Nazikreisen zurückzöge.

»Das ist ein Brief von deinem Direktor«, sagte mein Vater. Ich schaute auf das Blatt Papier, das er in die Höhe hielt. »Sie haben nächste Woche eine Schulkonferenz wegen dir anberaumt. Sag mal, Junge, bist du eigentlich noch ganz bei Trost?« Eine Schulkonferenz? Wegen mir? Ich schüttelte den Kopf. Das musste ein Missverständnis sein, dachte ich. Natürlich war mir bewusst, dass meine zunehmende Radikalisierung in der Schule nicht unbemerkt blieb, zumindest nicht bei meinen Lehrern.

Besonders im Geschichtsunterricht legte ich es immer wieder auf endlose Diskussionen an, die der Lehrer irgendwann mit einem inoffiziellen Sprechverbot quittierte. Ich konnte mich melden, so viel ich wollte, ich wurde einfach nicht mehr drangenommen – sehr zum Leidwesen meiner Mitschüler, die es liebten, wenn ich eine Stunde mit meinen Einwänden sabotierte. Sie teilten nicht etwa meine politische Meinung, sondern wussten, dass wir den Unterricht vergessen konnten, sobald ich mich einmal festgebissen hatte. Mein politisches Engagement war ihnen komplett egal.

Aber diese Vorfälle, dachte ich, rechtfertigten doch keine Schulkonferenz! Ich nahm meinem Vater den Brief ab. In diesem standen einige absurde Vorwürfe gegen mich. Ich hätte auf dem Schulhof das Horst-Wessel-Lied intoniert. So ein Unsinn! So etwas hatte ich nie gemacht. Ich hatte auch niemals versucht, irgendwelche Mitschüler zu indoktrinieren. Die waren mir völlig egal. Ich hatte auch nie ausgetestet, in meiner Nachbarschaft oder Familie irgendwelche rechtsextreme Propaganda unterzubringen. Mir war immer klar, dass meine politische Propaganda dort sowieso nicht auf fruchtbaren Boden fallen würde.

»Hast du wirklich das Horst-Wessel-Lied auf dem Schulhof gesungen?«, fragte mich meine Mutter sichtlich betroffen. »Nein, Mama«, schüttelte ich den Kopf. »Natürlich nicht!« Ich dachte darüber nach, was ich in den letzten Wochen falsch gemacht haben könnte. Mir fiel nichts ein. »Das muss ein Missverständnis sein, wirklich.«

»Ach Axel«, seufzte sie. Man merkte, wie schwer sie die ganze Sache belastete. »Mach dir keine Sorgen, Mama«, sagte ich. »Ich werde das klären.«

Dann ging ich in mein Zimmer und legte mich in mein Bett. Mir gingen tausend Gedanken gleichzeitig durch den Kopf. Ich versuchte mir irgendwie zu erklären, wie es so weit kommen konnte. Wahrscheinlich war es die Köln-Demonstration, dachte ich. Wahrscheinlich hatten sie eines meiner Fotos in der Presse gesehen. Und das hatte scheinbar größere Wellen geschlagen, als ich mir hätte vorstellen können. Nicht nur, dass die Antifa mittlerweile auf mich aufmerksam geworden war. Auch die Eltern meiner Mitschüler hatten mich jetzt auf dem Radar. Und wahrscheinlich machten sie in der Schule Terror und fragten, wie es sein könnte, dass ich, der böse Nazi, dort frei herumlief.

Für meinen Schuldirektor musste dies ein Albtraum sein. Denn so etwas unterlief sein eisernes Credo. Herr Horstmann verfolgte eine ihm heilige Ansicht, die er gern verkündete. Immer wenn er unsere Schule irgendwo vorstellte, sagte er stolz, bei uns werde nicht geraucht, es würden keine Butterbrote weggeworfen und bei uns würden keine Nazis akzeptiert. Nichts davon stimmte, denn es wurde geraucht und es wurden Butterbrote weggeworfen. Aber das konnte er alles gut unter der Decke halten. Allerdings nicht, dass ein bekannter Neonazi einer seiner Schüler war.

* * *

Zwei Wochen später fand meine Schulkonferenz statt. Mein Bruder und ein Vertrauensschüler, den ich aussuchen durfte, begleiteten mich. Ich wählte Stefan, der zwei Klassen über mir und unser Schülersprecher war. Als wir das Lehrerzimmer betraten, spürte ich, dass mir ein Tribunal bevorstand. Ich musste mich wie ein Angeklagter an einen kleinen Tisch setzen, während mir die versammelte Lehrerschaft gegenübersaß. Ich machte mir überhaupt keine Illusionen, hier eine auch nur ansatzweise faire Behandlung erwarten zu können. Die Agenda war klar: Mein Direktor wollte mich herauswerfen. Und dazu war ihm jedes Mittel recht. Aber so leicht würde ich es ihm nicht machen. Ich betrachtete die Lehrer, die mir gegenübersaßen. Einige wirkten gelangweilt, andere unangenehm berührt. Scheinbar waren sie auch ungern dort, dachte ich.

»Also gut«, begann Herr Horstmann und trug den Sachverhalt vor. »Wir haben hier zahlreiche Beschwerden gegen Axel vorliegen, dass ...« »Von wem?«, unterbrach ich ihn. Das schien ihn zu irritieren. »Wie bitte?« »Vom wem liegen denn Beschwerden gegen mich vor?«, hakte ich nach. Mein Direktor stutzte. Das schien ihn aus dem Konzept zu bringen. Er hatte wahrscheinlich damit gerechnet, dass ich hier brav sitzen und alles über mich ergehen lassen würde, so wie die meisten Schüler das wohl machten. Aber das war nicht mein Plan, ich wollte mich wehren.

»Von ...«, er sammelte sich kurz und sortierte seine Papiere, »... von zahlreichen Eltern, die Angst haben, dass an unserer Schule ihre Kinder mit rechtsextremer Propaganda indoktriniert werden.« Ich nickte und ließ ihn weiterreden. Mein Verdacht hatte sich bestätigt. Es gab überhaupt keine Einwände von anderen Schülern gegen mich. Die gingen alle nur von den Eltern aus. Ich hörte mir alles an, das meiste waren erfundene Räuberpistolen. Ich sollte das Horst-Wessel-Lied auf dem Schulhof gesungen und Flyer verteilt haben. Beides stimmte nicht. Dann wurde noch erwähnt, dass ich mich im Unterricht aufmüpfig gab und mich in rechten Kreisen bewegte. Letzteres war zumindest korrekt. Als Herr Horstmann seinen Vortrag beendet hatte, war ich in an der Reihe.

Ich setzte zu einer langen Erklärungsrede an, in der ich zunächst klarstellte, dass die allermeisten Vorwürfe gegen mich erstens nicht stimmten und es zweitens überhaupt nicht gerechtfertigt war, sofort eine Schulkonferenz einzuberufen. Bei angeblichem Fehlverhalten musste erst einmal eine Klassenkonferenz anberaumt werden, erst dann durfte auf einer Schulkonferenz über einen Schulverweis entschieden werden. Dann ging ich auf meine Widerworte im Unterricht ein: »Seit Jahren wird uns hier in der Schule gepredigt, dass wir lernen sollen, kritisch nachzufragen, denn die Meinungsfreiheit sei das höchste Gut unserer Demokratie. Na, das ist ja interessant, dass ich jetzt hier sitze und mich dafür rechtfertigen muss, Dinge zu hinterfragen und meine eigene Meinung zu haben.«

Die Lehrer schauten ein wenig betreten zu Boden. »Rassismus ist keine Meinung«, warf mir meine Sozialkundelehrerin an den

Kopf. Da wusste ich, dass sie nicht mehr gegen mich vorzubringen hatten als irgendwelche Floskeln. »Von Meinungspluralität kann hier nicht die Rede sein. Hier wird eine klare Anti-Rechts-Schiene gefahren«, sagte ich und erzählte von unserer Projektwoche. Ich berichtete, wie bestimmte Parteien nicht einmal gezeigt wurden, obwohl sie demokratisch gewählt werden konnten. Ich erinnerte auch daran, dass viele Schüler bei uns bei den Jusos waren und am schwarzen Brett Aushänge für ihre Veranstaltungen machen durften. Irgendwelche Aktionen gegen Nazis wurden da verbreitet. »So viel zum Thema Wertneutralität«, sagte ich spöttisch. »Dann kann ich ja sicherlich auch NPD-Material verteilen, nicht wahr?« Betretenes Schweigen. Man erkannte meinen Punkt, aber niemand traute sich, es öffentlich einzugestehen.

Dann wurde Stefan gefragt, wie die Schüler mich wahrnähmen. Er zuckte mit den Schultern. »Der Reitz ist ein Nazi, das wissen alle, aber auf dem Schulhof ist das kein Thema.« »Kein Thema?«, hakte mein Direktor nach.

»Nee, wenn der Reitz irgendwas erzählt, dann interessiert das niemanden. Also lässt er uns mit seiner Scheiße in Ruhe.«

Ich schaute in die Runde und versuchte, die Gesichter meiner Lehrer zu lesen. Ich spürte, den meisten war die Situation unangenehm. Aber es gab auch einige, die komplett gegen mich eingestellt waren und mich am liebsten direkt von der Schule geworfen hätten. So wie unser stellvertretender Schuldirektor, Herr Magnus, ein Bär von einem Mann, ein übler Choleriker, der ständig herumbrüllte und dabei einen knallroten Kopf bekam. Auch jetzt schaffte er es nicht, sich zusammenzunehmen und begann herumzuschreien: »Unfassbar, dass wir das hier tolerieren. Einen lupenreinen Nazi, der aus der Geschichte nichts gelernt hat und uns jetzt etwas über Meinungsfreiheit erzählen will!«

Doch sein Ausraster sorgte dafür, dass sich das Blatt langsam wendete. Denn dieses Verhalten gefiel meinem Physiklehrer Herrn Wehnert gar nicht. Er war ein klassischer Rechtskonservativer. Ein strenger Typ, der uns immer anhielt, viel zu lernen, um etwas aus uns zu machen. Er hielt die traditionellen Tugenden hoch und konnte mit einem Menschen wie Herrn Magnus nicht viel anfangen.

»Was wird hier denn nur für ein Quatsch erzählt?«, mischte Herr Wehnert sich nun ein und stand von seinem Stuhl auf. »Guckt euch den Reitz doch mal an! Das ist kein Nazi. Das ist eine Karikatur von einem Nazi.« Jetzt lief auch sein Kopf rot an. »Der hat doch mit dem historischen Nationalsozialismus überhaupt nichts zu tun. Was für ein Blödsinn, so einen kleinen Jungen, der mit ein paar Asis herumhampelt, in so einen Kontext zu stellen.«

Das hatte gesessen. Schweigen im Raum. Ich vermutete, dass Herr Wehnert den historischen Nazis gegenüber gar nicht mal so abgeneigt gegenüberstand und es ihn viel mehr störte, wie man mich mit diesen Menschen in Verbindung brachte. Aber durch seine Aussage sprang er mir dennoch bei – wahrscheinlich ohne es zu wollen. In der Lehrerschaft waren nun die Dämme gebrochen, und es begann ein heftiges Streitgespräch.

Auf der einen Seite argumentierten einige Lehrer, ich sei eine Gefahr für andere und müsse weg, weil ich zu redegewandt war. Auf der anderen Seite äußerten andere, es löse das Problem nicht, mich von der Schule zu werfen. Hier könnte man wenigstens noch auf mich einwirken.

Am Ende kam kein einstimmiger Beschluss zustande – ich bekam eine Verwarnung und durfte auf der Schule bleiben. Diesen Kampf hatte ich gewonnen. Und ich fühlte mich mal wieder bestätigt. Für mich waren diese selbsternannten Superdemokraten nichts weiter als Heuchler, Lügner und Manipulatoren, die jetzt ihr wahres Gesicht zeigten. Die kamen mit meinen kritischen Fragen nicht klar, weil sie befürchteten, dass ihr Lügengebäude dann zusammenbräche. Ich fühlte mich bestätigt als ein Rebell, der gegen das alte, verkommene und korrupte System aufstand und es wieder einmal vorgeführt hatte.

Im Kampf gegen Rechtsextreme oder andere Radikale ist es wichtig, nicht mit Kanonen auf Spatzen zu schießen. Ein unverhältnismäßiges Vorgehen stärkt nur das eigene Opfer-Narrativ. Man sollte immer angemessen reagieren und diese Reaktion auch klar und sachlich begründen können.

* * *

Ein paar Wochen später war es endlich so weit. Unsere zweite Demo in Köln fand tatsächlich statt. Ich hatte ein gutes Gefühl, denn wir waren bestens vorbereitet. Wir hatten es geschafft, jede Menge Teilnehmer zu mobilisieren. Und die Polizei hatte dazugelernt, was angesichts der erneut erschienenen zahlreichen Gegendemonstranten wichtig für uns war. Dieses Mal gelang es den Behörden besser, uns abzuschirmen.

Nach einem etwas holprigen Start erhielten wir endlich grünes Licht für die Demo. Wir zogen los, vom zentral gelegenen Ebertplatz durch die Stadt. Dass wir dabei nur im Schneckentempo vorankamen, war egal. Wir marschierten! Damit hatte ich meine Ankündigung wahr gemacht und mein Ziel erreicht. Ich drehte mich zu meinen Kameraden um und sah, wie unser Erfolg uns alle euphorisierte. Da störte uns nicht einmal, dass wir erneut mit Tomaten beworfen wurden. Wir marschierten in Köln, dieses Mal tatsächlich. Die schwarz-weiß-rote Fahne wehte. Für uns war das ein klares Signal: Es geht los, ein neuer Nationalsozialismus beginnt. Dass bei jedem Drittligaspiel mehr Leute auf der Straße waren als bei uns – geschenkt. Das sahen wir eher als Bestätigung.

Auch damals hatte es ja so angefangen. Da standen fünf Leute, aus denen 50 wurden. Aus den 50 wurden 500, und aus den 500 schließlich Millionen. Und auch, wenn wir aktuell noch wenige waren – dies bewies doch, wie wichtig es war, überhaupt Flagge für das wahre Deutschland zu zeigen.

Als am Abend alles hinter uns lag, fiel ich erschöpft in mein Bett, aber ich war dennoch aufgeputscht und euphorisch. Denn ich hatte es geschafft: Ich hatte mein Versprechen gehalten. Und unsere erfolgreiche Demonstration sorgte in der Szene für einigen Wirbel. Ein trauriges Ereignis war allerdings, dass Siegfried Lutz ein paar Monate später an einem Herzinfarkt verstarb.

Extremisten haben kein Problem damit, dass sie sich in einer Minderheitsposition befinden. Sie verklären diese als ein Garant dafür, bei der erhofften, kommenden Systemkrise als besonders glaubwürdig dargestellt zu werden, weil sie schon immer als Fundamentalopposition auf der Straße waren. Kühnen nannte das den »Massenpsychologischen Umkehrprozess«. Wichtig ist es hier, immer wieder darauf zu verweisen wie bedeutungslos diese Aktivitäten sind. Jede dramatisierende Medienberichterstattung hat einen euphorisierenden Charakter auf Extremisten. Viel mehr trifft es sie, wenn man sich über sie lustig macht und ihnen ihre absolute Bedeutungslosigkeit vor Augen führt.

* * *

Nach unserer gelungenen zweiten Köln-Demonstration veränderte sich einiges. In der Szene wurde ich immer bekannter, und immer mehr große Namen wurden auf mich aufmerksam. Ich hatte Blut geleckt und wollte an unseren Erfolg anknüpfen. Es war offensichtlich ein guter Einfall gewesen, die Doppelpassdebatte aufzugreifen und für unsere Zwecke zu nutzen.

Und es dauerte gar nicht lange, bis ein weiteres Thema aufkam, dass sich vielleicht sogar noch besser für eine Demonstration nutzen ließ. Im sächsischen Ort Sebnitz ereignete sich 1997 ein dramatischer Vorfall, der das Land lange beschäftigte. Der sechsjährige Josef Kantelberg-Abdullah, Sohn eines Irakers und einer Deutschen, ertrank in einem Schwimmbad. Die Geschichte dahinter klang furchtbar. Seine Mutter erzählte, eine Gruppe von jungen Neonazis habe das Kind zunächst traktiert und dann ertränkt, an einem Nachmittag, in einem öffentlichen Freibad – vor den Augen der gesamten Öffentlichkeit. Niemand habe eingegriffen.

Die Geschichte ging durch alle Medien, drei jugendliche Skinheads wurden festgenommen, und Deutschland war zutiefst empört. Es gab damals den »Aufstand der Anständigen«. Viele Bürger empörten sich und verlangten, dass nun noch klarere Kante gegen Rechts gezeigt werden musste. Politiker aus allen Parteien überschlugen sich in Parolen und Ankündigungen, die rechte Szene in Deutschland trockenzulegen. Das war auch eine Reaktion auf die sich revitalisierende rechte Szene, die vorher ausgeblieben war. Doch nach einiger Zeit und den Ermittlungen von Polizei und Staatsanwaltschaft stellte sich heraus, dass an dem Schauermärchen kaum etwas dran gewesen war. Es handelte sich wohl nur um einen Unfall. Das war tragisch genug, aber nicht die Schuld von irgendwelchen Rechten.

Für mich war dieser Vorfall ein perfekter Vorwand, um die nächste Demo in Köln zu planen. Ich war zu diesem Zeitpunkt schon so tief in die rechte Szene abgetaucht, dass ich keinerlei Empathie mehr verspürte – außer für uns selbst. Aus meiner Sicht waren wir die Opfer, denn gegen uns wurde gehetzt. Dass ein kleines Kind ums Leben gekommen war, ließ mich hingegen kalt. Dieser Todesfall war für mich nur ein Mittel zum Zweck, um unsere Botschaft unter das Volk zu bringen.

Nun hieß es, die Sache klug anzugehen. Manchmal brachte es etwas, die Menschen mit radikalen Parolen vor den Kopf zu stoßen. In diesem Fall war die Stimmung allerdings zu aufgeheizt. Wir mussten subtiler vorgehen. Also meldeten wir die Demo unter dem Motto »Bürgerinitiative gegen Gewalt und Intoleranz« an und verfassten moderate Pressemitteilungen. Wir betonten, Hetze und Hass sei nicht zu tolerieren. Damit meinten wir die Hetze und den Hass gegen uns Rechtsextreme. Wir hatten diese Ansicht allerdings so verklausuliert, dass sie zunächst niemand verstand.

Irgendwann klingelte mein Telefon, und ein Journalist von einer lokalen Zeitung war am Apparat. Ihn interessierte unsere Demonstration, und er schlug ein Interview mit mir vor. Ich stimmte sofort zu. Wir führten ein halbstündiges Gespräch, in dem ich treuherzig erklärte, Gewalt sei etwas Schlechtes und es sei unmöglich und nicht zu tolerieren, wenn Menschen wegen ihres Glaubens zusammengeschlagen würden. Der Reporter schien begeistert zu sein, bis er mir die Frage stellte, was ich denn von dem Naziaufmarsch hielt. »Naziaufmarsch?«, fragte ich. »Welcher Naziaufmarsch?« »Na«, sagte er. »Für denselben Tag, an dem Sie ihre Demonstration abhalten wollen, haben doch auch Neonazis einen Aufmarsch angekündigt.« Ich lächelte. »Aber wir sind doch die Neonazis«, sagte ich mit einer Engelsstimme. Damit war das Gespräch beendet.

Die Demo war ein voller Erfolg. Zumindest in unserer verdrehten Wahrnehmung. Zwar konnten wir nach einem vorläufigen Verbot und einer kurzfristigen Genehmigung durch die Gerichte nur hundert Leute mobilisieren und standen 25.000 wütenden Gegendemonstranten gegenüber, aber sämtliche Medien berichteten über uns. Es gab sogar einen Fernsehbeitrag, in dem ich gezeigt wurde, unter anderem auch, weil ich per Auflage ein Redeverbot erteilt bekommen hatte. Das bestärkte mich in meiner Selbstwahrnehmung als Rebell und Gefahr für das System. Als Hauptredner auf der Demo war Christian Worch zugegen. Ich war bereits auf frühen Demos mit ihm in Kontakt getreten. Worch war eine der zentralen Figuren in der Szene, der immer wieder darauf pochte, dass die Freien Kameradschaften eigenständig gegenüber der NPD bleiben müssten statt von ihr in Abhängigkeit zu geraten. Worch war so juristisch versiert, dass er für die freien Strukturen immer wieder Demos anmelden konnte, die auch ohne den Schutzschirm der Partei genehmigt wurden.

Eine zunehmende Radikalisierung bringt auch die systematische Entmenschlichung von Andersdenkenden mit sich. Das beginnt bei der Sprache. Zunächst werden politische Gegner schon verbal als »Köter« oder »Ratten« bezeichnet. Das nimmt zum einen fanatische Vernichtungsfantasien vorweg, macht es aber auch einfacher, die simpel gestrickten Weltbilder aufrecht zu erhalten. Hier ist es immer wieder wichtig, Begegnungen zu schaffen. Zu zeigen, dass auch der vermeintliche politische Feind ein ganz normaler Mensch mit ganz normalen Bedürfnissen ist.

* * *

Ich korrespondierte auch in dieser Zeit häufig mit Thomas Brehl. Er war mittlerweile zu einem Mentor für mich geworden. Wenn ich nicht weiterwusste oder weltanschauliche Fragen hatte, dann wendete ich mich immer zuerst an ihn. Wie sehen wir dies, wie sehen wir das, wie stehen wir hierzu, wie stehen wir dazu? Brehl hatte auf alles eine Antwort, und in den meisten Fällen leuchtete sie mir auch ein. Er war besonders radikal eingestellt und widmete sein Leben dem Rechtsextremismus. Gleichzeitig war er auch ein absolut jovialer Kumpeltyp, mit viel Humor und Lebensfreude. Er betonte immer den sozialen Aspekt.

Brehl war für mich glaubwürdig, weil er lebte, was er predigte, was im rechten Lager nicht selbstverständlich ist. Brehl wohnte im hessischen Langen, einem kleinen Ort, wo er allseits bekannt war. Er ging regelmäßig zur örtlichen Trinkhalle und half dort den Leuten, die durch das soziale Netz gefallen waren. Er übernahm ihre Korrespondenz, half ihnen bei Sozialhilfeanträgen und hatte immer ein offenes Ohr für sie. Das war für mich ein Sozialismus der Tat. Das war jemand, der Gutes tat und nicht bloß nach Karriere strebte.

Aber auch ideologisch stand ich Brehl nahe. Er bekannte sich zum Konzept des Nationalsozialismus nach Michael Kühnen, dessen Stellvertreter Brehl seit den 1980er-Jahren war. Kühnen war auch lange nach seinem Tod noch Brehls Idol, sein großer, heiß und innig verehrter Führer. Wie Kühnen hatte auch Brehl die Gabe, spielerisch mit dem Nationalsozialismus umzugehen. Er schaffte es, ihn positiv statt destruktiv zu verkaufen. Er gab ihm so etwas, wie ein menschliches Antlitz, auch durch sein eigenes Engagement. Brehl hätte nie gesagt, wir wollen den Schwarzen nicht, weil er Schwarz ist. Er hätte gesagt: »Ich habe überhaupt nichts gegen Schwarze. Aber ich bin überzeugt davon, dass die Schwarzen ihren Lebensraum haben und wir haben unseren. Und jeder sollte in seinem eigenen Raum bleiben.«

Ich fand diese Haltung damals einleuchtend und nicht menschenverachtend. Im Gegenteil war ich der Ansicht, dass jede Kultur ihren eigenen Wert hatte und die einzelnen Kulturen durch die Globalisierung aufgelöst wurden. Die Innenstädte von Berlin über Ankara bis nach Mumbai sahen doch mittlerweile alle gleich aus, durchsetzt von Starbucks und McDonald's. Wie viel schöner wäre es doch, wenn jedes Land seine eigene Kultur hochhalten würde? Jede Kultur hat ihren eigenen Raum, und wenn jeder in seinem Raum bliebe, dann wäre die Welt ein besserer Ort. Dann gäbe es auch keine sozialen Spannungen, keine zwischenmenschlichen Probleme und keine Kriminalität. Das war natürlich eine naive, völlig bescheuerte Vorstellung, aber so sah ich das damals. Es ging mir immer um das große Ganze, nie um die einzelne Person.

Brehl hatte diese Weltanschauung für sich gut verpackt und lebte nach ihr. Er war mit einem Türken namens Mehmet befreundet, der der Besitzer von seinem Stammkiosk war. »Der ist doch vernünftig«, sagte Brehl immer und führte ihn als Beispiel auf. »Mit dem habe ich keine Probleme. Ich habe nur ein Problem, wenn plötzlich Millionen von Mehmets in meiner Nachbarschaft leben.« Ihn störten ausländische Einflüsse nur, wenn sie den Nationalcharakter eines Landes infrage stellten. Aber dieses Problem, betonte er immer wieder, solle nicht in Hass gegenüber einer Ethnie ausarten. Das klang menschlicher als »Ausländer raus«, auch wenn es am Ende dasselbe war.

Mit dem Begriff Ethnopluralismus ist ein Weltbild der Rechten gemeint, deren Vertreter eine kulturelle Homogenität von Staaten und Gesellschaften nach »Ethnien« anstreben. Einige Vertreter der Neuen Rechten definieren »Ethnien« nicht nach ihrer Abstammung, sondern nach ihrer Zugehörigkeit zu einer Kultur, um so »Einheimische« von »Fremden« unterscheiden zu können. Da Einflüsse der als »fremd« betrachteten Gesellschaften als Gefährdung der »eigenen Identität« verstanden werden, gilt Fremdenangst als natürliche Reaktion darauf.

Ich spürte, wie Brehls Sicht auf die Dinge mich prägte. Vor allem verband uns das gemeinsame Feindbild im nationalen Spektrum, und das waren die Schädelvermesser und SS-Apologeten. Das waren Sektierer, die einem erzählen wollten, man solle nicht mehr bei McDonald's essen und keine Jeans mehr tragen, völlig irrsinnig. In den Augen dieser Menschen sollten wir am besten unsere eigenen Jutebeutel herstellen, damit wir bloß nicht mit den kapitalistischen Konsumgütern in Kontakt kamen. Brehl hielt das für Schwachsinn, und genauso sah ich das auch. Wir waren keine Lebensreformer, sondern Kämpfer für Gerechtigkeit. Auch bei mir stand immer der soziale Aspekt im Vordergrund.

Wenn ich damals etwas klarer gesehen hätte, dann wäre mir vielleicht aufgefallen, dass Brehl selbst völlig aus der Bahn geworfen war. Er hatte keinen Job, kassierte Sozialhilfe und hatte ein Alkoholproblem. Und das schon seit vielen Jahren. Aber damals schaffte er es, mich komplett einzuwickeln.

Nach mehr als einem Jahr Brief- und Telefonkontakt lud Thomas mich zu sich ein. Ich fuhr also gemeinsam mit einem Kameraden nach Langen. Die kleine Ortschaft war damals eine Hochburg der

Kühnen-Bewegung. In den 1980er-Jahren wollte Kühnen Langen zur ersten »ausländerfreien Stadt der BRD« ausrufen. Damit kam er natürlich nicht weit. Brehl wohnte noch immer dort, in der Langen Straße 9, in einer überraschend geräumigen Sozialwohnung. Er öffnete die Tür, und wir standen gleich in einem großen Wohnzimmer. Ich schaute mich um. Als Erstes erblickte ich ein riesiges Hitlerbild. Zudem stand dort ein Reichsadler mit einem riesigen Hakenkreuz neben dem Sofa. Aber es gab auch jede Menge Devotionalien der neuen Bewegungen. Ein altes Abzeichen der Aktionsfront Nationaler Sozialisten/Nationaler Aktivisten, einer kurzlebigen Organisation, die er mit Kühnen gegründet hatte, sowie ein Autogramm mit Widmung von Ernst Jünger und ein paar Urkunden zierten ebenfalls die Wand.

»Was ist das?«, fragte ich ihn, als ich neugierig eines der gerahmten Dokumente betrachtete. »Ich war Generalsekretär des Komitees zur Vorbereitung der Feierlichkeiten des 100. Geburtstags von Adolf Hitler«, sagte er stolz. »Dort haben sie mir eine Ehrenmedaille verliehen.« Nun, die hatte er sich wahrscheinlich eher selbst überreicht, denn sie war einfach nur in Word geschrieben und auf schlechtem Papier ausgedruckt worden. Aber es gab auch zahlreiche Bilder und Presseberichte an der Wand. Besonders die Bilder faszinierten mich.

Sie zeigten eine Zeitreise durch die letzten Jahrzehnte der nationalen Bewegung. Immer wieder sah ich Leute, die ich mittlerweile selbst kennengelernt hatte: Hier war ein lächelnder Siggi Borchardt, einer der Führungskader aus Dortmund, den ich bei zahlreichen Demos kennengelernt hatte, dort ein salutierender Ralf Tegethoff. Irgendwie gaben mir diese Fotos das gute Gefühl, dass wir eine Bewegung waren. Wir kamen nicht aus dem Nichts, sondern folgten einer Tradition.

»Axel«, riss mich Thomas aus meinen Gedanken, »ich möchte mit dir noch einmal über mein Querfrontkonzept sprechen.« Das Querfrontkonzept war ein Thema, das Thomas Brehl in dieser Zeit besonders beschäftigte. Er wollte unbedingt wieder eine schlagkräftige, bundesweite Truppe aufbauen. Aber er wusste: Die würde nicht lange halten. Wenn wir eine eigene Gruppierung aufmachten, um bundesweit Leute sammeln zu können, führte das früher oder später zu einem Verbot. Das hatte er selbst oft genug erlebt.

Also hatte er sich eine neue Strategie überlegt. Sein Gedanke war, eine Querfront in den Vordergrund zu stellen. Er wollte linke und rechte Sozialisten sammeln, damit keiner uns eine klassische NS-Organisation nennen konnte. Die linken Sozialisten sollten allerdings nur ein Feigenblatt sein. »Ich habe schon Horst Mahler gefragt«, erzählte mir Brehl. Mahler war ein ehemaliger Linker und verteidigte als Anwalt die RAF, bevor er ihr schließlich selber beitrat, machte dann in den 1990er-Jahren eine Wandlung durch und wurde von einem Linksterroristen zu einem lupenreinen Rechtsextremisten. Mahler interessierte Brehls Konzept allerdings nicht. Das sei bloß alter Wein in neuen Schläuchen, winkte er ab. Dann stieß Brehl auf Michael Koth.

»Michael Koth?«, fragte ich. »Wirklich?« Ich hatte von Anfang an keine große Lust auf diesen Menschen. Ich kannte ihn flüchtig, und für mich war sein Name auch Programm. Der Typ war unerträglich. Er kam aus der Kommunistischen Partei Deutschlands und vertrat ein paar irre Thesen. So hielt er etwa das autokratische Regime in Nordkorea für ein großes Vorbild auch für unser Land. Sicher, ich vertrat auch einige extreme Thesen. Ich fragte mich, welche Gehirnwindungen bei ihm wohl falsch miteinander verknüpft waren.

»Völlig egal«, sagte Brehl. »Seine Art nehmen wir in Kauf. Wir stellen den Typen schön als Posterboy in den Vordergrund und ziehen dann unsere eigene Agenda durch.« Ich verstand schon, warum Brehl den Gedanken so interessant fand. Die NSDAP hatte damals auch KPD-Leute in ihre Partei aufgenommen und ihnen propagandistisch die Hand gereicht. Ganz nach dem Motto: Wir sind ja alle Deutsche, und Deutsche halten zusammen. Doch trotz Tradition konnte ich mich mit Koth nicht so richtig anfreunden. Dennoch ließ ich mich überzeugen.

Wir verfassten gemeinsam ein Gründungsmanifest, in dem wir dann auch keinen Hehl daraus machten, wessen Geistes Kind unsere Querfront war. »Wir vereinen Sozialisten aller Couleur auf der Basis des Bekenntnisses zu Volk und Heimat«, hieß es da. Damit waren sowohl der Ton als auch eine unüberwindbare Hürde für alle Internationalisten gesetzt. Jeder echte Linke, der noch klar bei Verstand war, konnte über unseren Verein nur den Kopf schütteln. »Was ist denn das für ein völkischer Scheiß?«, waren die einhelligen Kommentare. Nur Koth unterschrieb das Manifest.

Am 1. Mai 1999 veranstalteten wir eine Gründungsveranstaltung in Cottbus, organisiert von Frank Hübner, dem ehemaligen Bundesvorsitzenden der Verbotenen deutschen Alternative. Neben mir und meiner Kameradschaft, die aus Solidarität geschlossen dem Kampfbund beigetreten war, war auch Michael Thiel vor Ort. Er war Brehls Gewährsmann im Westen. Michael hatte ein bisschen zu viel getrunken und benahm sich wie eine offene Hose. Er pöbelte zuerst vor allen Leuten herum und klappte dann einfach zusammen.

Echte Linke hatten natürlich schnell verstanden, dass es sich bei unserer Gruppe um eine geschlossene Neonaziveranstaltung handelte, und waren gar nicht erst beigetreten. Und so sehr ich Thomas Brehl auch schätzte, so sehr trug er doch auch seinen Teil dazu bei, dass der Kampfbund einer Witzveranstaltung gleichkam. Nach einiger Zeit führte er irgendwelche Fantasiedienstgradabzeichen ein. Das war vollkommen lächerlich und brachte uns leider zu Recht den Spott der gesamten Szene ein.

Und Michael Koth? Der tat sein Übriges. Ohne Absprache mit uns gab er irgendwann sein eigenes Propagandamaterial heraus, Plakate mit dem Slogan: »Unbesiegbares Nordkorea – stoppt die Lügen über den Volksstaat.«

Aber bei all den Peinlichkeiten musste man auch sagen: Es funktionierte trotzdem. Wir etablierten eine bundesweite Struktur, die nicht verboten wurde. Das hatte es seit dem Verbot der FAP nicht mehr gegeben. Und die Presse berichtete über uns. Die *taz* titelte: »Kampfbund der Einsamen.« Wer sich nirgends andocken könne, so stand in dem Text, der fände bei uns seine Heimat.

Aber den Spott nahmen wir in Kauf. Es ging uns darum, Netzwerke zu bilden. Wir brauchten Gegenmedien – eigene Bereiche, in denen wir unsere Weltsicht erklären konnten, ohne dass diese zensiert wurde, und das in einer beständigen Struktur. Bei einer Kameradschaft war die Gefahr immer gegeben, dass alles in sich zusammenfiel, sobald der Rädelsführer in Haft ging, wegzog, einfach starb oder aus der Szene ausstieg. Mit dem Kampfbund waren wir da besser aufgestellt. Und auch er war kein Selbstzweck, sondern diente uns nur als ein Instrument, zumindest aus meiner Perspektive. Er sollte dabei helfen, dem Nationalsozialismus ein Revival zu verschaffen und Deutschland retten. Wenn das bedeutete, sich zeitweilig auch ein wenig lächerlich zu machen, war das in Ordnung für mich.

Der KDS öffnete uns tatsächlich einige Türen, die uns wahrscheinlich sonst verschlossenen geblieben wären. So meldete sich eines Tages die irakische Botschaft bei uns. Im Irak herrschte noch Saddam Hussein und seine Baath-Partei war gewissermaßen eine arabische Variante unserer deutschen Querfront. Sie vereinte den Wunsch nach einem arabischen Nationalismus mit einer sozialistischen Wirtschaftspolitik. Irgendwie erkannten sie in uns Brüder im Geiste. Das sollte mir ganz recht sein. Wir nahmen die Einladung natürlich an und waren stolz, dass uns der irakische Botschafter persönlich empfing. Das gab unserer kleinen versprengten Truppe einen offiziellen Anstrich, den wir nie für möglich gehalten hätten. Plötzlich erhielten wir diplomatische Ehren von anderen Ländern. Wow. Da war sogar die NPD neidisch auf uns. Wir hielten den Kontakt und wurden 2002 sogar auf das Sommerfest der irakischen Botschaft eingeladen. Ich fuhr mit Helle und einigen Kameraden nach Dahlem in einem noblen Stadtteil im Westen von Berlin. Helle nahm ich zu solchen Veranstaltungen immer gerne mit. Er war jemand, der in seinem Leben schon viel gereist war und eine gewisse Weltgewandtheit ausstrahlte. Das Botschaftsgelände war imposant. Hier wirkte die Veranstaltung zu Saddams Geburtstag noch einmal besonders kurios. man uns zu einer Feier anlässlich Saddams Geburtstag eingeladen. Eine absurde Veranstaltung. Überall standen Porträts des Diktators, es gab sogar eine Saddam-Torte. Dieses Mal wurde nicht ganz so überzogen.

Wir überreichten dem Botschafter eine von uns gebastelte Ehrenurkunde und eine Ehrennadel, dann mischten wir uns unter das Publikum. Als ich am Büffet stand und mich an den Häppchen bediente, sprach mich ein älterer Herr an. »Sie sind wohl auch Deutscher?«, fragte er mich. Ich nickte. Die allermeisten Gäste hier waren Araber. »Freut mich, Sie kennenzulernen«, sagte er und gab mir die Hand. Er stellte sich mir als Parteimitglied der PDS, der heutigen Linkspartei, vor. »Und Sie?«, fragte er. »Sie sind wohl auch politisch aktiv.« Ich nickte und wollte mich gerade vorstellen, als er mir ins Wort fiel. »Lassen Sie mich raten«, sagte er.

»Sie kommen von der DKP.« Ich musste grinsen. »Nein, das nun nicht ...« »Dann von den Leninisten, das erkenne ich gleich«, setzte er sein Ratespiel fort.

»Wieder knapp vorbei«, sagte ich schelmisch und löste es dann auf. »Ich bin von den Nationalsozialisten!«

Kurzes Schweigen. Der ältere Herr legte seinen Kopf schräg. »Sie verarschen mich ...«, sagte er und fing an zu lachen. »Keineswegs«, entgegnete ich. »Ich bin Axel Reitz und Nationalsozialist.« In dem Moment war das Gespräch beendet. Der PDS-Mann stellte sein Tellerchen ab und verschwand sofort. Damit waren wir vom KDS die letzten deutschen Vertreter auf der Party. Es sollte uns recht sein.

4. DER EINPEITSCHER

Ich war in dieser Zeit immer öfter auf Demonstrationen unterwegs. Und irgendwann traute ich mich auch immer häufiger, eigene Reden zu halten. Das war alles andere als selbstverständlich. Schließlich war ich gerade einmal 17 Jahre alt. Aber irgendwie schien das niemanden zu stören. Ganz im Gegenteil, so kam nach einer meiner Reden Christian Worch auf mich zu. »Axel«, sagte Worch zu mir. »Ich habe dich sprechen hören.« Er machte eine kurze Pause. »Und das war gut. Das war sogar sehr gut.« Ich fühlte mich geschmeichelt. Worch war nicht irgendjemand, sondern einer der klügsten Strategen der freien Kameradschaftsszene und selber ein begnadeter Redner. Worch war wie Brehl einer der engsten Mitstreiter von Michael Kühnen gewesen. Außerdem war er bekannt dafür, sich distanziert zu verhalten. Es kam nicht alle Tage vor, dass er jemandem ein Kompliment machte. Umso mehr wusste ich, dass sein Lob eine Bedeutung hatte.

»Ich fände es gut, wenn du öfter sprechen würdest«, sagte er. »Du bist ein Naturtalent.« Das streichelte meine narzisstische Ader. Ein Naturtalent, ich, wow! Das hörte ich natürlich gerne. »Aber lass dir einen Tipp geben. Du brauchst kein Manuskript. Damit liest du schneller, als du musst. Versuch es beim nächsten Mal ohne.« Ich hörte auf Worch und begann nun regelmäßig, auf verschiedenen Veranstaltungen öffentlich zu sprechen. Er bot mir an, mich mit meinen offenen Fragen an ihn zu wenden. Und das tat ich auch. Unser Verhältnis wurde immer enger und besser, und irgendwann wurde Worch für mich zu einem zweiten Mentor. Während Brehl eher herzlich war und mir immer wieder klarmachte, wie wichtig der soziale Blick sei, war Worch eher der unterkühlte Stratege und lehrte mich, mir ein Netzwerk in der Szene aufzubauen und mich unersetzlich zu machen. Wenn Worch eine Vaterfigur für mich wurde, dann war Brehl vielleicht so etwas wie eine Mutterfigur. Die beiden halfen mir jedenfalls, meinen Platz in der Szene zu finden.

* * *

Eines Abends saß ich mit Worch in einem alten Wirtshaus, und er erklärte mir seine Demonstrationsstrategie. »Ich bin kein großer Freund der Partei«, sagte er mit Blick auf die NPD, »aber in einer Sache hat Udo Voigt recht. Wir müssen die Kameraden auf die Straße bringen. Das ist in der gegenwärtigen Lage die einzige Möglichkeit, die Aufmerksamkeit des Volkes zu gewinnen.« Ich stimmte ihm zu. »Bevor wir sie von unseren Argumenten überzeugen können, müssen sie erst einmal begreifen, dass wir überhaupt noch existieren«, sagte ich. Worchs Gedanken hatte ich mir selber auch schon gemacht, aber er schaffte es, sie für mich auf den Punkt zu bringen.

»Unsere Bewegung hat sich in den vergangenen zwei Jahren komplett verändert«, sagte er. »Mittlerweile findet jede Woche irgendwo eine Demo statt. Die Leute haben Lust, auf die Straße zu gehen. Aber ihnen fehlen oftmals die organisatorischen und juristischen Kenntnisse.« Ja, dachte ich. Das hatte ich mittlerweile auch schon verstanden. Alleine der ungeheure Aufwand, den es bedurfte, um in Köln zu marschieren. Das war weitaus komplizierter, als ich mir das vorgestellt hatte. »Und das Hauptproblem ist, dass das notwendige Know-how beinahe alleine in der Hand der NPD liegt. Ohne die NPD gibt es kaum eine Demo.« Worch nahm einen großen Schluck von seinem Bier und zündete sich eine Zigarette an. »Und genau darum müssen wir uns diese Kompetenz selber aneignen.«

Worch erklärte mir, er reise mittlerweile durch ganz Deutschland, um Demos anzumelden, wo immer Kameraden den Bedarf hatten. Er war juristisch versiert, mit allen Wassern gewaschen und wusste, wie er Verbote vor Gerichten kippen konnte. Insbesondere die Kameradschaften, die sich von der NPD unabhängig machen wollten, nahmen sein Angebot gerne an. Als er mir das alles erzählte, begriff ich, wie genial dieser Mann war. Er setzte sich selbst in eine Position, die ihn nicht bloß unverzichtbar machte, sondern auch sein Netzwerk massiv erweiterte. Und zugleich schlug er auch der NPD, die er sehr kritisch sah, ein Schnippchen.

»Kannst du mir das erklären?«, fragte ich.

»Was erklären?«

»Wie man eine Demonstration richtig anmeldet.« Ich wusste zwar, dass ich als Initiator noch nicht infrage kam, weil ich viel zu jung war, aber ich wollte verstehen, worauf es ankam. Dann konnte ich künftig selber, ohne jemanden zwischenzuschalten, selber Demonstrationen veranstalten. Worch zog an seiner Zigarette, zog die Augenbrauen hoch und musterte mich. Ich merkte, wie es in seinem Kopf arbeitete. Sollte er wirklich seine Betriebsgeheimnisse mit mir teilen? Er lächelte. Scheinbar sah er eine Chance, dass ich ihm noch nutzen konnte. »Die reine Anmeldung ist eine Formsache«, sagte er. »Da gibt es ein paar Formalien, auf die man achten muss, nichts Wildes. Hat man schnell drin. Schwierig wird es, wenn es zum Kooperationsgespräch mit der Polizei kommt.« Die Polizei meldete sich nämlich bei dem Anmelder einer Demonstration, um ein paar Rückfragen zu stellen.

»Die sind ja nicht blöd. Die wissen ja, wer wir sind. Und die werden versuchen, in dem Gespräch irgendwelche Verbotsgründe zu konstruieren. Ein Beispiel: Sie werden dich fragen, ob du einen Ordnungsdienst haben willst.« Ein Ordnungsdienst sorgte dafür, dass die Demo ruhig und friedlich verlief. »Hier lauert schon die erste Falle«, sagte Worch und beugte sich konzentriert zu mir vor. »Wenn du sagst, dass du keinen Ordnungsdienst anstellen willst, wird man dir die Demo verbieten. Zu große Sicherheitsbedenken. Wenn du antwortest, dass du ihn in Anspruch nimmst, werden sie fragen, wofür du ihn brauchst.«

»Ich würde den Bullen antworten, dass wir auf Nummer sicher gehen wollen. Falls es zu einer Schlägerei kommt.«

»Ha«, sagte Worch und schlug mit der flachen Hand auf den Holztisch. »Und damit haben sie dich. Sie werden sagen, na, wenn sogar der Veranstalter selbst schon davon ausgeht, dass es zu einer Prügelei kommt, dann ist die ganze Sache alles andere als sicher. Und zack, werden sie die Demo verbieten.« Ich staunte nicht schlecht. Damit hätte ich tatsächlich nicht gerechnet.

»Und was wäre die richtige Antwort?«

Worch grinste überlegen und meinte: »Natürlich nehmen wir den Ordnungsdienst in Anspruch, um die von der Polizei vorgegebenen Auflagen umzusetzen.« Wow, da hatte ich gerade wirklich etwas gelernt. Mir war nicht bewusst, dass die Polizei zu solchen Mitteln griff, um eine Demo zu verhindern. »Glaub mir, Axel«, sagte Worch. »Die machen alles, was nötig ist. Am schlimmsten sind die Abfuck-Fragen.« Die Abfuck-Fragen, das klang interessant. »Sie werden dich darauf hinweisen, dass du Transparente angemeldet hast und dich fragen, was denn auf den Transparenten draufstehen wird.« »Themenbezogene Parolen«, antwortete ich, denn davon hatte ich bereits gehört.

»Richtige Antwort. Aber sie werden nicht lockerlassen. Welche denn konkret?, werden sie dich fragen.«

»Ich würde entgegnen, dass die Teilnehmer angehalten sind, die Transparente selber mitzubringen.«

»Aha«, machte Worch große Augen und setzte das Rollenspiel fort. »Also wissen Sie gar nicht, was da draufstehen wird?« »Zum jetzigen Zeitpunkt weiß ich das nicht konkret, aber im Allgemeinen werden themenbezogene Parolen draufstehen«, entgegnete ich stoisch, merkte aber, wie genervt ich schon war.

»Wenn Sie das nicht wissen, dann können Sie auch nicht ausschließen, dass da strafbare Parolen draufstehen.«

Ich biss mir auf die Lippen. Er hatte mich. Worch lachte: »Das machen sie jedes Mal. Sie rechnen damit, dass du irgendwann die Fassung verlierst. Die spekulieren darauf, dass du dich entweder verhedderst oder aggressiv wirst.«

»Und was ist die richtige Antwort?«

Worch legte den Kopf schräg, lächelte und sagte mit einer Engelsstimme: »Ich gehe nicht davon aus, dass irgendwer eine verbotene Parole mitbringt, aber wenn doch, dann werden wir das natürlich unterbinden, und glücklicherweise sind Sie als Polizei ja auch vor Ort.« Ich begriff, dass ich von diesem Mann noch viel lernen konnte.

* * *

»Axel«, hörte ich meine Mutter an meine Zimmertür klopfen. »Axel, komm bitte sofort runter!« Ich kämpfte mich aus dem Bett. Ich hatte einen langen Abend hinter mir. Und es war Wochenende.

Was zur Hölle wollte meine Mutter um diese Zeit von mir? »Axel, bitte!«, hakte sie noch einmal nach und klopfte wieder an. »Ist ja gut«, sagte ich. »Ich komme ja schon.« Ich zog mich an und ging zu meinen Eltern ins Wohnzimmer. Als ich die zwei Polizisten auf dem Sofa sah, musste ich kurz schlucken. Mist, was wollten die denn hier? In meinem Kopf ging ich noch einmal alles durch, was ich in den letzten drei Wochen so angestellt hatte und was den Besuch der Beamten rechtfertigen könnte. Aber mir fiel nichts ein.

»Du bist Axel?«, fragte mich einer der Polizisten. Ich nickte unsicher. Dann drückte er mir ein Blatt Papier in die Hand. Es war ein weiterer Fahndungsaufruf, verteilt von der Antifa, dieses Mal direkt bei uns in der Nachbarschaft. »In der Bonnstraße 12 hat ein junger Neonazi seine Zentrale aufgebaut, von wo er seine menschenverachtenden Aktionen plant«, hieß es da. Na toll, ausgerechnet hier in Fliesteden – einem kleinen spießbürgerlichen Dorf, wo jeder jeden kannte.

»Wir sind vom LKA«, sagte der Beamte. »Und wir sind hier, weil es ernste Hinweise gibt, dass dir etwas passieren könnte.« Da war sie also, meine erste Gefährdetenansprache. Einige Kameraden, die das schon hinter sich hatten, hatten mir davon erzählt. »Du hast dich mit Kreisen angelegt, die dafür bekannt sind, nicht lange zu fackeln«, sagte der Mann und dramatisierte die Lage übermäßig. Wahrscheinlich wollte er mir einfach nur Angst machen, was ihm aber nur bedingt gelang. Während ich die Ansprache kühl wegsteckte, sah ich, wie meine Mutter immer bleicher wurde. »Du solltest das nicht auf die leichte Schulter nehmen«, ermahnte der LKA-Mann mich. »Es kann sein, dass das nicht gut ausgeht.« Ich dachte kurz an meine Begegnung mit einem Backstein in der S-Bahn und meine noch immer schmerzende Narbe am Rücken. Ich nickte. Vielleicht hatte der Mann nicht ganz unrecht.

»Du hast sicherlich irgendwelche täglichen Routinen. Versuch, sie zu ändern. Fahr nicht jeden Tag mit demselben Bus. Nutze immer mal wieder andere Wege zur Schule.«

Sie versuchten mir dann noch einmal ins Gewissen zu reden. Aber es war sinnlos. Schließlich zogen sie ab.

Super, die Tipps würde ich mir definitiv zu Herzen nehmen, sobald ein wild gewordener Antifa-Mob vor meiner Haustür stand. Als sie weg waren, begann meine Mutter zu weinen. Es tat mir weh, sie so zu sehen. »Axel«, warf sie mir dann aber gleich wieder vor. »Wieso lässt du es nicht einfach sein mit deiner Politik. Du stürzt uns noch ins Verderben.«

Ich? Wieso denn ich? Ich machte doch gar nichts. Ich äußerte doch nur meine Meinung. Die Linken waren es doch, die mich bedrohten. Ich war doch hier kein Täter, sondern ein Opfer. Doch meine Eltern verstanden das nicht. Die Strategie der Antifa ging ein Stück weit auf. Sie setzen mich unter Druck. Aber ich dachte gar nicht daran, meine politischen Tätigkeiten einzustellen. Schon gar nicht, weil alles gerade so gut lief. Ich war 17 Jahre alt, in der Szene bestens vernetzt, ich hatte eine berüchtigte Kameradschaft und wurde zunehmend bekannter im Land. Da ließ ich mich nicht von einem Steckbrief einschüchtern.

Doch die Situation verschärfte sich. Ein paar Tage nach dem Polizeibesuch verübte jemand nachts einen Farbanschlag auf unser Haus. Danach prangte ein Graffiti an unserer Mauer: »Reitz raus.« Als ein paar Tage später auch noch das Auto meines Vaters demoliert wurde, hatten meine Eltern endgültig genug. »Axel«, stellte mich mein Vater vor die Wahl. »Das ist deine letzte Chance. Entweder du stellst deine politischen Aktivitäten ein, oder du musst gehen.« »Gehen?«, fragte ich. »Wohin denn?« Mein Vater erklärte sich bereit, mir eine kleine Wohnung in einem Nachbardorf anzumieten und zu bezahlen. Das war für mich ein Jackpot! Jetzt stand ich nun endlich auf komplett eigenen Beinen. Endlich gab es niemanden mehr, der mein Nazimaterial wegschmiss, wenn ich in der Schule war. Endlich musste ich meine Post nicht mehr vom Amt abholen. Ich freute mich auf meine eigene Wohnung.

> Die Strategie Nazis zu outen, sie im Umfeld und beim Arbeitgeber anzuschwärzen hat meistens nicht den gewünschten Effekt, sondern sorgt dafür sich weiter zu radikalisieren. Frei nach dem Motto: Ist der Ruf erst ruiniert, lebt es sich ganz ungeniert. Kritische Begegnung ist ein stärkeres Mittel als totale Ausgrenzung.

* * *

Kurz nachdem ich meine Wohnung bezogen hatte, schmiss ich die Schule. Ich ging einfach nicht mehr hin. Meinen Lehrern würde es recht sein. Und ich selbst hatte Besseres zu tun, denn ich lebte für die Szene. Ich war mittlerweile ein bekannter Protagonist in der Szene und bundesweit mit Worch unterwegs. Es gab viele Anfragen für so viele Demonstrationen selbst in den kleinsten Dörfern, dass er mit den Anmeldungen gar nicht mehr nachkam. Für mich brachte mein neues Leben es mit sich, durch die gesamte Bundesrepublik zu reisen und überall neue Kontakte zu knüpfen. Ich war ein Demotourist. Geld verdiente ich mir hin und wieder mit dem ein oder anderen Nebenjob, aber das war nicht der Rede wert. Es war mir auch egal. Mir ging es nicht ums Geld, sondern um die Sache. Indem ich quer durch das Land reiste, lernte ich die rechte Szene immer mehr kennen.

Mittlerweile war mein Name in der gesamten Szene ein Begriff, aber längst nicht alle konnten etwas mit mir anfangen. Ich war eine Person, die stark polarisierte, unter anderem aus ideologischen Gründen. Viele Kameraden störte es, dass wir eine Querfront gegründet hatten, was ich sogar verstand. Ich wusste ja, dass wir uns auch mit merkwürdigen Gestalten wie Michael Koth umgeben hatten. Aber Brehl und ich hatten die Querfront nicht aus ideologischen, sondern aus strategischen Gründen ins Leben gerufen. Darum warb ich immer wieder dafür, die Vorteile einer solchen Struktur zu sehen. Wir waren bundesweit schlagkräftig und konnten uns einem Verbotsverfahren entziehen. Einige wenige Kameraden begriffen das, den meisten war unser strategischer Ansatz allerdings egal. Sie wetterten einfach dagegen, dass wir mit den »Scheißkommunisten« gemeinsame Sache machten.

Besonders tief saß jedoch bei manchen der Stachel, dass ich mich nach wie vor zu Kühnen bekannte. Auf der einen Seite war Kühnen ein Vorreiter der Szene gewesen, der Gründungsvater der Neonazi-Bewegung schlechthin. Auf der anderen Seite galt er als schwul und hatte in einer Schrift, die 1986 zu einer großen Spaltung führte, die These aufgestellt, dass Homosexualität und Nationalsozialismus vereinbar seien. Und das verzieh ihm der Großteil der rechten Szene einfach nicht. Homosexualität war eines der ganz großen Reizthemen in unseren Kreisen. Über nichts wurde in den Chatgruppen und an Stammtischen so leidenschaftlich und so erbittert debattiert wie über die sexuelle Ausrichtung. Eher »progressiven und liberalen« Nationalisten wie mir war das egal. Für uns war die Sexualität reine Privatsache und sagte nichts darüber aus, ob man ein guter oder ein schlechter Nazi war.

Aber gerade in den völkischen und ultraorthodoxen Kreisen sah man das komplett anders. Die Steinzeitnazis, wie wir sie spöttisch nannten, waren besessen von dem Gedanken, unser Volkskörper müsse erhalten bleiben und das oberste Ziel sei, eine möglichst große reinblütige Familie zu gründen und Nachwuchs zu zeugen. Homosexualität hingegen begriffen sie als eine dekadente Entartung. Als eine Krankheit, die es auszumerzen galt.

Da die Debatte so leidenschaftlich geführt wurde, starteten Brehl und ich eine Kampagne. Unter dem Motto »Weg mit der Schwulenkeule« verteilten wir Flugblätter, in denen wir für mehr Toleranz warben. Aus heutiger Perspektive war es lächerlich, in der intolerantesten aller Gruppierungen für mehr Toleranz zu werben. Aber wir waren damals überzeugt, für die richtigen Werte einzutreten. Brehl war homosexuell, was in der rechten Szene ein offenes Geheimnis war. Mich hingegen konnte man in dieser Hinsicht nicht so richtig greifen. Also versuchte man einfach, mich auch als schwul abzustempeln, was mir total egal war. »Der Reitz ist doch selber ein rosa Bursche«, hieß es hinter meinem Rücken. Ich konnte darüber nur lachen. Sollte mir der Kamerad doch mal seine Schwester vorbeischicken, entgegnete ich selbstbewusst in solchen Fällen, dann beweise ich ihm mal, wie rosa ich sei.

Ein weiterer Grund, warum ich recht umstritten war, war mein Umgang mit der Öffentlichkeit. Ich hatte aus meinen früheren Fehlern gelernt und war längst nicht mehr der superradikale Sturm-und-Drang-Nazi, der durch die Stadt lief und Hakenkreuzsticker verteilte. Mittlerweile hatte ich begriffen, wie essenziell es war, die Medien zu instrumentalisieren und sich öffentlich in Szene zu setzen. Darum nahm ich jede Interviewanfrage an, die mir gestellt wurde. Ich versuchte, mich öffentlich zu präsentieren, den Leuten zu zeigen, dass sie mit mir reden konnten. Dass ich kein stumpfer Asi war, der schon morgens betrunken war und dem die Zähne fehlten. Zugegeben, solche Leute gab es in der Szene mehr als genug. Aber ich wollte, dass sie nicht mehr das öffentliche Bild prägten. Meine Medienpräsenz störte einige Kameraden. Einige fanden es einfach aus Prinzip doof, dass ich mit der »Lügenpresse« sprach, andere wiederum waren auch einfach nur neidisch, weil sie selber gerne stärker im Rampenlicht gestanden hätten. Ich ignorierte das alles.

Und so sagte ich zu, als sich 2005 ein Journalist des WDR bei mir meldete, der einen Film über die rechte Szene drehte. Seine Dokumentation sollte den Titel *Nebenan der braune Sumpf* tragen. Mir war natürlich sofort klar, dass er unsere Szene sicher nicht im besten Licht darstellen würde. Aber ich blieb meiner Medienstrategie treu und erklärte mich für ein Interview bereit. Ich sollte die Gelegenheit erhalten, ausführlich zu Wort zu kommen, hieß es, und tatsächlich begleitete mich der Journalist über einen längeren Zeitraum. Ich gab ihm mehrere Interviews. Als der Film ausgestrahlt wurde, saß ich gespannt vor meinem Fernseher und staunte nicht schlecht, wie man mich dort vorstellte. »In der Szene wird Axel Reitz auch der ›Der Hitler von Köln‹ genannt«, sagte eine Sprecherstimme aus dem Off, während man mich auf einer Demonstration reden sah.

Der Hitler von Köln? Ich lachte. So ein Unsinn. Noch nie hatte mich irgendjemand so genannt. Und wäre es so gewesen, hätte ich das garantiert nicht so stehen gelassen. Zugegeben: Ich hatte durchaus ein gewisses Selbst- und Sendungsbewusstsein. Aber ich war nicht völlig irre. Ich war mir schon bewusst, dass ich im Großen und Ganzen ein unbedeutender Neonazi war, und es wäre mir nicht im Traum eingefallen, mich mit Adolf Hitler gleichzusetzen. Das war lächerlich. Ich schüttelte über diese Einleitung den Kopf und freute mich darüber, dass ich in dem Film ansonsten häufig gezeigt wurde und zu Wort kam.

Ich hätte niemals gedacht, welche Auswirkungen die Dokumentation haben würde. Aber die Folgen zeigten sich schnell, denn als ich am nächsten Tag einkaufen ging, kamen mehrere Leute auf mich zu. »Ich habe Sie doch gestern im Fernsehen gesehen«, sagte ein älterer Mann etwas verstohlen. Ich nickte vorsichtig, bereit, mich gleich von oben bis unten für meine braune Gesinnung beschimpfen zu lassen. Aber das Gegenteil war der Fall, der Alte flüsterte mir ein »Weiter so« zu. Das bestätigte mir wieder einmal unsere wichtige Arbeit, mit der wir der schweigenden Mehrheit eine Stimme gaben. Ich blendete die Tatsache aus, dass wahrscheinlich 99 Prozent der Deutschen, die diese Doku geschaut hatten, einfach nur den Kopf schüttelten und mich für eine lächerliche Figur hielten. Jedenfalls wurde *Nebenan der braune Sumpf* für den WDR ein solcher Erfolg, dass man den Film auch im ZDF zeigte und mehrmals zu guten Sendezeiten wiederholte.

Spätestens ab diesem Zeitpunkt war ich bundesweit nicht nur in der rechten Szene bekannt. Und mein neuer Beiname ging wie ein Lauffeuer durch die Presse. Bei jeder Demo, an der ich teilnahm, berichtete die Presse hauptsächlich über mich. Schlagzeilen wie »Der Hitler von Köln kommt nach Soest« gehörten zur Tagesordnung. Eine linke Wochenzeitung machte mich zum »selbsternannten Hitler von Köln«, und das ging mir zu weit. Ich wurde so schließlich zum Gespött der Szene. Niemand nahm einen Kameraden ernst, der sich mit Hitler gleichstellte. Ich ging juristisch dagegen vor. Doch dem Gericht war das herzlich egal – es hieß: »Sie sind doch ein Nazi, oder?« »Ja, selbstverständlich bin ich ein Nazi«, beteuerte ich. »Aber ich habe mich nie den Hitler von Köln genannt.«

»Aber Sie haben auch nie etwas dagegen unternommen.«

Ich schüttelte den Kopf. Was hätte ich denn unternehmen sollen? Hätte ich Plakate drucken sollen, dass man mich bitte nicht so nennen dürfe, oder was? Vor Gericht erlitt ich eine Bauchlandung, welche die Presse voll auskostete. »Hitler von Köln will unsere Zeitung platt machen«, titelte das linke Wochenblatt und freute sich hämisch, dass es mir nicht gelungen war, die Medien zu stoppen. Ich ärgerte mich und musste weiter mit dem unsäglichen Namen leben. Wenn man mich wenigstens den Goebbels von Köln genannt hätte, jammerte ich.

In diesem Zusammenhang sei auf die besondere Bedeutung Hitlers in der Szene verwiesen. Er ist in klassischen Neonazi-Kreisen unantastbar. Jede Verhöhnung oder auch nur die kleinste Kritik am ach so großen Führer wird als ein ungeheuerliches Sakrileg begriffen. In meinen Augen war er nur ein Diener der Idee. Ich plädierte dafür, den Nationalsozialismus losgelöst von ihm zu betrachten. Das war eine organische Idee. Hitler war nur einer der entscheidenden Träger. Viele andere sahen ihn hingegen synonym mit dem Nationalsozialismus.

* * *

Es sollte eigentlich ein friedlicher Tag werden. Ich war mit meiner Kameradschaft nach Halbe gereist. Halbe ist eine kleine Gemeinde in Brandenburg und für die Szene ein Ort mit besonderer historischer Bedeutung. Denn in Halbe fand eine der letzten großen Kesselschlachten im Zweiten Weltkrieg statt. Um an die gefallenen deutschen Soldaten zu erinnern, veranstalteten Rechtsextreme hier Immer wieder eine Großveranstaltung. Dort traf sich meist Szeneprominenz zur Kranzniederlegung und dem sogenannten Heldengedenken. Wir rollten gerade unser Transparent aus, als ein Kamerad zu mir kam und mich zur Seite nahm. »Es gibt Ärger«, sagte er. »Ärger?«, fragte ich. Ich rechnete damit, dass die Gemeinde uns mal wieder irgendwelche unangekündigten Auflagen aufdrücken wollte. Aber darum ging es dieses Mal nicht. Dieses Mal ging es um mich.

»Der Peter will uns die Anlage abschalten.«

Der Peter war Peter Naumann. Ein ehemaliger Rechtsterrorist, der sich ein wenig Geld hinzuverdiente, indem er auf Demonstrationen seine Lautsprecheranlage vermietete. Naumann hatte in den 1970er-Jahren Sendemasten in die Luft gesprengt, um die Ausstrahlung der »Holocaust«-Serie zu stoppen. »Er hat mitbekommen, dass du eine Rede hältst und ist richtig wütend.« Ich atmete tief durch und schaute einmal über unseren Treffpunkt. Da sah ich ihn auch schon, wie er neben der Bühne stand und sich in Rage redete. Ich beschloss, die Sache selber mit ihm zu klären.

»Mit so einem Schwulenfreund will ich nichts zu tun haben«, hörte ich ihn schon von weitem brüllen. »Wenn der Reitz redet, dann ist die Anlage weg, das verspreche ich euch.«

»Peter, überleg dir hier gut, was machst«, sagte Worch, der die Versammlung mitveranstaltete.

Doch Naumann war noch immer außer sich. Als ich mich näherte, kam plötzlich Otto Riehs von der Seite auf mich zu und begrüßte mich freundlich.

Otto Riehs war einer der Ehrengäste an diesem Tag. Ein älterer Mann, der im Zweiten Weltkrieg Frontsoldat war und mit dem Ritterkreuz ausgezeichnet wurde. Er hatte es geschafft in zwölf Minuten zehn russische Panzer abzuschießen und einen Angriff abzuwehren. In der Szene waren Männer aus der sogenannten Frontgeneration absolute Respektspersonen.

Das war für die Szene eine emotionale Sache. Für uns waren die Männer, die das dritte Reich noch erlebt hatten und für den Führer gekämpft hatten wahre Helden. Und indem wir den Kontakt zu ihnen hielten, fühlte es sich an, wie eine Staffelübergabe. Als würde die Tradition des wahren Nationalsozialismus von Hand zu Hand, von Generation zu Generation übergeben werden. Otto Riehs war einer dieser Helden. Und er war ein echter Freund geworden, der mich sehr mochte. Und ich mochte ihn auch. Mit Otto konnte man gute Gespräche führen. Er hat nicht nur viel erlebt. Er war auch ein absoluter Realist. Während sich andere Männer von der Frontgeneration gut und gerne einwickeln ließen, blieb er ganz nüchtern und betrachtete die Rolle, die er in der Szene hatte, schon beinahe zynisch. »Denkst du wirklich, ich bin so blöd und glaube, dass die ganzen Jungen sich für mich interessieren? Die scheißen doch auf mich als Mensch. Die wollen einfach nur ein Stück aus meinem Ritterkreuz rausbrechen, solange sie noch können.« Das war schon eine sehr dunkle Sicht auf die Realität, auch wenn sie natürlich einen wahren Kern hatte. Was ich aber besonders an Otto mochte, war, dass er ein echtes Original war.

Als Otto mitbekam, dass es Ärger gab, mischte er sich gleich ein. »Was ist denn los?«, fragte er. Peter Naumann fing an, ganz aufgeregt vor sich hinzuplappern. »Herr Riehs, wir können den Axel Reitz nicht reden lassen«, sagte er und schaute Riehs ehrfürchtig an. Naumann war nicht nur ein Schleimer, er vergötterte die Frontgeneration regelrecht. »Der Reitz ist ein degenerierter Homo-Freund«, sagte er.

Riehs schaute ihn mit scharfem Blick an. »Du hältst jetzt mal die Fresse«, wies er Naumann an. »Der Axel ist ein Guter.«

Damit war die Diskussion beendet. Riehs Worte hatten Gewicht. Als er auf der Bühne stand, führte er in seiner Rede dann auch noch einmal aus, dass ich nicht nur ein Kamerad, sondern ein Vorbild für die junge Generation sei. Für mich eine unglaubliche Ehre, die mir ein gewaltiges Gewicht in der Szene verlieh.

* * *

Das war doch ganz schön hier. Ich ließ mich auf meinen Platz fallen, lehnte mich ein Stück weit vor und schaute von der Tribüne direkt auf den Sitzungssaal herunter. »Eines Tages werden wir da unten sitzen«, träumte einer meiner Kameraden laut. Ich zuckte mit den Schultern, denn ich hegte berechtigte Zweifel, dass er damit recht behalten würde. Alleine schon der Gedanke erschien mir absurd. Wir saßen im Rathaus in Essen, in dem der Stadtrat gerade eine Sitzung abhielt. Heute stand ein besonderer Punkt auf der Tagesordnung. Es sollte eine Resolution gegen einen unserer Naziaufmärsche verabschiedet werden.

Wir waren mittlerweile gut genug aufgestellt, um rechtlich beinahe alle Veranstaltungen durchzuboxen. Nur hin und wieder gelang es der Polizei, aus fadenscheinigen Gründen eine Demo zu verbieten. Anschließend konnten wir dagegen klagen und gewannen auch meistens. Aber dass eine unserer Veranstaltungen grundsätzlich im Stadtrat behandelt wurde, war selten. Also ergriffen wir die Chance und schauten einfach einmal vorbei. Die Sitzungen waren ja immerhin öffentlich. Im Zuschauerraum saß außer uns nur ein älteres Ehepaar. Ich nickte den beiden zu. Irgendwie fand ich es niedlich, dass die alten Leutchen dort ihre Freizeit verbachten.

»Axel ...« Mein Kamerad zog mich an meinem Ärmel. »Es geht los.« Unten wurde nun über unsere Demonstration beraten. Ich lehnte mich auf dem unbequemen Stuhl zurück und beobachtete, wie eine junge Abgeordnete der Grünen an das Rednerpult trat. Scheinbar war sie die Autorin der Resolution. Sie schaute zu uns herauf und warf mir einen giftigen Blick zu. Sie schien zu wissen, wer wir waren. Ich lächelte ihr zu. Sie las sichtlich aufgeregt ihren Antrag vor und verhaspelte sich mehrfach, ihre Stimme brach weg. Aber das war nicht mal das Schlimmste. Das Schlimmste war, dass dieser Antrag voller handwerklicher Fehler war. Da wurden Sachen über uns behauptet, die nicht nur nicht stimmten, sondern so absurd falsch waren, dass ein solcher Antrag auf einer Ratssitzung nichts zu suchen hatte. Ich spürte, wie mir das Blut zu Kopf stieg. Es war kaum auszuhalten.

»... und auch die, ähm, die Jugendorganisation der NPD, die ähm, die sogenannten jungen Nationalsozialisten haben dazu aufgerufen ...«

Das war zu viel. Ich konnte nicht mehr an mich halten. »Lüge!«, brüllte ich vom Podest herunter. Es wurde kurz still im Sitzungssaal. Alle Blicke richteten sich auf mich. Ich ergriff meine Chance und begann eine kleine Rede: »Es gibt keine Jungen Nationalsozialisten, Herrgott nochmal, das wäre ja auch gar nicht legal. Die heißen Junge Nationaldemokraten.« Im Saal wurde es unruhig. Einige Abgeordnete sprangen auf und empörten sich, wie ich es wagen konnte, mich einfach von der Zuschauertribüne aus zu melden, aber ich war gerade so in Fahrt, dass ich mir das Wort nicht nehmen ließ, und redete einfach weiter.

»Das ist ja mal wieder typisch für die Altparteien«, spulte ich mein Programm ab, als wäre ich ein Redner auf einer unserer Demos. »Die glauben, dass ...« Moment, was war das? Ich spürte einen spitzen Gegenstand in meinem Rücken und drehte mich um. Die ältere Dame stach mir ihren Regenschirm in die Nieren. »Halten Sie die Klappe, Sie Nazischwein«, beschimpfte sie mich. Und auch ihr Mann begann, uns auf das Übelste zu beleidigen. Von wegen die nette Oma Erna und der liebe Opa Herbert. Das waren Altkommunisten der DKP. »Ihr Faschoschweine«, schimpfte die Dame weiter und schlug mit dem Regenschirm auf meinen Kopf.

Noch bevor ich wusste, wie mir geschah, öffneten sich auch schon die Türen und der Ordnungsdienst kam, um uns hinauszuwerfen. Vor der Tür wartete bereits die Polizei auf uns. »Ach, Herr

Reitz«, begrüßte mich ein Polizist, der mich scheinbar kannte. »Was haben Sie denn dieses Mal wieder angestellt?« Ich schüttelte den Kopf und meinte: »Das verbitte ich mir, hier ist eine öffentliche Ratssitzung, auf der falsche Nachrichten über mich verbreitet werden, außerdem wurde ich von einem alten Ehepaar mit einem Regenschirm angegriffen und ...«

»Ja, ja«, würgten die Beamten ab. »Ist ja gut, Herr Reitz.« Ich fühlte mich wie der letzte Spinner. Ein paar Wochen später bekam ich Post. Das Verfahren gegen mich wegen Ruhestörung wurde eingestellt. Allerdings bekam ich ein Hausverbot für den Essener Ratssaal. Ich fürchte, es gilt noch heute.

Wenn öffentlich über die rechtsextreme Szene debattiert wird oder Veranstaltungen Themen behandeln, die für die Szene von Interesse sind, besteht die Gefahr, das Aktivisten vor Ort sind, um dort ihre Propaganda zu verbreiten. Das nennt sich Wortergreifungsstrategie. Dadurch will man die Diskurshoheit erlangen.
Wichtig als Gegenstrategie ist es hier, die Extremisten argumentativ zu entwaffnen und sachlich zu bleiben. Man sollte sich nicht auf argumentative Nebenschauplätze einlassen.

5. AUTONOME NATIONALISTEN

Mitte der 00er-Jahre vollzog sich eine gewaltige Zäsur in der rechtsextremen Szene, die mir zugutekam. Neben dem schon bestehenden Ärger zwischen der NPD und den Kameradschaften kam es auch innerhalb der Freien Strukturen zu einem gewaltigen Bruch. Christian Worch und Thomas Wulff zerstritten sich. Ehrlich gesagt, weiß ich heute nicht mehr, worum es bei diesem Streit ging, es war irgendeine Nichtigkeit. Irgendwer fühlte sich aus irgendeinem Grund in seinem Ego herabgesetzt, und das Ganze schaukelte sich dann hoch. Wie es eben manchmal so ist in dieser Szene.

Doch dieses Mal hatte der Bruch schwerere Konsequenzen. Es kam zu einer regelrechten Spaltung. Hinter Thomas Wulff versammelten sich Leute wie Christian Malcoci, sein Ziehsohn Sven Skoda und Daniela Wegener, die Kameradschaftsführerin im Sauerland. Viele NRW-Leute versammelten sich derweil hinter Worch. Auch mir war klar, dass ich Worch gegenüber loyal zu bleiben hatte. Immerhin war er einer meiner engsten Vertrauten in der rechten Szene, und ich hielt ihn für einen der wichtigsten Strategen in der gesamten Bewegung.

Wenn ich also bei irgendeiner Demo oder irgendeinem Treffen mitbekam, dass sich jemand abfällig über Worch äußerte, dann gab ich ihm das weiter. Für uns war es immer wichtig zu wissen, auf wen wir bauen konnten und auf wen nicht. Die Gegenseite hielt es nicht anders. Und so geriet auch ich so langsam in ihr Fadenkreuz. Als ich klarstellte, dass es keinen Zweifel an meiner Loyalität zu Worch gab, wurde ich immer seltener auf Koordinationstreffen eingeladen. »Der Reitz ist wie die *BILD*-Zeitung«, hieß es einmal über mich. »Plappert alles an Worch weiter, was wir hier intern besprechen.« Darunter litt meine Stellung in der Szene extrem. Ich spürte, wie man mich mehr und mehr isolierte. Mitte der 00er-Jahre hatte ich mich so in eine Position gebracht, in der ich mehr und mehr Rückhalt verlor.

Doch zu dieser Zeit entwickelte die Szene sich in eine Richtung, die mir zugutekam und mich aus meiner Sackgasse herausbeförderte. Die Autonomen Nationalisten kamen auf, ein neues Phänomen mit jungen Einzelkämpfern innerhalb der rechten Szene. Sie waren Kinder des digitalen Zeitalters.

Unter ihnen war ein technisch versierter Kamerad aus Dortmund namens Dennis Giemsch. Er etablierte einige Seiten, auf denen sich die Szene austauschen konnte. Seine erfolgreichste Seite war das »Freie Widerstandsforum«. Durch das »Freie Widerstandsforum« veränderte sich etwas in der Szene.

Die Aktivisten begannen, sich in der Anonymität des Internets ungefiltert auszutauschen, so wie es im echten Leben nicht möglich war. Während man auf einem Kameradschaftsabend oder gar auf einer Parteiveranstaltung im allerbesten Fall nur blöd von der Seite angeschaut wurde, wenn man bestimmte Themen auf den Tisch brachte, war das im Netz kein Problem. Und so redete man im populären »Freien Widerstandsforum« über alle möglichen Dinge. Man ließ das strenge Szenereglement hinter sich und unterhielt sich offen über völlig unpolitische Inhalte: Filme, Musik, Liebe. Da man anonym war, brachte man auch Themen auf den virtuellen Tisch, die man woanders eher nicht ausgesprochen hätte.

»Ich finde ja irgendwie Ton Steine Scherben ganz cool«, schrieb ein Kamerad. Hätte er das auf einer Szeneveranstaltung angesprochen, hätte er sich wahrscheinlich eine Backpfeife gefangen. Ton Steine Scherben, eine dezidiert linke Band. Aber hier bekam er Zuspruch. »Ja«, kommentierte jemand. »Ist irgendwie richtig, was die da singen. Mach kaputt, was dich kaputt macht!« Fight the System. Das war dann doch vielen Kameraden sympathischer, als sie andernfalls hätten zugeben wollen.

Sogar ältere Kader meinten, sie könnten mit dem klassischen dumpfen Rechtsrock wenig anfangen. Sie schwelgten in ihrer Punkvergangenheit und erinnerten sich an die glorreichen Zeiten, als die Sex Pistols noch Hakenkreuze getragen hatten. »Immer noch besser als mit einem Leinenkleid in den Wald zu gehen und um ein Lagerfeuer zu tanzen, wie diese ganzen Völkischen«, sprach einer aus. »Oder sich eine beschissene Glatze zu rasieren, sich eine Bomberjacke anzuziehen und von morgens bis abends wie der letzte Asoziale eine Bierpulle nach der nächsten zu leeren.«

Es war erstaunlich, was dort passierte. Plötzlich setzte sich immer mehr Diskussionskultur und Diversität durch. Das war etwas, wonach sich wohl schon länger viele gesehnt hatten – was sich jedoch niemand im echten Leben zu sagen getraut hatte.

Es wurde im Forum auch über die rechte Szene selbst diskutiert, zum Beispiel, dass es bei den Linken einfach besser lief als bei uns. Die Linken schafften es, mehr Menschen für ihre Demos zu mobilisieren, sie waren besser vernetzt. Und sie galten auch einfach bei Jugendlichen als cool. In der Schule war es völlig normal, ein Antifa-Patch auf dem Rucksack oder den Button von einer linken Band an der Jacke zu tragen oder »Scheiß-Nazi«-Sticker auf sein Mäppchen zu kleben. Linke Kultur war Zeitgeist. Und so sehr wir unseren politischen Gegner auch hassten, zeigte sich im Forum doch auch eine gewisse Ehrfurcht vor der linken Szene. Immer wieder fragten sich viele Leute dort, was die besser machten als wir. Und immer wieder stießen sie auf dieselben Antworten. Die Linken waren viel lockerer als wir und nicht so gefangen in einem Korsett aus strengen Regeln und Bestimmungen.

Es lag eine revolutionäre Energie in der Luft. Jetzt fehlten nur noch Leute, die das, was da im Internet gärte, auf die echte Welt übertrugen. Und das übernahmen Dennis Giemsch in Dortmund und Sebastian Schmidtke in Berlin. Beide kannte ich gut, Schmidtke sogar ein bisschen besser als Giemsch, denn er war einige Jahre lang Mitglied in unserem noch immer bestehenden Querfrontverein, dem Kampfbund Deutscher Sozialisten. In Berlin war er einer der zentralen Funktionäre der Kameradschaft Thor, die sich in der rechten Szene durch besondere Radikalität einen Namen machte. Unter seinem Einfluss veränderte sich die Gruppe und wurde zu einem Kraftzentrum der Autonomen Nationalen. Sie wendeten einfach die Inhalte aus dem Forum im echten Leben an. Schmidtke versuchte etwas völlig Neues und kopierte dabei die erfolgreichsten Konzepte der Linken.

Er gründete einen nationalen schwarzen Block. Es begann mit Propagandamaterialen, Flugblättern und Flyern, die er und seine Leute drucken ließen. Diese sahen plötzlich ganz anders aus. Da war nichts mehr mit alter Frakturschrift und schwarz-weiß-rot. Sie übernahmen Elemente der Popkultur. Man sah einen vermummten Bart Simpson, der »Fuck Antifa« an eine Mauer sprayte. Und auch das Auftreten der Aktivisten war völlig anders. Sie kamen nicht mehr mit Glatze oder Scheitel daher, sondern sahen vollkommen normal aus. Sie trugen schwarze Hoodies, Turnschuhe und Sonnenbrille. Auf den ersten Blick konnte man nicht erkennen, ob es sich bei der Schmidtke-Truppe um Neonazis oder normale linke Jugendliche handelte. Dieses Verhalten setzte ein enormes Potenzial frei. Alles lief auf einmal viel unverkrampfter als früher ab. Es mussten auch nicht mehr hochideologische Inhalte sein. Man gab sich einfach, wie man es für richtig hielt, und war trotzdem ein Neonazi. Die Autonomen Nationalen brachten einen frischen Wind in die rechte Szene, wobei sie es nicht leicht hatten. Sie mussten sich durchsetzen, gerade gegenüber den alten Kadern, die mit ihrem Auftreten überhaupt nichts anzufangen wussten. Ich hatte das schnell erkannt. Also bot ich den Autonomen Nationalen meine Hilfe an. Auch Worch und Borchardt begriffen, wie wichtig diese jungen Leute für uns waren. Also stellten wir uns demonstrativ vor sie. Wir machten allen klar: Das sind unsere Leute. Das hinterließ Eindruck, denn wir waren wer in der Szene. Ich erklärte mich bereit, die Demos der Autonomen Nationalisten anzumelden und sprach ihnen Mut zu. Und ich verteidigte sie vor unnötiger Kritik.

* * *

Die neue Bewegung zeigte schnell erste Erfolge. Voigts NPD-Konzept und die Kameradschaften revitalisierten die rechtsextreme Szene. Die Autonomen Nationalisten schafften es, diese Szene zu entstauben. Sie modernisierten sie, weg von dem alten Soldatenkult und der Frakturschrift. So trafen sie den Zeitgeist. Sie etablierten eine gelebte Leichtigkeit, die ihnen ermöglichte, viel freier zu agieren. Sie schufen einen Raum, in dem sich niemand rechtfertigen musste. Das nahm viel Druck von potenziellen Interessenten. Früher war man ja schon optisch gebrandmarkt gewesen. Da musste man sich auch zu Hause ständig die Frage gefallen lassen, warum man mit Glatze, Bomberjacke, Springerstiefeln oder Scheitel herumlief.

Mit den Autonomen Nationalisten entstand zu Beginn der Nullerjahre eine Strömung, die zwar äußerlich kaum noch als rechtsextrem zu erkennen war, mit ihrem aggressiven Auftreten aber noch stärker aktionsorientiert war als andere Neonazis. Bei der linken Szene kopierten sie Ästhetik, Aktionsformen und Sprüche – aber ideologisch waren sie noch rückwärtsgewandter als die NPD.

Die Autonomen Nationalisten zogen sich einfach so an, wie sie wollten. Das wurde auch von Jugendlichen außerhalb der Szene als cool wahrgenommen und schaffte erstmals den Anschluss an andere Jugendkulturen. Unter unserem Klarnamen diskutierten Worch und ich in den Foren mit. Wir waren sozialrevolutionär ausgerichtet und der frische, neue Wind war auch schon aus ideologischen Gründen interessant für uns. Umgekehrt fungierte ich auch als Stichwortgeber für die neuen Strukturen.

»Irgendwie sollten wir diese neuen Entwicklungen noch besser nutzen«, dachte ich, und so kam ich auf die Idee, im Jahr 2004 das »Aktionsbüro West« zu gründen. Erfunden hatte ich das Konzept dahinter nicht. Lange Zeit vorher hatte sich bereits das »Aktionsbüro Norddeutschland« gebildet, eine Art zentrale Anlaufstelle für all die kleinen Grüppchen im Norden. Die Idee dahinter fand ich so brillant, dass ich das Konzept für unsere Region kurzerhand kopierte. Der Gedanke war, eine Koordinationsstelle zu schaffen. Mittlerweile existierten so viele autonome Gruppierungen, dass die Szene völlig zersplittert und ein Überblick kaum noch möglich war. Das wollte ich verändern. Mir schwebte eine zentrale Anlaufstelle vor, über die alle Gruppierungen ihre Termine, ihre Kontaktdaten, sowie ihre Aktionsbereiche zentral publizieren konnten. Steffen Pohl, einer der älteren Kader, aus Duisburg, der sich zu einem führenden Aktivsten der Autonomen Nationalisten entwickelt hatte, gehörte zum Kernteam des AB-West. Er gestaltete die Website und kümmerte sich um alles Technische.

Das Internet bot uns dafür ideale Möglichkeiten. Also setzten wir eine Homepage für das »Aktionsbüro West« auf und schlugen die Werbetrommel. Ich verfasste eine Art Gründungsmanifest. In dem Text erklärte ich, warum es so wichtig war, die vielen kleinen Gruppen zu bündeln, um so eine bessere Schlagkraft zu entwickeln. Stellvertretend für die Freien Kräfte im Ruhrgebiet sollte Siggi Borchardt das Dokument unterschreiben. Das hatte er mir zugesagt, doch er saß mal wieder im Knast, als es so weit war. Das kam bei Siggi häufiger vor. So übernahm jemand aus seinem engsten Kreis diese Aufgabe, eine besonders in der Hooligan-Szene mehr als nur bekannte Szenegröße. Das machte Eindruck. Ich selber unterschrieb das Dokument, als »Stellvertreter für die freien Kräfte im Rheinland«, was natürlich eine Anmaßung und Unverschämtheit war. Im Rheinland gab es ja zahlreiche Gruppen, für die ich eben nicht sprach.

Und so war es kein Wunder, dass Sven Skoda vor Wut schäumte und eine E-Mail herumschickte, um zum Boykott dieses ominösen Aktionsbüros aufzurufen. Seine Mail erhielt ich aufgrund meiner guten Kontakte natürlich sofort. Klammheimlich freute ich mich darüber, ihn geärgert zu haben, zumal es auch nicht viel änderte, denn das »AB West«, wie wir es nannten, bekam von der ersten Minute an regen Zulauf. Egal, wie die Leute mir gegenüber eingestellt waren – begriffen sie, dass diese Struktur sinnvoll war.

Wir begannen also alle interessierten Gruppen auf unserer Website aufzulisten. Sie schickten uns all ihre Unterlagen, ob das nun Demoberichte, selbstgestaltete Schulungsunterlagen, Ankündigungen oder Pressemitteilungen waren, alles wurde auf unsere Seite gestellt. Der Vorteil für die Online-Nutzer lag auf der Hand. Statt 50 verschiedene Seiten durchklicken zu müssen, boten wir ihnen alles auf einer Website. Und so wurde das AB West schnell zu einer wesentlichen Anlaufstelle für alle, die Informationen suchten.

Ich ging natürlich nicht ganz uneigennützig vor, denn als Macher und Gestalter verfügte ich nun über ein Sprachrohr, um ideologisch auf die rechte Szene einzuwirken. Ich veröffentlichte Grußbotschaften online, in denen ich mir wichtige Aussagen unterbrachte. Für die innerszenischen Auseinandersetzungen war das bedeutsam, weil ich eine Art Hegemonialanspruch hatte. Alle wussten: Am Reitz kommt man nicht vorbei, wenn man seine Informationen breitflächig streuen wollte.

Ich versetzte mich also auch hier wieder einmal in die Rolle des Strippenziehers. Mir lag daran, weil ich polarisierte. Ich fand es strategisch klug, mich zumindest bei dieser Sache nicht allzu sehr in den Vordergrund zu stellen. Einfluss nahm ich trotzdem. Ich modifizierte die Überschriften der Materialen, die ich auf die Homepage stellte, sodass alles irgendwie in mein Weltbild passte. An den richtigen Stellen spitzte ich ein wenig zu, an anderen Punkten nahm ich ein wenig Schärfe heraus, sodass am Ende alles wirkte, als seien die Verlautbarungen und Materialien des Aktions-

Da war die Welt noch in Ordnung und ich ein normales Kind mit einer behüteten Kindheit in Fliesteden, einem beschaulichen Dorf im Rhein-Erft-Kreis.

Mit 14 Jahren in meinem alten Kinderzimmer, dass ich zu meiner »Kommandozentrale« umfunktioniert hatte. Ich hatte in dem zarten Alter bereits meine Rolle als »Nationalsozialist« komplett gefunden.

Mit meinem politischen Ziehvater und Mentor Thomas Brehl in seinem »Hauptgefechtsstand« (eigentlich: der Hinterhof eines Kiosks) in Langen/Hessen, wo er gerne in bierseliger Stimmung »Kameraden« empfing und Pläne für den »Kampf um Deutschland« schmiedete.

1999. Der erste Aufmarsch des selbsternannten »Nationalen Widerstands«, sprich die erste Demo von Nazis in Köln seit 1945. Nur marschieren konnten wir wegen der massiven Gegendemo, die uns den Weg versperrte, nicht. Das Bild zeigt mich in Nazimontur mit Paul Breuer, der von mir als Anmelder der Demo ausgesucht wurde und fortan zu meinen engsten Weggefährten zählte.

Nachdem ich von zu Hause rausgeflogen war, lebte ich in Bergheim-Niederaußem. Dort organisierte ich die wahrscheinlich erste und einzige Neonazi-Saalveranstaltung, die in diesem Ort jemals stattgefunden hatte. Neben mir meine beiden Mentoren Thomas Brehl und Christian Worch.

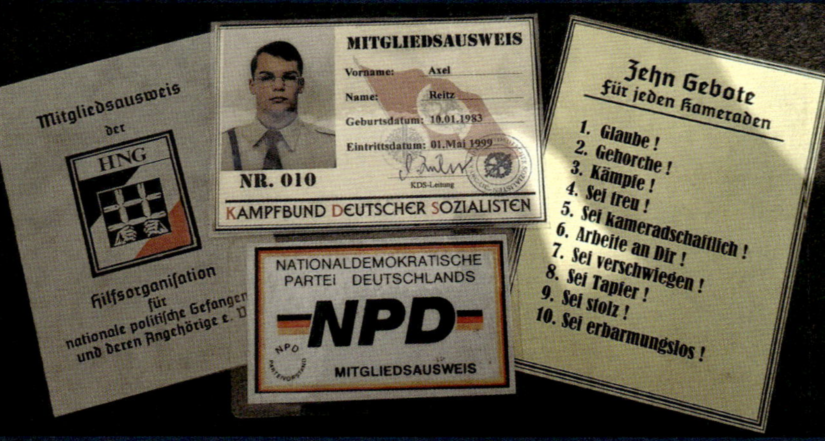

Wie umtriebig ich schon als Teenager mit gerade einmal 16 Jahren war, lässt sich auch an meinen Mitgliedsausweisen ablesen. Egal ob klassische rechtsextreme Partei (NPD), Knast-Hilfsorganisation für inhaftierte Neonazis (HNG) oder Querfront-Truppe (KDS), ich war überall dabei.

Apropos Querfront-Verein. Auf diesem Bild ist gut zu sehen, wie wir uns als »neue SA« in den Reihen des »Kampfbunds Deutscher Sozialisten« auf irgendeiner verlassenen Wiese mit Uniformen und »Gau«-Fahne in Szene setzten. Die »Querfront« diente uns nur als Alibi, um nicht als klassische Nazigruppe verboten zu werden.

Mit dem KDS waren wir auch gerne gesehene Gäste in der irakischen Botschaft, als Saddam Hussein das Land noch terrorisierte. Hier verleihen wir dem irakischen Botschafter in Deutschland auf einem Botschaftsfest im Jahre 2002 eine Ehrenurkunde. Wenige Monate später brach der zweite Irakkrieg aus.

Erste Anzeichen, dass die Szene sich wandelt. Sebastian Schmidtke (im Che-Guevara-Shirt) war einer der Schrittmacher und führender Kopf der sogenannten »Autonomen Nationalisten« in Berlin und Mitglied im KDS. Auf der ...

... NPD-Demo zum 01. Mai unter dem Motto: »Arbeitsplätze für Deutsche sichern« konnte man gut erkennen, wie sich das äußere Erscheinungsbild der Rechtsextremen verändert hatte. Beanies, schwarze Caps, dunkle Sonnenbrillen, »Fuck the System!«-Parole auf rotem Transparent.

Christian Worch und ich zählten von Anfang an zu den Wegbereitern und Stichwortgebern der neuen »Autonomen Nationalisten«. Der von zahlreichen Rechtsextremisten aus ganz Europa besuchte »Antikriegstag« wurde von mir vorgeschlagen. 2005 veranstaltete Worch ihn zusammen mit Schmidtke und mir in Berlin …

… mit antikapitalistischen und antiimperialistischen Sprüchen. Auf diesem Wege wollten wir ein Reframing der Neonaziszene vornehmen und uns selbst als vermeintliche »Pazifisten« in Szene setzen. In Wahrheit ging es uns nur darum, alte Feindbilder neu verpackt zu zeigen und Geschichtsrevisionismus zu betreiben.

Gemeinsam mit Siegfrid »SS Siggi« Borchardt, auf einer von mir 2005 veranstalteten Demo des »Aktionsbüro Westdeutschland«. Siggi war eine der absoluten Respektspersonen der Szene und eine Schlüsselfigur im Ruhrpott und bewegte sich in einem Hooligan-Umfeld.

In der Szene war es für uns von enormer Bedeutung den Kontakt zu Vertretern der Erlebnisgeneration des Dritten Reiches zu halten und dadurch eine »Staffelübergabe« von den »alten Kämpfern« an uns zu symbolisieren. Ritterkreuzträger Otto Riehs, der Frontkämpfer war und nach 1945 ununterbrochen in Neonazigruppen aktiv gewesen ist, bot mir als einem der ganz wenigen jungen »Kameraden« das »Du« an und wurde Ehrenmitglied in unserem KDS.

Den aus Hamm stammenden Sascha Krolzig lernte ich als einen jungen, aber aufstrebenden Aktivisten der Neonaziszene kennen. Auch heute noch ist er ein bedeutender Kader und betreibt u. a. einen Verlag für rechtsextreme Bücher und Propagandamaterial.

Im Gespräch mit Otto Riehs und dem rechtsextremen Multifunktionär Jürgen Rieger, der als Anwalt zahlreiche Szene-Größen verteidigte, bei einer Veranstaltung zum »Heldengedenken« in Halbe im November 2005.

Mit dem damals einflussreichen Netzwerker Thomas Wulff, der in der Szene den Spitznamen »Steiner« (benannt nach dem Waffen-SS-General) trägt, auf einer Saalveranstaltung des KDS am 03. Juli 2004 in Leverkusen. Wulff warb unter dem Motto »Volksfront von rechts« für die Zusammenarbeit der Kameradschaften mit der NPD.

Als Hetzredner auf einer von mir veranstalteten Demonstration in Münster im Jahre 2006. Ich galt mittlerweile als Nazi-Dandy und war mit meinen extravaganten Anzügen oder langen Mänteln ein »Paradiesvogel« unter den Szenegängern.

Ein ganz normales Wochenende als »Berufsnazi« und »Demotourist«. Hier hielt ich 2009 eine Rede im sächsischen Delitzsch. An den genauen Anlass oder das Thema der Versammlung kann ich mich heute nicht einmal mehr erinnern.

Die gewählten Kandidaten der Landesliste der NPD in Nordrhein-Westfalen für die Bundestagswahl 2009. Ich wurde als einziger Vertreter der »Freien Nationalisten«, also jener Neonazis, die der NPD nicht angehören, auf den wenig prominenten Listenplatz 11 gewählt.

Auf dem Wahlparteitag, auf dem die Landesliste aufgestellt wurde, hielt der »ewige« NPD-Chef Udo Voigt, von uns wenig liebevoll »Pattex-Udo« genannt, eine Rede, um die Partei auf die nahenden Bundestags- und Kommunalwahlkämpfe in NRW einzustimmen.

Zwischen dem Dürener NPD-Vorsitzenden Ingo Haller (links) und dem »Freien Nationalisten« Sven Skoda aus Düsseldorf (rechts) auf einem von mir mitveranstalteten »Trauermarsch« in Stolberg bei Aachen.

Wahlkampf mit Ingo Haller für die NPD. Mit einem zum Wahlkampfbus umfunktionierten alten Wohnmobil fuhren wir im Rheinland durch die Straßen. Und wurden in Köln regelmäßig beschimpft und von Muslimen mit Schuhen beworfen.

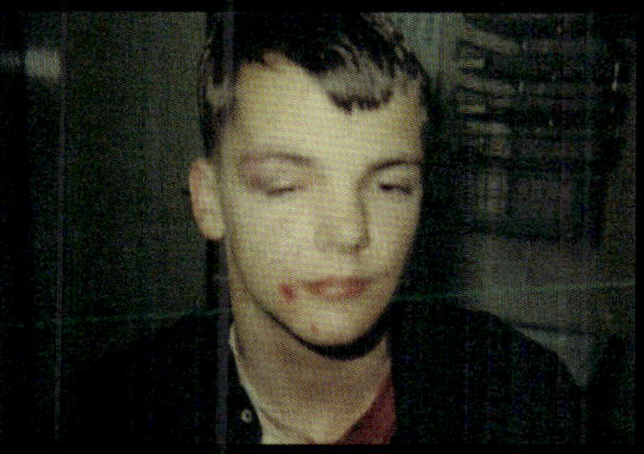

Als Nazi lebt es sich gefährlich. Während der Fußball-WM 2002 kam es zu einem heftigen Überfall von Antifa-Leuten auf mich. Es war nicht der erste und es sollte auch nicht der letzte Angriff dieser Art auf mich gewesen sein, wohl aber einer der schwersten.

Nach meinem Ausstieg aus dem Rechtsextremismus: Ein neues Leben, ein neuer Style. Bunt statt braun!

Mit dem YouTuber Sebastian Caspar. 2020 interviewte er mich für seinen Kanal. Ich begann nun auch öffentlich immer häufiger damit meine Vergangenheit aufzuarbeiten. Dabei lernte ich ...

... viele wunderbare Menschen kennen, die bereit waren, mir zuzuhören und mir eine zweite Chance zu geben. So wie der YouTuber Leeroy, bei dem ich im Januar zu Gast sein durfte.

Dieser Mensch hat mich unterstützt wie kaum ein zweiter: Andrew Schäfer, hier mit mir in seinem Referat für Sekten- und Weltanschauungsfragen der Evangelischen Kirche im Rheinland, hat mich bei meinem Ausstieg über viele Jahre hinweg begleitet und unterstützt. Heute klären wir gemeinsam über die Gefahren von Extremismus und Verschwörungstheorien auf.

Philip Schlaffer ist nicht nur mein liebster und bester YouTube-Kollege, sondern auch ein echter Freund, dem ich unglaublich viel zu verdanken habe. Wenn wir nicht gerade auf seinem Kanal »Ex-Rechte-Rotlicht-Rocker« gemeinsam streamen, halten wir für den Verein Extremislos Vorträge zum Thema Deradikalisierung und klären in Seminaren über die rechtsextreme Szene und Möglichkeiten der erfolgreichen Auseinandersetzung mit deren Parolen auf.

Klare Kante gegen dumpfe Parolen: So lautet nicht nur das Motto meines YouTube-Kanals »Der Reitz-Effekt«, sondern auch eines der Leitmotive bei meiner Arbeit als Dozent, hier auf dem Foto für die VHS in Erftstadt im August 2022.

Als Nazi wäre er mein Todfeind gewesen, heute kämpfen wir auf der selben Seite: Stephan Kramer (im Sakko), Verfassungsschutzpräsident von Thüringen und ehemaliger Generalsekretär des Zentralrats der Juden im ZDF-Format »13 Fragen«.

büros aus einem Guss, was natürlich nicht stimmte. Ich wollte nicht der Boss sein, weil ich wusste, das würde abschrecken. Aber ich wollte mitreden.

Und so banden wir innerhalb kürzester Zeit viele Gruppierungen an uns, wie etwa den Leverkusener Aufbruch. Hinter dem Leverkusener Aufbruch stand Matthias N. Er hatte einen akademischen Hintergrund und veröffentlichte regelmäßig Aufsätze und Essays, die für Szeneverhältnisse hoch anspruchsvoll waren. Alleine damit sorgten wir für Traffic auf unserer Seite. Matthias N. scheute sich auch nicht, heiße Eisen anzupacken. Er veröffentlichte etwa eine Schrift, in der er fragte, wie der Nationale Widerstand zu Behinderten stand. Das war ideologische Kernarbeit, die nicht nur für große Aufmerksamkeit sorgte, sondern die Szene nach und nach auch für ein anspruchsvolleres Milieu öffnete.

Das AB West schaffte es, viele unterschiedlichen Szenen miteinander zu verknüpfen. Ob es sich um Intellektuelle, Einzelkämpfer, Kameradschaften oder Hools handelte – alle waren zentral in meinem Aktionsbüro organisiert.

* * *

»Also gut«, sagte ich, »dann beschließen wir das. Wir fahren übernächste Woche alle geschlossen zu der NPD-Demo im Ruhrgebiet.« »Ich nicht«, sagte ein Kamerad. »Die organisiert Claus Cremer, da möchte ich nicht dabei sein.« Ich atmete einmal tief durch und versuchte, mich nicht aus der Ruhe bringen zu lassen. Ich fragte mich, wann ich dieses Krisenmanagement in meinen Aufgabenbereich integriert hatte. Es half ja nichts. Ich sprach den jungen Kameraden an, der vor seinem Bier saß und die Arme verschränkte. »Und was ist dein Problem mit dem Cremer?«, fragte ich ihn.

»Vor drei Jahren haben wir bei uns im Ort eine Demo gemacht und ihn als Redner angefragt. Und er ist nicht gekommen.«

Das war typisch. Die rechtsextreme Szene war irgendwie auch eine Daily Soap. Ständig entwickelten sich unerwartet Verstrickungen, Feindschaften oder Bündnisse, die sich am anderen Tag wieder komplett geändert haben könnten. Stellenweise fühlte ich mich wie ein Sozialarbeiter, der das alles klären musste. »Schau mal«, sagte ich. »Der Cremer ist jetzt Vorsitzender der Jungen Nationaldemokraten. Und der hat einen guten Draht zu den Freien Strukturen. Der ist uns wohlgesonnen. Das können wir nicht von allen behaupten.« »Und wenn schon«, schmollte der Kamerad. »Zu uns ist er nicht gekommen.«

»Sicherlich war das nicht böse gemeint. Schau mal, gerade weil er damals nicht bei euch war, habt ihr jetzt umso mehr etwas gut bei ihm.«

Um nicht nur online, sondern auch offline eine bessere Vernetzung zu gewährleisten, veranstalteten wir irgendwann Koordinationstreffen. Die alten Kader nannten es noch Führer-Ting, aber das hatten wir überwunden. In wechselnden Regionen kamen wir zusammen und besprachen die Planungen für die nächsten Wochen und Monate. Das waren meistens keine inhaltlichen Diskussionen, sondern organisatorische Absprachen. Etwa, wenn eine 1.-Mai-Demo oder ein Rudolf-Hess-Gedenkmarsch anstand. Dann galt es zu klären, ob wir eine zentrale Veranstaltung organisieren oder doch lieber mehrere kleine dezentrale Aktionen starten wollten. Wenn die NPD eine Erklärung herausgegeben hatte, stimmten wir unsere Reaktion darauf ab, welche Materialien wir veröffentlichen wollten, wer wie viel davon brauchte. Pragmatische Inhalte. Was war zu tun? Wer fuhr mit wem? Wer organisierte den Bus? Doch es kostete mich einfach auch viel Zeit, irgendwelche Angriffe auf mich abzuwehren und auf die szeneinternen Streitigkeiten zu schauen und sie nach Möglichkeit zu lösen.

* * *

Ich schaute auf die Karte. Wie hieß der Ort doch gleich? Gladenbach. Ganz ehrlich, ich hatte noch nie etwas von diesem Kaff gehört. »Sind wir richtig?«, fragte mich ein Kamerad, der den Mannschaftsbulli über eine gefühlt endlose Landstraße lenkte. »Ich glaube schon«, sagte ich. Das kleine hessische Nest lag etwas südlich von Marburg. »Irre, dass der Worch da eine Demo macht«, warf Paul ein. »Die meisten Menschen dürften nicht einmal wissen, dass es dieses Gladenbach überhaupt gibt.« Er hatte recht. Aber gerade in solch kleinen Nestern machten unsere Demos umso mehr her. Und wir hatten eine gute Mannschaft an Bord. Neben Paul Breuer waren sechs Dortmunder mit von der Partie. Alles Jungs von den Autonomen Nationalisten. Ihr Kopf, Dennis Giemsch, befand sich direkt neben mir. Am Steuer saß sein kleiner Hiwi, Alexander Deptolla. Er würde sich in der Szene bald einen Namen machen, aber noch war er ein Niemand. Er galt allen bloß als der Typ, der Giemsch ein wenig zu tief im Hintern hing. Hinter mir saßen zwei große Kanten. Sie sprachen nicht viel, aber ich war froh, sie dabei zu haben. Wenn es Ärger geben sollte, wären sie für uns eine sicherere Bank.

»Eigentlich schade«, sagte einer der Kameraden. »Dass wir jetzt Karneval verpassen.« Ich schüttelte verächtlich den Kopf. Dass wir jetzt nicht in Köln waren, war eigentlich noch das Beste an dieser Demo. Ich hasste Karneval, eine furchtbare Veranstaltung. Karneval war für mich wie Kommunismus. Jeder säuft, keiner arbeitet und die größten Narren haben das Sagen. Nein, nein, das war nichts für mich. Ich war ein leidenschaftlicher Antikarnevalist. Als gute Deutsche hatten wir Besseres zu tun. Für die Befreiung unseres Vaterlandes zu kämpfen, zum Beispiel.

Auf der Rückbank öffnete eine der Kanten eine Dose Bier. »Na ja«, dachte ich. »Wenigstens hat er keine Clownsnase auf.« Deptolla bremste den Wagen ab. Wir waren mittlerweile am Ortsrand angekommen, wo bereits zwei Streifenwagen standen. »Hallo«, sprach er die Beamten an, die in ihrem Auto saßen und an ihren Coffee-to-go-Bechern nippten. »Wir sind hier wegen der Demo und ...« »Ja, ja«, würgte der Polizist ihn ab. »Links abbiegen, 300 Meter geradeaus, da ist euer Treffpunkt.« Wir waren scheinbar nicht die ersten, die hier ankamen. Deptolla salutierte und folgte der Wegbeschreibung.

Ich streckte mich. Ich war froh, dass ich gleich hier rauskommen würde. Die Fahrt in einem vollgepackten Bulli war alles andere als angenehm. Mein Rücken tat mir weh. »Hier sind wir richtig«, freute sich Giemsch und kurbelte seine Seitenscheibe herunter, als wir neben einem Pulk von schwarzvermummten jungen Männern ankamen. »Heil euch, Kameraden!« rief Deptolla laut und inbrünstig. »Wir sind die Aktivisten aus dem Ruhrpott und Rheinland.«

Die Vermummten schauten sich gegenseitig an. Dann drehten sie sich um und kamen auf uns zu. Sie schienen keine allzu gute Laune zu haben. Komisch, dachte ich noch. Ich hatte keinen von den Jungs jemals gesehen. Ob das wohl lokale Kameraden aus dem Ort waren? »Was haben die denn?«, fragte Deptolla in den Wagen. »Vielleicht checken die nicht, wer wir sind?« Er zuckte mit den Schultern. »Kameraden, wir sind keine Zecken! Wir sind auch Autonome Nationalisten und ...« Doch in dem Moment krachte schon der erste Pflasterstein in die Frontscheibe, die sofort splitterte. Ich bekam einen riesigen Schreck. »Scheiße!«, brüllte ich. »Das sind Linke! Wir sind hier falsch!«

»Scheiß drauf«, rief Paul Breuer und riss die Tür auf. »Die Arschlöcher packen wir uns!« Er und die beiden Kanten sprangen aus dem Wagen und liefen mit lauten Kriegerschreien auf die Linken zu die völlig erschrocken die Beine in die Hand nahmen und so schnell sie konnten wegliefen. Unsere Brecher folgten ihnen. Man sah ihnen ihren Heidenspaß an, hier ein wenig auf den Putz zu hauen. Wir standen auf einer Anhöhe, und die ganze Gruppe lief einen Hügel herunter. Ich blieb im Wagen und setzte mich zu Deptolla, der sich mit einem Taschentuch das Blut aus dem Gesicht wischte.

»Ist alles in Ordnung?«, fragte ich ihn. Er nickte. »Schon okay«, sagte er. Er hatte ein paar Glassplitter abbekommen, aber nichts Wildes. Während ich seine Wunden mit Alkohol desinfizierte, sah ich plötzlich unsere Leute zurückkommen. Sie liefen jetzt mit kreidebleichen Gesichtern in die andere Richtung. »Leute!«, brüllten sie uns zu. »Lauft! Lauft so schnell ihr könnt!« Ich verstand nicht, was hier gerade passierte, stieg aus dem Auto und schaute den Hügel herunter. Scheiße! Ich spürte, wie der Schweiß mir kalt den Rücken runterlief. Das konnte jetzt doch nicht wahr sein. Mein Puls begann zu rasen. Da kamen doch tatsächlich rund 200 Linksextreme auf uns zu gerannt. Die Jungs hatten also noch Verstärkung dabei. Ich rannte los. Ich brüllte Deptolla an, alles stehen und liegen zu lassen und mitzulaufen. Ich lief nicht nur so schnell ich konnte, sondern um mein Leben.

Zum ersten Mal in meinem Leben hatte ich wirklich Todesangst. Ich spürte, wie das Adrenalin durch meinen Körper pumpte. Wie beschissen wäre es doch, wenn ich jetzt ausgerechnet in einem Ort stürbe, dessen Namen ich schon wieder vergessen hatte. Totgeprügelt von irgendwelchen Linken, weil die Polizei uns eine falsche Wegbeschreibung gegeben hatte. Na, klasse. Wir liefen und liefen und erreichten das Dorf. Ich spürte, wie mir langsam die Puste ausging. Meine Kondition war alles andere als gut. Und ich hörte das Gebrüll unserer Gegner, die immer näher kamen. Ich musste mir jetzt irgendwas ausdenken. Lange würde ich das nicht mehr durchhalten. Während meine anderen Jungs weiterliefen, kletterte ich über einen Gartenzaun, legte mich auf die Wiese und versteckte mich hinter einem der Wohnhäuser. Ich blieb regungslos auf dem Boden liegen und wartete, bis die brüllende Menge an mir vorbeigezogen war.

Währenddessen betete ich, dass der Hausbesitzer nicht in den Garten kommen und mich verjagen würde. Aber ich hatte Glück. Er hatte mich nicht gesehen. Oder er hatte mich bemerkt und sich nicht getraut, den Neonazi, der es sich in seinem Blumenbeet gemütlich gemacht hatte, zu vertreiben, während eine Horde von brüllenden, schwarzvermummten Autonomen eine Menschenjagd durch die beschaulichen Gassen seines Wohnortes veranstaltete. Die armen Gladenbacher. Sie wussten nicht, wie ihnen geschah.

Als ich mir sicher war, dass die Luft rein war, stand ich auf und schaute mich um. Ein paar Gartenzwerge blickten mir entgegen. »Ihr habt nichts gesehen«, flüsterte ich ihnen zu. Dann schlich ich langsam durch das kleine Städtchen. Ich war noch immer übervorsichtig. Hinter jeder Ecke konnte eine Gruppe lauern, um mich kaputt zu schlagen. Nach und nach traf ich allerdings auf ein paar andere versprengte Kameraden, die sich ebenfalls vor dem wütenden Mob versteckten.

»Wir müssen hier irgendwie raus«, sagte einer von ihnen. Er zitterte am ganzen Körper. »Die Zecken sind richtig aggro drauf.« Wir entdeckten eine Frittenbude und baten den Besitzer, für uns die Polizei zu rufen. »Wer seid denn ihr?«, fragte uns der dicke

Wirt, der mit seiner fettverschmierten Schürze vor uns stand und die Hände in die Hüften stemmte. »Bitte«, sagte ich, fast flehentlich, »rufen Sie einfach die Polizei.« Der Dicke atmete einmal schwer aus. Dann stellte er sich an das Telefon und wählte die 110. »Eigentlich müsstet ihr dann aber auch etwas bestellen ...«, sagte er noch. Ich schüttelte nur den Kopf. Was für ein Arschloch. Es dauerte glücklicherweise nicht lange, bis drei Polizisten den Imbiss betraten. Unter ihnen war auch der Einsatzleiter, der Verantwortung für die heutige Demonstration zeigte.

»Was ist denn los?«, raunzte er mich sichtbar schlecht gelaunt an. Vielleicht hatte er schon mitbekommen, dass in seinem kleinen, beschaulichen Städtchen alles außer Kontrolle geriet. Ich erklärte ihm die Situation. Das steigerte seine Laune erwartungsgemäß nicht sonderlich. »Wenn ihr das nicht im Griff habt, dann löst die Scheiße hier doch endlich auf!«, fauchte er mich an. »Moment Mal«, sagte ich und wurde nun langsam auch wütend. »Erst einmal lösen wir hier gar nichts auf, das ist eine ordentlich angemeldete Demonstration, und Sie sind hier verantwortlich dafür, dass die Sicherheit aller Teilnehmer gewährleistet ist. Und zum anderen: Ich bin ja nicht einmal der Veranstalter.« Der Einsatzleiter legte seinen Kopf schräg. »Ach so«, sagte er. »Sind Sie nicht?«

»Nein.«

»Sie sind nicht der Worch?«

Ich hatte überhaupt keine Ahnung, wie zur Hölle man mich mit Christian Worch verwechseln konnte. »Nein, ich bin nicht der Worch«, sagte ich. »Ich bin der Reitz. Und jetzt machen Sie verdammt nochmal Ihren Job!« Paul Breuer der sich mittlerweile auch in der Pommesbude eingefunden hatte, schaute mich mit hochgezogenen Augenbrauen an. »Ich mache hier gar nichts«, gab mir der Polizist eine harte Abfuhr. »Ihr habt euch die Suppe eingebrockt, dann könnt ihr sie auch wieder auslöffeln.« Mit diesen Worten drehte er sich um und wollte den Laden verlassen.

Jetzt reichte es mir. Das in mir angestaute Adrenalin entlud sich mit einem Mal. »Jetzt hören Sie mir mal verdammt gut zu!«, meckerte ich und packte ihn an der Schulter. »Einen Scheiß löffel ich hier aus. Wir wurden gerade von einem gewaltbereiten Mob durch die Stadt gejagt. Wenn auch nur einem meiner Männer irgendwas passiert, dann mache ich Sie dafür verantwortlich! Wir haben hier zahlreiche Zeugen, Sie können sich nicht aus der Verantwortung ziehen.«

Totenstille. Der Pommeswirt hob die Hände unschuldig hoch, um anzudeuten, dass er mit der ganzen Scheiße nichts zu tun haben wolle. Die anderen Jungs schauten mich sprachlos an. Hatte ich hier gerade wirklich den Einsatzleiter der Polizei zur Schnecke gemacht? Der Mann baute sich vor mir auf, starrte mir einige Sekunden in die Augen und verzog dann die Mundwinkel. »Also gut ...«, sagte er mit tiefer Verachtung in der Stimme. »Bringt sie zu ihrem Auto«, wies er seine Kollegen an, die uns dann zum Wagen von einem Thüringer Kameraden brachten. Über Funk forderten sie derweil Verstärkung an. Wir fuhren, eskortiert von der Polizei, aus dem Hexenkessel heraus. Die Demo wurde dann doch noch gestrichen. Die Beamten brachten uns zu unserem Bulli zurück, der zwar schwer lädiert, aber noch immer fahrtauglich war. Ich ließ mich tief in den Beifahrersitz fallen und atmete durch. In der Szene machte unsere Geschichte schnell die Runde. Aber auch andere Kameraden berichteten von ihren Erlebnissen. Man sprach bald ein wenig dramatisch von der Hölle von Gladenbach. »Na ja«, winkte Christian Worch nur ab, als er davon hörte. »Wenn das die Hölle war, war sie verdammt schlecht geheizt.«

* * *

Doch Gladenbach ließ uns nicht los. Ein paar Wochen später, waren wir erneut in der Region auf einer Demonstration. Dieses Mal lief alles glatt und wir konnten die Veranstaltung ohne nennenswerte Störungen beenden. Auf der Rückfahrt schloss ich meine Augen und dämmerte ein bisschen weg, als mir unser Fahrer mit seinem Ellbogen in die Seite stieß.

»Axel«, sagte er. »Axel, komm schon, wach auf.« Ich richtete mich auf.

»Was ist los?«

»Schau mal in den Rückspiegel. Unauffällig.«

Hinter uns fuhr ein alter Kia, sonst sah ich nichts. »Und?«, fragte ich. »Der Wagen«, sagte mein Kamerad, »der verfolgt uns schon, seit wir aus der Stadt raus sind.« Ich schaute noch einmal in den Rückspiegel und versuchte zu erkennen, wer da am Steuer saß. Das war gar nicht so einfach. Der Wagen schien völlig verqualmt zu sein. Da saß auf jeden Fall ein ziemlich abgefuckter Typ mit langen Haaren am Steuer, dem eine Kippe im Mundwinkel hing. Neben ihm saß auch so ein heruntergekommener Kerl, und auf dem Rücksitz saßen noch zwei Typen, die ich aber nicht genau erkennen konnte.

»Meinst du, das sind Zecken?«

»Könnte gut sein«, sagte ich. »Fahr mal ein wenig langsamer. Wenn die uns überholen, dann hat es sich geklärt, wenn sie uns weiter am Sack hängen, dann haben wir ein Problem.« Mein Kamerad bremste leicht ab und fuhr in langsamem Tempo weiter. »Okay«, dachte ich. »Wir haben ein Problem.« Der Wagen klebte weiter an uns.

Ich dachte nach. Wir befanden uns im hessischen Grenzgebiet. In Frankfurt gab es eine üble Antifaszene, im Rhein-Neckar-Kreis fackelte man auch nicht lange. Und vor uns lag Marburg – eine klassische Studentenstadt, zweifelsohne mit ausgeprägter linker Szene. Also gut, das waren Antifaleute. »Gib Gas«, sagte ich. »Versuch die Kerle abzuhängen.« Wir fuhren so schnell wir konnten, bogen immer mal wieder auf irgendwelche Landstraßen ab, um die Kerle loszuwerden. Wir fuhren in eine kleine Ortschaft, lieferten uns ein richtiges Katz-und-Maus-Spiel mit den Jungs. Dann hatten wir es endlich geschafft. Sie waren weg. »Was für Vögel«, schimpften die Kameraden auf der Rückbank.

»Ja, was soll die Scheiße nur?«

»Ist doch egal«, beruhigte ich sie. »Wir hatten einen langen Tag und ...« Plötzlich flackerten zwei Scheinwerfer vor uns auf. Der Kia kam uns entgegen. Sie hatten uns ausgetrickst. Ich schaute den Fahrer an. Entweder wir würden jetzt im Rückwärtsgang Bleifuß geben, oder ...

»Die Kerle haben uns.«

Die Jungs vor uns schalteten den Motor ab und öffneten die Türen. Vier Männer stiegen aus dem Wagen und kamen auf uns zu. Ich spürte, wie mein Puls immer schneller schlug. Und ich hatte gedacht, wir hätten es für heute hinter uns. Was für ein beschissener Tag. Auch die Kameraden hinter mir wurden nervös.

»Die klatschen wir weg!«

»Wartet«, sagte ich und beobachtete, wie einer von den Männern, die auf uns zumarschierten, einen Waffengürtel trug.

»Ich glaube, die haben eine Knarre.«

»Scheiße, scheiße, scheiße!«, brüllte mein Fahrer und schlug immer wieder auf das Steuer. »Was soll ich machen?« Ich dachte alle Möglichkeiten durch. Dann schaute ich auf die Typen, die wie Cowboys auf uns zukamen. Sie sahen aus wie gottverdammte Junkies. Lange, verfilzte Haare, Kippen in der Fresse, drei von ihnen trugen Sonnenbrillen, obwohl die Sonne schon längst untergegangen war. »Gib Gas«, sagte ich. Unser Fahrer schaute mich an. »Was sagst du da?« »Gib Vollgas!«, wiederholte ich. »Fahr die Scheißkerle über den Haufen! Die oder wir!« Ich spürte, wie die Parancia mich übermannte. Mein Kamerad drehte den Zündschlüssel um und ...

»Ey! Aus dem Wagen aussteigen. Sofort!«, brüllte uns der Langhaarige entgegen. Dann zog er einen Ausweis hervor. »Polizei!« Polizei? Wir schauten uns an. Das sollten Polizisten sein? Doch noch bevor wir reagieren konnten, rissen sie die Türen auf und zogen uns aus dem Wagen. Sie schmissen uns auf den Boden. Scheiße, die Kerle waren wirklich nicht ohne. »Was soll die Scheiße?«, brüllte uns ihr Wortführer an. »Was liefert ihr euch hier mit uns eine Verfolgungsjagd durch die Ortschaften. Habt ihr den Verstand verloren?« In dem Moment spürte ich die Spitze seines Stiefels in meinem Magen. Argh! Das hatte gesessen. Ich hustete und setzte mich dann auf. »Was soll denn eure Scheiße?«, gab ich zurück. »Wieso klebt ihr uns die gesamte Strecke am Heck? Wieso weist ihr euch nicht aus? Wir dachten, ihr seid irgendwelche Verrückten.«

»Vorsicht, Freundchen!« Zack, da hatte ich den nächsten Tritt in die Rippen abbekommen. Das waren Bullen aus der Hölle.

»Wolltet ihr uns da gerade über den Haufen fahren, ihr Idioten?«

Wir schwiegen. »Ausweise her!«, forderte uns einer der Männer auf und rotzte demonstrativ vor uns auf den Boden. Sie nahmen unsere Personalien auf, ließen uns dann aber weiterziehen.

Wahrscheinlich hatten sie eingesehen, dass sie Mist gebaut hatten.

* * *

Doch damit war unsere Gladenbach-Geschichte noch nicht ganz vorbei. Ein paar Wochen später mussten wir wieder in diese Richtung fahren. Wir hatten wegen der Zerstörung unseres Bullis und der Hetzjagd bei unserem ersten Demoversuch eine Anzeige gegen unbekannt erstattet. Uns war zwar klar, dass die im Sande verlaufen würde, aber wir mussten nicht zuletzt wegen der Versicherung Anzeige erstatten.

Und die Sache hatte noch etwas Gutes: Die Dortmunder Jungs und wir Kölner wurden an das Amtsgericht in Marburg geladen, um eine Aussage zu machen. »Das ist super«, sagte ich, »dann kriegen wir vom Staat die Fahrtkosten erstattet. Wenn wir alle zusammen hinfahren, aber einzeln abrechnen, dann sollte da gut was für uns bei rumkommen.« Gut was bei rumkommen, wir sprachen vielleicht von 30 oder 40 Euro pro Kopf. Aber wir waren zur damaligen Zeit so unglaublich abgebrannt, dass das schon wirklich große Beträge für uns waren. Mit 30 Euro kam ich zwei Wochen aus. Dafür konnte ich einige Packungen Toastbrot kaufen.

Wir stellten also eine Fahrgruppe zusammen. Paul Breuer und ich fuhren mit dem Zug nach Dortmund, wo uns Deptolla mit seinem Bulli einsammeln und nach Marburg fahren sollte. Alles klappte genauso, wie wir es uns vorgestellt hatten. Während der Fahrt sprachen wir uns noch einmal ab, was wir vor Gericht aussagen würden. Aber da wir im Recht waren und einfach so angegriffen wurden, mussten wir uns da nicht groß verrenken. Wir konnten einfach bei der Wahrheit bleiben. Deptolla parkte den Wagen vor dem Amtsgericht, dann gingen wir der Reihe nach zu unserer Aussage. Es lief alles unspektakulär und für keinen von uns irgendwie neu. Wir waren ja ständig damit konfrontiert, vor Gericht wegen laufender Verfahren vorgeladen zu werden.

Als wir fertig waren, bekamen wir einen Bescheid in die Hand gedrückt, der uns berechtigte, endlich unser Fahrtkostengeld abzuholen. Wir irrten ein wenig durch das Gerichtsgebäude, dann fanden wir das Zimmer, in dem wir uns unser Geld abholen konnten. »Ich gehe zuerst«, sagte Deptolla und rieb sich die Hände. Wir anderen setzen uns auf die Stühle im Flur. Nach ein paar Minuten kam Deptolla heraus und strahlte über beide Ohren. »Sind sogar knapp 50 Euro«, freute er sich. Bingo.

Ich war als Nächster an der Reihe. Ich betrat den kahlen Raum, in dem eine uralte Frau an einem großen Schreibtisch saß, auf dem eine kleine, abschließbare Kasse stand. Niedlich, dachte ich. Wir sind hier wirklich in Hintertupfingen gelandet. »Guten Tag, werte Frau«, begrüßte ich die Oma und reichte ihr meinen Fahrtgeldantrag. »Ich wollte auch …« »Nein«, sagte sie eiskalt. »Sie bekommen kein Fahrtgeld.« Wie bitte? Hatte die alte Dame mir da gerade einen Korb gegeben? »Ich verstehe nicht ganz«, versuchte ich, freundlich zu bleiben. »Die Sache ist geregelt, Sie können nach Hause gehen«, bügelte sie mich ab. »Ihr Kollege hat mir schon bestätigt, dass Sie alle zusammen angereist sind.« »Moment Mal, was der Kollege Ihnen erzählt, ist mir doch Schnuppe. Ich bin mit niemandem angereist«, versuchte ich vergeblich, unsere Version der Geschichte aufrechtzuerhalten. »Der Herr Deptolla kommt aus Dortmund, ich komme aus Köln, wie sollen wir denn …«

»Ich habe hier seine Aussage aufgenommen. Was Sie sagen, ist nicht glaubwürdig. Wenn Sie ein Problem damit haben, dann legen Sie gerne eine Beschwerde ein. Schönen Tag noch und schließen Sie bitte die Tür hinter sich.«

Zack, das war's. Wir wurden abgefertigt. Ich verließ den Raum mit einem hochroten Kopf. »Was ist los?«, fragten die anderen, als ich wieder auf dem Flur stand. Ich kniff meine Augen zusammen.

»Deptolla, du Schwachkopf! Hast du …«

Ich brauchte den Satz gar nicht erst zu Ende zu sprechen, da brach es schon aus ihm heraus: »Ey Jungs, es tut mir wirklich leid. Es tut mir so leid. Ich bin eingeknickt. Ich weiß auch nicht, wie das passiert ist, echt.« Die anderen verstanden gar nicht, was Sache war. »Lasst uns fahren«, sagte ich. »Ich erkläre es euch auf dem Heimweg.«

Die gesamte Rückfahrt war Deptolla nur ein wimmerndes Häufchen Elend. Er jammerte und wimmerte und wand sich wie ein Aal. »Dummer Trottel«, schimpften die anderen.

»Ey Jungs, die Alte da, die hat mich so in die Mangel genommen, das könnt ihr euch gar nicht vorstellen.«

Ich schüttelte den Kopf. Das war eine kleine Angestellte aus dem hintersten Dorf, die schon weit über 60 Jahre alt war. Wenn er sich von der schon einschüchtern ließ, na dann, prost Mahlzeit, wenn die Polizei ihn mal so richtig einkassierte, dachte ich. »Ey Jungs, lasst den doch«, beendete Dennis Giemsch das Trauerspiel irgendwann. »Er ist halt nicht der Hellste.« Das war eine nette Umschreibung.

Viele Jahre später sollte Deptolla dann eine Führungsfigur im rechten Spektrum werden. Er zog eine berüchtigte Kampfsportveranstaltung hoch, den »Kampf der Nibelungen«, bei dem Neonazis aus ganz Europa gegeneinander in den Ring steigen. Deptolla inszeniert sich heute gerne als harter deutscher Kämpfer. Für mich wird er aber immer das weinende Männchen bleiben, der vor einer alten Frau eingeknickt ist, weil sie ihm Druck gemacht hat.

* * *

Wir nahmen in diesen Jahren alles an Demos mit, was wir kriegen konnten. 2003 schafften es die Linken, breite Teile der Bevölkerung für ihre Anti-Hartz-IV-Proteste zu gewinnen. Und im Osten gelang es einigen rechten Aktivisten, diese Demos zu unterwandern. Das gefiel mir. Also dachte ich, wir könnten das bei uns im Westen auch versuchen. Warum denn nicht? Thematisch war das genau unser Ding. Auch wir waren für soziale Gerechtigkeit. Wir meinten halt nur, diese soziale Gerechtigkeit mit nationalem Sozialismus realisieren zu können. Und gemeinsam mit den Linken gegen das herrschende politische System auf die Straße zu gehen, entsprach komplett meinem Querfrontgedanken.

Also besprach ich mich mit Steffen Pohl. »Wir melden gar nichts eigenes an«, sagte ich. »Sondern wir schließen uns einfach der bestehenden Demo an.« Pohl war einverstanden. Die Linken hatten mittlerweile in jeder großen Stadt regelmäßige Montagsdemos etabliert. Wir entschieden uns für Duisburg. Uns erschien die Idee attraktiv, uns rein optisch nicht von den Linken zu unterscheiden. So konnten wir uns bei ihnen praktisch unbemerkt einnisten. Dieses Vorgehen konnten wir propagandistisch im Nachhinein gut ausschlachten und somit diese Leute ärgern.

Der Plan war gut, die Umsetzung verbesserungswürdig. Denn unsere Autonomen Nationalisten, mit denen wir im Duisburger Innenstadtbereich aufkreuzten, waren so autonom, dass sie große Schilder und Transparente mitbrachten, die besagten, wessen Geistes Kind wir waren. »Nationaler Sozialismus jetzt!« stand auf einem dieser Transparente. Und es dauerte nicht lange, bis die Leute darauf reagierten. »Verpisst euch!«, brüllte man uns an. »Scheiß Nazis, was wollt ihr hier?«

Ich wies unsere Leute an, stoisch zu bleiben und bloß nicht auszurasten, sondern einfach weiterzumarschieren. Nach einer Weile standen wir in der Mitte einer riesigen Demonstration, eingekreist von Dutzenden von Linken, die uns deutlich zeigten, dass wir unerwünscht waren. Hier ist anzumerken, dass die Polizei die Demonstrationen der Linken grundsätzlich nicht in größerem Umfang begleitete. Während bei einer Neonazidemo immer

Hundertschaften anrückten, waren bei unseren Gegnern nur ein paar Alibistreifenwagen vor Ort.

Irgendwann kam ein untersetzter Polizist auf uns zu, der gemerkt hatte, dass hier etwas nicht stimmte. »Kommt Jungs, es wäre besser, wenn ihr geht«, forderte er uns auf. Wir schoben den Beamten und seinen Kollegen einfach zur Seite und marschierten weiter. Das mag nicht die beste Entscheidung gewesen sein, denn langsam wurde es ungemütlich. Immer mehr Leute versammelten sich um uns. Ich stand in der Mitte des rechten Pulks, von rund 60 Kameraden eingekreist, und zog ein Megafon heraus.

»Was wollt ihr denn? Wir stehen doch auf derselben Seite!«, rief ich, um die aufgebrachten Linken zu beschwichtigen. »Spielt hier doch nicht Steigbügelhalter des Systems, wir müssen doch zusammenhalten gegen den Kapitalismus! Gemeinsam gegen den eigentlichen Feind!« Dann flogen die ersten Tomaten. Ich wusste nur zu gut, dass sie nur ein Vorgeschmack auf das waren, was da noch folgen könnte. Eine Schlägerei war wohl nicht mehr zu vermeiden. Ich sah, wie sich einige unserer Brecher startklar machten und bereit waren zuzuschlagen.

Dann hörte ich die beinahe erlösenden Worte: »Auseinander, auseinander, auseinander!« Eine schwer bewaffnete Hundertschaft der Polizei rückte an und trieb die Menge auseinander. Das war wirklich Rettung in letzter Sekunde. Für einen Moment war alles still. Die Polizisten kreisten uns ein und schützten uns damit vor den Linken, die kurz davor waren, uns die Köpfe einzuschlagen. Alle bezogen Stellung, gespannt, wie es nun weiterginge.

»Kassiert die Störer ein!«, hörte ich den Befehl des Einsatzleiters, und die Polizisten begannen, unsere Kameraden festzunehmen und ihnen Handschellen anzulegen. Sofort brach erneut das Chaos aus. Wir versuchten, den Einsatzkräften zu entkommen und liefen in Richtung Innenstadt. Einige Linke stellten sich uns in den Weg, aber wir schubsten sie einfach weg. »Lauft, lauft, lauft!«, feuerten wir uns gegenseitig an. Die Einsatzkräfte folgten uns. Es war mittlerweile Abend, und die Sonne war schon untergegangen. Die Straßen der Innenstadt leerten sich. Einige der Kameraden lieferten sich Scharmützel mit den Beamten. Neben mir wurde einer meiner Kölner Kollegen zu Boden gerissen.

Ich wusste, ich hatte keine Chance. Es war nur eine Frage der Zeit, bis sie mich einholen würden. Denn ich gehörte nicht zu den schnellsten Läufern, und wenn mich ein Polizist umwarf, läge ich flach. Ich würde mich kaum wehren können. Also entschied ich mich für eine andere Strategie: Ich blieb einfach vor dem Schaufenster eines momentan geschlossenen Schuhladens stehen.

Die Kameraden und die anderen Polizisten liefen einfach an mir vorbei. Nur ein Polizist blieb stehen. Ich spürte, wie er mich betrachtete. Hatte er mich erkannt? Ich riskierte, ihn anzusprechen. »Herr Wachtmeister«, sagte ich mit Engelsstimme. »Herrgott, können Sie mir sagen, was hier los ist? Ich bin gerade ein wenig durch die Stadt gebummelt, und plötzlich ist hier die Hölle los. Gibt es etwa eine Drogenrazzia? Ich will hier nicht unter die Räder kommen.«

Der Polizist lächelte. Er hatte mich nicht erkannt. »Machen Sie sich keine Sorgen, junger Mann«, sagte er freundlich. »Es ist so etwas Ähnliches wie eine Drogenrazzia, aber es passiert Ihnen hier nichts. Wo wollen Sie denn noch hin?« Plötzlich hatte ich eine Idee. »Ich war gerade auf dem Weg zum Bahnhof«, sagte ich. »Aber jetzt traue ich mich nicht mehr.« »Ach, kein Problem«, ging er mir auf den Leim. »Ich bringe Sie schnell rüber. Es sind ja nur ein paar Meter.« Ich gab mir Mühe, nicht loszulachen. Mein modischer Eigensinn kam mir hier tatsächlich einmal zugute. Denn im

Gegensatz zu den meisten anderen Szeneanhängern trug ich ganz gerne Anzug und war somit bürgerlich gekleidet unterwegs.

Und so eskortierte mein persönlicher, staatlich bezahlter Bodyguard mich durch die Unterführung zum Bahnhof. Es war die Hölle los. An den Wänden standen einige Kameraden mit den Händen an den Betonwänden, während die Beamten sie durchsuchten. Andere lagen bereits mit angelegten Handschellen auf dem Boden und warteten darauf, abtransportiert zu werden. Sie konnten es nicht fassen, als sie sahen, wie ich seelenruhig an ihnen vorbeispazierte. Ich konnte es mir dennoch nicht verkneifen, meine eingefangenen Kameraden zu ärgern. »Was sind das denn für fiese Gestalten, Herr Wachtmeister?«, fragte ich bewusst naiv. »Sind das etwa Hooligans?« »Schlimme Jungs«, gab er nur kurz zurück. Dann waren wir schon am Bahnhof. Ich setzte mich in den nächsten Regionalexpress, zog mein Handy raus und kontaktierte unseren Anwalt, damit er unsere Jungs schnell wieder aus dem Polizeigewahrsam herausholen würde. Was für ein irrer Tag.

* * *

Ich lehnte mich in meinem Zugsitz zurück. Ich war verdammt müde, und wir hatten noch eine lange Strecke vor uns. Dieser Demotourismus schlauchte mich und hinterließ seine Spuren. Ich spürte, wie ich mehr und mehr ausbrannte. Wie ich nach und nach völlig meinen Bezug zu einem geregelten Alltag verlor. Ständig war ich irgendwo unterwegs und stand auf irgendeiner Straße in irgendeinem Ort, umkreist von Polizisten und Gegendemonstranten, die uns im besten Fall nur beschimpften und ausbuhten. So sehr ich an die gute Sache glaubte, so bewusst wurde mir doch auch, dass ich nicht mehr so richtig bei mir war. Es war alles nur noch ein mechanisches Abspulen der immer gleichen Dinge. »Axel«, riss mich ein Kamerad aus den Gedanken. »Guck mal da, der Pohl.«

Ich raffte mich auf und schaute zum Abteil neben uns. Da saßen einige Linke. Ich hatte zunächst gedacht, sie wären welche von uns. Immerhin sahen die Autonomen Nationalisten und die Linken Autonomen mittlerweile identisch aus. Aber die Patches auf ihren Rucksäcken verrieten sie. Das waren diese berühmten Strichmännchen, die Hakenkreuze in einen Mülleimer schmissen.

Pohl öffnete die Tür zu ihrem Abteil. »Was hat der denn vor«, fragte ich mich. »Na Jungs ...«, begrüßte er die Linken. Sie nickten ihm freundlich zu. Offenbar hielten sie ihn für einen Genossen. Er war äußerlich ja auch nicht von ihnen zu unterscheiden. »Und ihr fahrt auch nach Hamburg? Zur Gegendemo?« Die Linken nickten.

»Geil, und dann ein paar Nazis klatschen«

»Ja, Mann, die packen wir uns.«

Die Jungs, noch halbe Kinder, lachten. »Die kriegen voll auf die Fresse«, jubelten sie. Pohl grinste. Dann gab er den anderen ein Zeichen, auch in das Abteil zu kommen. »Tja, Jungs«, sagte er mit Schadenfreude in der Stimme. Dann haben wir jetzt wohl ein Problem. Denn, nun, wie soll ich es sagen ... Wir sind die Faschos.«

Die Linken wurden seltsam ruhig. Sie sahen gleich, dass sie keine Chance hatten. Sie waren bloß halbe Portionen mit großer Fresse. »Nächste Station steigt ihr aus«, wies Pohl sie an. »Hier ist Schluss für euch.« Für mich war das völlig okay so. Denen jetzt aufs Maul zu hauen, hätte doch nichts gebracht. Sie hatten ihre Lektion auch so gelernt. Als sie dann bedröppelt aus dem Zug stiegen, sprach ich ihnen ein wenig Mut zu. »Seid froh, dass es nicht schlimmer für euch ausgegangen ist«, sagte ich. »Aber ihr seid Volksgenossen, auch wenn ihr das noch nicht so seht, wir sind auf derselben Seite.«

Ich dachte, wir hätten pädagogisch auf sie einwirken können. Pustekuchen, als wir nach der Demo auf dem Rückweg waren und in den Zug in Richtung Köln einstiegen, sahen wir dieselbe Truppe wieder. Sie standen auf dem Gleis und schauten uns an. Ich winkte ihnen zu. Als Gruß schmissen sie einen Pflasterstein auf das Zugfenster.

* * *

Bei einer anderen Gelegenheit waren wir in Dresden. Dort wurde jedes Jahr der Bombardierung der Stadt 1945 durch die Amerikaner gedacht, der viele Deutsche zum Opfer gefallen waren. Das war in der Szene eine absolute Pflichtveranstaltung. Lange Zeit ist dieser Gedenkmarsch einer der größten Aufmärsche gewesen. Und so war es selbstverständlich, dass auch wir anreisten. Wie ich viele Jahre später erfahren sollte, war im Jahr 2011 auch der heutige AfD-Politiker Björn Höcke vor Ort.

Da wir geschlossen auftraten, hatten wir für die gemeinsame Anreise drei Busse angemietet. In einem saßen die Jungs aus Aachen, in einem die Männer aus Dortmund, und im dritten waren unter anderem wir Kölner, gemischt mit anderen Kameraden. Auf halber Strecke fuhren wir einen Rastplatz an. Wir stiegen aus und vertraten uns ein wenig die Beine. Was für ein Anblick, dachte ich. Drei Doppeldecker voll mit Neonazis. Das sah man nicht alle Tage. Es war noch früh am Morgen, und wir gingen in das kleine Tankstellenbistro, um uns mit ein paar Brötchen und Kaffee zu versorgen, als ein älterer Herr mit fünf abgeranzten Linken hereinkam. Sie fielen uns natürlich sofort auf, aber wir beachteten sie nicht weiter. Bis sie anfingen, Stress zu machen.

»Scheiß Faschos«, zischte der alte Mann. Ich drehte mich zu ihm um. War der Kerl lebensmüde? Die waren zu fünft, und um sie herum standen Dutzende von Neonazis. Und den meisten von den Kameraden sah man an, dass sie nicht lange fackeln würden, diese Leute mal eben zu Brei zu schlagen. Aber scheinbar meinten diese Menschen, dass mit den Nazis immer auch die Polizei kam, um sie zu beschützen. Doch was auf Demos galt, galt nicht für Autobahnraststätten. Hier war weit und breit kein einziger Polizist. Doch das schreckte die Linken nicht ab. Sie provozierten uns weiter, bis einem unserer Hooligans aus Dortmund der Geduldsfaden riss.

Er packte sich einen Kerl und drückte ihn gegen die Wand. »So, du scheiß Zecke!«, fauchte er. »Jetzt stopfen wir dir mal deine große Fresse!« Er holte mit der Faust aus, doch bevor er zuschlagen konnte, kam ein Mitstreiter von uns aus dem Siegerland angerannt und ging dazwischen. »Nein, lasst sie doch in Ruhe«, sagte er und stellte sich schützend vor die mittlerweile kleinlauten Linken. »Was soll das?«, fragte ich ihn. »Die Typen glauben, sie können sich alles erlauben. Es ist doch nicht verkehrt, wenn sie mal eine kleine Abreibung bekommen.« Ich dachte an die Arschlöcher, die uns im Zug einen Backstein hinterhergeworfen hatten, und an die unzähligen Male, die man uns mit Obst beschmissen und uns angegriffen und attackiert hatte.

Mein Mitleid war aufgebraucht. War ich früher noch gegen Gewalt gewesen, hatte ich nun zumindest nichts dagegen einzuwenden, wenn sich diese frechen Kerle für ihr Verhalten ein paar Backpfeifen einfingen. Ich war mittlerweile unfassbar verroht. »Nein, komm schon Axel«, sagte mein Kollege. »Das sind wir nicht. In Mehrzahl auf Wehrlose draufhauen, das hat nichts mit ehrenwertem Verhalten zu tun.« Ich zuckte mit den Schultern. Ehrenwertes Verhalten hin oder her, ich wusste genau, dass diese Leute uns auch nichts schenken würden. In der umgekehrten Lage hätten sie uns zweifellos kaputt geschlagen.

Mein Mitstreiter schaffte es jedoch, erfolgreich zu deeskalieren und begleitete die Linken sogar zu ihrem VW-Bulli, damit ihnen nichts passierte. Ich dachte über den Vorfall nicht mehr groß nach, bis ich auf einer linken Website einen Artikel des älteren Herrn fand, der die bedrohliche Situation in der Tankstelle beschrieb. »Wir wurden angegriffen und konnten uns gerade noch retten. Das hätte tödlich ausgehen können«, schrieb er völlig korrekt. Was er allerdings nicht erwähnte: Dass ihnen nichts passiert war, weil einer unserer Jungs sich vor sie gestellt hatte. In seinem Artikel schloss er dreist mit den Worten: »Nazis auf die Fresse!« »Was für eine Unverschämtheit«, dachte ich nur, und stumpfte innerlich noch mehr ab.

Das war etwas, das ich auch bei meinen Kameraden feststellte: Wir alle radikalisierten uns erschreckend schnell. Und immer wieder vertraten wir dasselbe Argument: Wir haben ja nicht angefangen. Unsere Gewalt ist moralisch legitimiert. Wir verteidigen uns nur. Besonders Paul Breuers Verhalten wurde immer gewalttätiger. Er war nebenbei Amateurboxer und schlug schnell mal zu. Während er anfangs noch dafür eingetreten war, sich nicht mit dem politischen Gegner zu prügeln, nutzte er später jede Gelegenheit, irgendwelchen Leuten auf die Fresse zu hauen. Sein Hass steigerte sich so, dass er auf Linke losging und sie vermöbelte. Wir alle waren asozial bis zum geht nicht mehr. Aber wir waren zu sehr in unseren verqueren Denkmustern gefangen, um zu erkennen, wie schnell es für uns moralisch immer weiter abwärts ging.

* * *

Es war ein wirklich heißer Tag. Die Stimmung kochte beinahe über. So hatte ich Köln noch nie gesehen. Tausende von Menschen waren unterwegs. Und die meisten hatten sich entweder mit Deutschlandfahnen eingehüllt oder sich schwarz-rot-goldene Farbe ins Gesicht gemalt. Unzählige feierwütige Leute kamen uns entgegen, lagen sich in den Armen und tranken Bier auf offener Straße.

»Wenn das mal auf einer von unseren Demonstrationen so abgehen würde«, sagte ein Kamerad ein bisschen wehmütig. Ich zuckte mit den Schultern. »Wenn sie schwarz-weiß-rot tragen würden, wäre es mir lieber«, raunte ich. Alles andere waren für mich nur Systemfarben.

Um ehrlich zu sein, konnte ich mit der Euphorie allgemein wenig anfangen. Es war Fußball-WM, und Deutschland stand im Finale gegen Brasilien. Ein paar Kameraden hatten mich gefragt, ob ich nicht Lust hätte, mit zum Public Viewing zu kommen. Mir war eigentlich nicht danach. Fußball interessierte mich nicht sonderlich. Aber ich ließ mich trotzdem breitschlagen. Die Jungs wollten rausgehen, und ich war in den letzten Monaten so sehr in meiner politischen Arbeit versunken gewesen, dass ich praktisch überhaupt kein soziales Leben mehr geführt hatte. Warum also nicht? Wir hatten uns das Spiel auf dem Rudolfplatz angeguckt, und die Menschenmassen waren irgendwie faszinierend. Trotzdem hatte ich so langsam genug.

»Kommst du noch mit auf einen Absacker?«, fragte mich Paul. Ich schüttelte den Kopf.

»Nein, ich glaube, ich habe genug für heute.«

Wir verabschiedeten uns. Während Paul und die anderen Jungs noch eine Kneipe aufsuchten, zog ich mit zwei Kameraden, die auch nach Hause wollten, in Richtung Media Park, um weiter zum Hauptbahnhof zu laufen.

»Es ist wirklich unglaublich, was hier los ist«, staunte ich noch und schaute mich um. In dem Moment fiel mir auf, dass hinter mir sechs Leute standen. Alle vermummt. »Da ist er«, hörte ich eine Stimme. »Packt ihn euch!« Es ging so schnell, dass ich gar nicht begriff, was überhaupt los war. Ich sah nur noch, dass sich die Typen meine beiden Kameraden packten, dann spürte ich einen dumpfen Schlag, und mir wurde schwarz vor Augen. Blackout.

Was wir alle nicht wussten: Heute waren nicht nur zahlreiche Fußballfans in der Stadt, sondern auch jede Menge Linksextremisten. Und zwar solche, die bewusst Jagd auf uns machten. Denn am vorhergehenden Abend war Manfred Rouhs in der Stadt aufgetreten. Er war Mitbegründer der rechtspopulistischen Bürgerbewegung »Pro Köln« und führte außerdem einen Verlag für Skinhead- und Rechtsrockmusik. Einmal im Jahr organisierte er ein Festival mit verschiedenen Bands und Rednern aus dem rechten Spektrum. Normalerweise fand es immer im Osten statt, wo die Veranstaltung recht erfolgreich war.

Aus irgendeinem mir nicht bekannten Grund hatte er die Veranstaltung dieses Jahr aber nach Köln verlegt. Das war naiv, denn ein riesiger Aufmarsch von Linksextremisten störte die Veranstaltung. Es waren so viele Menschen vor Ort, dass er sein kleines Festival abbrechen musste. Rouhs war stinksauer, trat vor das Mikrofon und brüllte den Linken mit erhobenem Zeigefinger entgegen: »Wenn ihr glaubt, uns Patrioten, die wir aus der Mitte des Volkes unsere Kraft schöpfen, wegzukriegen, dann habt ihr euch geschnitten. Morgen im Fahnenmeer, im aufkeimenden Patriotismus gehen wir geschlossen, alle die wir hier sind zum Public Viewing!« Das war schön pathetisch. Und für die Linke eine Kampfansage. Ach, ihr wollt zum Public Viewing gehen? Na, dann heißen wir euch doch mal willkommen. Und so war die gesamte Stadt voll mit Linksextremisten, nicht mit irgendwelchen Linken, die glutenfreie Hafermilchkekse austauschen wollten, sondern mit denen von der Krawallfraktion. Auch wenn ich nichts mit Manfred Rouhs und seiner Veranstaltung zu tun hatte, und obwohl ich nicht einmal wusste, was dort passiert war, zahlte ich den Preis dafür.

»Axel …«

Ich öffnete die Augen. »Axel …?« Ich sah das Gesicht eines Kameraden. Noch sehr verschwommen, aber ich erkannte es. Ich brauchte ein paar Sekunden, um mich wieder zu orientieren. Alles drehte sich. Alles war rot. Mir war schwindelig.

»Axel! Ist alles okay?«

Ich nickte und versuchte aufzustehen. Doch es gelang mir nicht. Ich verlor komplett das Gleichgewicht. Meine Jungs halfen mir hoch und stützten mich. Was war passiert? Ich versuchte zu rekonstruieren, was da gerade vorgefallen war. »Das war eine militärisch saubere Aktion«, fing einer meiner Kameraden an zu schwärmen. »Sechs Antifas, präzise, schnell, klandestin. Das haben die schon super gemacht.« »Schön, dass es dir gefallen hat«, grummelte ich. Scheiße, warum war denn alles rot?

»Ähm Axel, vielleicht sollten wir einen Krankenwagen für dich rufen. Aus deinem Kopf kommt Blut geschossen.«

Blut? Ich spürte gar nichts. Vorsichtig befühlte ich meinen Hinterkopf und … scheiße! Ich hatte zwei Löcher in meinem Schädel, aus denen tatsächlich Blutfontänen spritzten. Mir wurde wieder schwindelig.

»Ja ja, wir rufen echt besser mal einen Krankenwagen.«

»Scheiß drauf«, sagte ich. Bis ein Krankenwagen käme, wäre ich wahrscheinlich schon verreckt. Die Straßen waren ja voll. Es herrschte Ausnahmezustand in Köln. Ich konnte nicht mehr warten. Ich sprang auf die Straße und hielt das erste Auto an, das auf mich zukam, ein neuer Mercedes SL. Ich öffnete die Tür und stürzte auf den Rücksitz.

»Sind sie irre, Mann?«, brüllte mich der Fahrer an. »Was soll das?« Ich hatte keine Zeit und keine Kraft zu diskutieren. »Fahren Sie mich sofort in ein Krankenhaus«, wies ich ihn an. »Sonst sterbe ich hier.« Seine Frau sprang vom Beifahrersitz nach hinten und schaute sich meine Wunde an. Offenbar hatte sie medizinisches Grundwissen. »Das sieht übel aus«, sagte sie, nahm ein Taschentuch und drückte es auf meine Wunde. »Na los!«, wies sie ihren Mann an. »Fahr schon!« Widerwillig drückte er aufs Gas. Während der gesamten Fahrt nölte er herum: »Mann, Sie bluten mir hier alles voll.« »Tut mir leid«, sagte ich. »Ich hätte auch nichts dagegen, wenn die Blutfontäne aus meinem Kopf langsam mal versiegen würde.« Der Kerl schaute wieder auf die Straße und brummte vor sich hin. »Hoffe, Sie sind gut versichert.« Ich war erstaunt, dass ich kaum Schmerzen empfand. Wahrscheinlich war es das Adrenalin, mutmaßte ich.

Nach ein paar Minuten erreichten wir ein Krankenhaus, und die Schwestern brachten mich sofort in einen Behandlungsraum. Sie sahen, dass es ein Notfall war. Innerhalb kürzester Zeit stand ein Arzt neben mir, der sich um meine Wunden kümmerte. »Sie sehen ganz schön übel aus«, sagte er. »Wer hat Sie denn nur so zugerichtet?« Ich zuckte mit den Schultern. Nach und nach merkte ich erst, dass mein Kopf nur die Spitze des Eisbergs war. Mir fehlte außerdem ein Zahn, und mein Gesicht war übersät von Schwellungen. Die Jungs waren mit Totschlägern auf mich losgegangen. Zum ersten Mal verstand ich, warum die Dinger so hießen.

»Ich sage ihnen ganz ehrlich, sie haben verdammtes Glück gehabt«, sagte der Arzt. »Das hätte leicht ganz böse ausgehen können.« In dem Moment öffnete sich die Tür des Behandlungszimmers, und der Mercedesfahrer steckte seinen Kopf in den Raum. Als er mich sah, strahlte er. »Ach, hier sind sie«, freute er sich. Na ja, vielleicht war er doch nicht so herzlos, dachte ich, da er sich zumindest vergewissern kam, ob ich es überstanden hatte. Aber Pustekuchen. »Bitte geben Sie mir noch ihre Kontaktdaten«, sagte er und zückte einen Kugelschreiber und ein Blatt Papier. »Damit wir das mit der Versicherung klären können.« Na toll. Ein paar Wochen später erfuhr ich zusätzlich noch von der Polizei, dass der Mann selber Arzt war. Aber es scheint nicht weit her mit dem hippokratischen Eid zu sein, wenn die Lederarmaturen des eigenen Mercedes in Gefahr sind.

* * *

Je mehr wir die autonomen Strukturen stärkten, desto selbstbewusster wurden sie. Nachdem sie in der Szene nach und nach stärker akzeptiert wurden, wurden sie langsam übermütig. Sie wollten sich selbst und allen anderen beweisen, dass sie wirklich autonome Köpfe waren. Auf einer Demonstration merkte ich, wie sich einige von den Hoodie-Trägern zusammenstellten und aus unserer Formation ausscherten. Ich ging zu ihnen herüber.

»Alles klar?«

»Hey Axel«, begrüßten sie mich, während der Aufmarsch weiter durch Duisburg zog.

»Wir haben eine Idee.«

»Was denn für eine Idee?«

»Wie wäre es, wenn wir nicht die Hauptstraße entlanggehen, sondern gleich in die Seitengasse einbiegen? Dann laufen wir den Linken in die Hände und können ein wenig Krawall machen.«

Ich schaute die 15 jungen Männer an, die dort mit ihren schmal geschnittenen Sonnenbrillen vor mir standen.

»Das meint ihr jetzt nicht ernst, oder?«

»Doch, klar.«

Sie waren richtig enthusiastisch und hatten Bock auf Krawall, das merkte man gleich. »Das geht nicht«, sagte ich.

»Und wieso geht das nicht?«

»Na, weil es eine Polizeianweisung gibt.«

Die Jungs verzogen das Gesicht. »Ja, und?«, fragten sie mich, als wäre ich der Antichrist. »Scheiß doch auf die Polizei. Wir sind Revolutionäre, warum sollten wir auf die Bullen hören?« Ich fühlte mich an meine eigenen frühen, wilden Tage erinnert. Also versuchte ich, es ihnen zu erklären. »Ihr müsst doch strategisch denken, Leute. Was bringt uns das, jetzt Ärger mit der Polizei zu beginnen? Die Demo wird abgebrochen, wir werden im schlimmsten Fall ein paar Stunden lang eingebuchtet und können auch in Zukunft nichts mehr anmelden.«

»Dann gehen wir halt auf die Straße, ohne etwas anzumelden.«

»Und wer kriegt das dann mit? Eine Demo ist doch kein Selbstzweck«, argumentierte ich. Zwar gaben sie sich für den Moment geschlagen und gaben ihre Pläne auf, doch ich spürte, wie sich nach und nach ein Graben zwischen uns bildete. »Du bist ja auch nicht viel anders, als die Spinner von der NPD«, sagten sie zu mir. Als wir abends im Zug nach Hause saßen, hörte ich, wie einer der Jungs grummelte: »Am liebsten würde ich dem Reitz mal eine auf die Fresse geben.« So machte ich mich langsam unbeliebt.

6. DIE HAFT

Als ich den Bochumer Treffpunkt erreichte, erkannte ich gleich ein paar bekannte Gesichter. Auch Claus Cremer war da. Er stand neben der kleinen, provisorischen Bühne und nickte mir zu. Ich begrüßte ihn. »Na Klaus«, schmierte ich ihm ein wenig Honig um sein Maul, »da habt ihr ja ein paar Leute zusammenbekommen.« Vor uns standen vielleicht 150 Leute, die den Weg nach Bochum gefunden hatten. Und die meisten von ihnen hatte nicht einmal die NPD mobilisiert, sondern das ging auf unser Konto dank der freien Strukturen. Cremer freute sich trotzdem, seine kleine Veranstaltung nicht als Reinfall sehen zu müssen. Es waren zumindest so viele Kameraden erschienen, dass es nicht völlig peinlich war.

»Und ein paar prominente Gesichter sind auch im Publikum, was?« Ich nickte in Richtung Polizei. »Wer soll das sein?«, fragte Cremer. Ich war enttäuscht. Wie konnte er Toto und Harry nicht kennen? Deutschlands berühmteste Streifenpolizisten mit eigener Doku auf SAT1, die der Sender auf Schritt und Tritt begleitete. Nur heute waren sie ohne Kameras im Einsatz. Sie wirkten nicht gerade begeistert, bei dieser Veranstaltung Dienst zu haben. Die NPD veranstaltete die Demo unter dem etwas sperrigen, aber eindeutigen Motto »Keine Steuergeldausgaben für den Bau einer Synagoge in

Bochum«. »... und dagegen werden wir mit aller Macht vorgehen«, keifte ein mir nicht bekannter NPD-Mann in das Mikrofon. Der Applaus blieb höflich distanziert.

Dann trat Claus Cremer an das Mikrofon, hielt eine Rede, in welcher er Juden bezichtigte, sexuellen Missbrauch von Kindern zu billigen, und kündigte mich anschließend als nächsten Redner an. Ich hatte meinen Auftritt gut vorbereitet. Immerhin wusste ich, dass ich mich auf dünnem Eis bewegte. In Sachen Antisemitismus wurde in Deutschland noch immer hart geurteilt, und man hatte schnell eine Anklage wegen Volksverhetzung am Hals. Darum wollte ich möglichst radikal klingen, mich aber dennoch nicht strafbar machen.

> Judenhass war der zentrale Kitt in der rechtsextremen Szene. Selbst wenn man nicht explizit darüber sprach, war das Thema unterschwellig immer präsent. Es wurde ständig über die Juden geredet, auch wenn man sie nicht direkt thematisierte. Aber sie waren immer mitgemeint, wenn es um »die da oben« ging, um den »Weltfeind«, um »die Eliten« oder »die Strippenzieher«.

Einige hassten die Juden extrem, beinahe pathologisch. Im Selbstverständnis der rechtsextremen Szene war der Jude so etwas wie die Antithese zum Deutschen. Die Deutschen waren das strahlende Gute, und das Jüdische war das Listige, Verkommene, so etwas wie das böse Prinzip, wie es auch Horst Mahler in seinen Schriften verbreitete. Er beschrieb die Juden als ein nomadisches Volk, dessen Ziel es war, die bestehenden, sesshaften Nationen zu unterwandern und auszulöschen, um letztendlich ... nun, ja, was denn eigentlich? Das war nie so richtig klar.

Die einen sagten, die Juden wollten eine Art Weltregierung bilden und alle Völker unterwerfen oder versklaven. Andere wiederum waren überzeugt, den Juden ginge es nur darum, möglichst viel Geld zu verdienen. Und das gelänge ihnen am besten, wenn sie die freien Völker versklavten. In jedem Fall waren die Juden in unserer kranken Weltvorstellung eine geheimorganisierte und mächtige Gruppe, die hinter allem Schlechten steckten, das auf der Welt im Allgemeinen und Deutschland im Speziellen passierte. Sie waren verantwortlich für jede neue Migrationswelle, sodass die Deutschen irgendwann nicht mehr die Mehrheit in ihrem eigenen Land bilden würden. Kriege und Wirtschaftskrisen gingen auf ihr Konto, und sie waren auch dafür verantwortlich, dass Deutschland nach dem Zweiten Weltkrieg seine Souveränität verloren hatte und von den Alliierten besetzt worden war.

In unserer Weltvorstellung war alles, was in Deutschland schlecht lief, einem bösen, sinisteren Plan der Juden zu verdanken. Immer wurde in diesem Sinne geraunt, ob das in irgendwelchen Rechtsrocksongs war, am Stammtisch oder in Reden. Es war eine Art Lebenselixier der Szene, sich den großen Feind immer wieder zu vergegenwärtigen.

Als ich am Mikrofon stand, wurde ich mit viel Applaus und Gejohle empfangen. Das war ich mittlerweile gewöhnt. Ich war ein Berufsdemonstrant, jede Woche auf irgendeiner Veranstaltung und hielt dort lange Reden. Es hatte sich nicht nur mein rhetorisches Talent herumgesprochen, sondern auch, dass ich mir nicht zu fein war, eine gewisse Schärfe in meinen Vorträgen zu äußern. Ich wusste einfach, wie ich die Massen aufpeitschen konnte. Auch, wenn es hier natürlich keine Massen gab, sondern nur ein paar verstreute und zum Teil stark alkoholisierte Kameraden. Aber auch sie hatte ich im Griff.

Ich begann zu reden und zitierte erst einmal aus dem babylonischen Talmud. Dort hieß es, man dürfe als Jude keine sexuelle Beziehung zu einem Nicht-Juden eingehen. Hätte man Sex mit einem Ungläubigen, hieß es dort, wäre das, als hätte man Sex mit toten Tieren. Ich ließ die Worte ein wenig wirken und verzog dann angewidert das Gesicht. »Seht ihr«, rief ich den Kameraden zu, »seht ihr, wie sie über uns denken? In den Augen der Juden sind wir nur Aas.« Die Stimmung wurde hitziger. Aus dem Publikum tönten antisemitische Beleidigungen. Ich setzte zum Höhepunkt meiner Rede an. »Die Arroganz gegenüber anderen Völkern wird die Juden eines Tages zugrunde richten!«, brüllte ich und sagte nach einer kurzen Kunstpause weiter: »Allzu traurig wäre ich darüber nicht.« Die Masse jubelte. Berauscht von mir selbst und dem Jubel der Kameraden, verließ ich die Bühne. »Eine gute Rede«, lobte mich Cremer. Während die anderen Kameraden Schläger waren, war ich ein verbaler Totschläger. Aber ich wusste noch nicht, dass auch das Konsequenzen haben würde, die mein Leben noch einmal schwer verändern würden.

* * *

Es dauerte ein paar Wochen, bis ich eine Anzeige wegen Volksverhetzung zugestellt bekam. Ich war einigermaßen erstaunt, denn ich hatte es nicht darauf angelegt. Im Gegenteil war ich vorsichtig und wählte meine Worte mit Bedacht, denn meine wilde Phase, in der ich bewusst gegen Gesetze verstoßen hatte, lag längst hinter mir. Als ich mit 13 Jahren in die Szene gekommen war, war ich extrem radikal eingestellt gewesen. Ich lief durch die Stadt und verklebte irgendwelche Hakenkreuzsticker. Auch mein Vokabular sollte die Leute schocken.

Doch das hatte sich mittlerweile geändert. Sicherlich setzte ich in meinen Reden auf eine aufrüttelnde Pointe, aber ich versuchte mittlerweile, die Grenze der Strafbarkeit nicht mehr zu übertreten. Das hatte zwei Gründe: Zum einen hatte sich aus meiner wilden Jugend so einiges angesammelt. Ich wurde wieder und wieder wegen aller möglichen Kleinststraftaten und Ordnungswidrigkeiten verdonnert.

Nach dem Jugenddauerarrest, der mich beinahe mein Leben kostete, bekam ich Verwarnungen, Sozialstunden und musste sogar einmal einen sozialen Trainingskurs machen. Mittlerweile hatten sich so viele Urteile angehäuft, dass ich eine Bewährungsstrafe mit mir herumschleppte, die sich regelmäßig verlängerte. Zum anderen führte mir der Einfluss von Thomas Brehl immer wieder vor Augen, wie unsinnig und destruktiv es war, bewusst gegen Gesetze zu verstoßen. Aber jetzt hatte ich es wieder einmal geschafft und mir eine neue Anzeige eingefangen. Hauptanklagepunkt war meine antisemitische Rede. Nicht ein einzelner Bestandteil wurde kriminalisiert, sondern die Rede im Ganzen, die zum Hass gegen Juden aufgestachelt haben sollte. Große Sorgen machte ich mir deswegen zunächst nicht. Ich rechnete damit, dass sich meine Bewährungsstrafe wieder einmal verlängern würde, und nahm mir vor, in Zukunft vorsichtiger zu sein.

Aber als ich mit meinem Anwalt telefonierte, brachte er mich auf den Boden der Tatsachen. »Es spricht einiges dafür, dass es dieses Mal nicht so gut ausgehen wird«, sagte er. »Das Verfahren findet nicht mehr vor dem Amtsgericht statt, so wie es eigentlich üblich wäre – sondern vor dem Landesgericht. Und: Dieses Mal greift für dich das Erwachsenenstrafrecht.« Begründet wurde das mit dem besonderen öffentlichen Interesse. Die Jüdische Gemeinde in Bochum hatte Anzeige erstattet, was wiederum Wasser auf den Mühlen meiner antisemitischen Vorurteile war.

Vor dem Landesgericht hatte ich keine Möglichkeit, in Berufung zu gehen, sondern nur in Revision. Woher der Wind wehte, wurde mir spätestens klar, als ich vor dem Richter stand. Der Jurist blätterte meine Akte durch und schüttelte fassungslos den Kopf. »Sie haben ja schon einiges auf dem Kerbholz«, sagte er. »Aber eines kann ich Ihnen sagen. Jetzt ist die Zeit gekommen, die Glaceehandschuhe auszuziehen.«

Das war eine unmissverständliche Drohung. Die Schonfrist war vorüber, und natürlich hatte er irgendwie recht. Es war ihm unverständlich, wie ich über viele Jahre wieder und wieder davongekommen war, obwohl ich doch eindeutig unbelehrbar war. Und tatsächlich: Am Ende des Prozesses wurde ich verurteilt. Da meine bisherigen Urteile sich nach dem Jugendstrafrecht gerichtet hatten, konnte man die beiden Strafen nicht zusammenmischen. Das bedeutete, meine offene Bewährungsstrafe wurde meiner neuen Strafe für meine antisemitische Rede hinzugerechnet. Unterm Strich stand mir so eine Gesamthaftstrafe von 33 Monaten bevor. Ich musste endgültig in den Knast. Doch bevor das Urteil wirklich rechstkräftig wurde, hatte ich noch einige Monate Zeit, die ich mir durch eine letztlich erfolglose Revision erkaufen konnte, um meine Dinge zu ordnen.

Die Verschwörungstheorie einer globalen Machtelite wird von allen gängigen Verschwörungstheoretikern bis heute vertreten. Ob man nun von einem »Deep State« oder von »Globalisten« spricht. Wichtig ist immer aufzuklären, dass alles seinen Ursprung in der alten nationalsozialistischen Mär findet, dass die Juden sich in elitären Kreisen organisieren, um die Welt auszubeuten.

* * *

Es war ein warmer, sonniger Tag, als ich mit meinem Vater und zwei meiner Kameraden in einem kleinen Restaurant am Stadtrand saß und mir ein Steak bestellte. Nicht irgendein Steak, mein letztes in Freiheit für einige Zeit. Ich schloss die Augen und atmete einmal tief durch. Der Laden war gut gefüllt. Ein klassisches Steakhaus. Um uns herum saßen Menschen an den Tischen, die sich angeregt unterhielten. Einige lachten. Es war Hochsommer, mit hohen Temperaturen und ausgelassener Stimmung. Nur bei uns am Tisch wurde nicht gesprochen. Als die Kellnerin unser Essen brachte, wurde ich noch einmal wehmütig. Und jetzt in den Knast. Ich konnte mir wirklich etwas Besseres vorstellen. Wir alle aßen wortlos. Anschließend bezahlte mein Vater die Rechnung und legte seine Hand auf meinen Arm. »Das wird schon«, sagte er. Ich nickte. »Klar.« Musste ja.

33 Monate. Das waren knapp drei Jahre. Und dennoch war ich halbwegs zuversichtlich, dass alles doch nicht ganz so schlimm werden würde. Schließlich war für mich als Erstverbüßer der offene Vollzug vorgesehen. Das kannte ich schon von Siggi Borchardt. Abends und nachts war man im Gefängnis, tagsüber aber durfte man raus und einem Job nachgehen. Um ehrlich zu sein, hoffte ich sogar, dass sich mein Leben durch meine Zeit im Gefängnis zu einem Besseren wenden würde.

Vielleicht konnte ich eine Ausbildung machen und auf diese Weise mittel- bis langfristig eine finanzielle Perspektive entwickeln. Ich hatte zwar in der rechten Szene einiges erreicht, aber ich war mit Hauptschulabschluss nach Klasse 9 von der Realschule abgegangen und hielt mich mit schlecht bezahlten Nebenjobs so gerade über Wasser. Die letzten Jahre hatte ich sozusagen wie ein Hund gelebt. Und wenn ich mir einige ältere Szenegrößen ansah, dann wurde mir immer häufiger bewusst, dass es mir in Zukunft kaum besser gehen würde. Diese Erkenntnis verdrängte ich meistens. Aber im Knast würde ich vielleicht die Chance erhalten, beruflich Fuß zu fassen.

Wir stiegen ins Auto und fuhren los. Nach einer guten Stunde erreichten wir endlich unser Ziel, die Justizvollzugsanstalt Attendorn im Sauerland. Gemeinsam mit meinem Vater und meinen beiden Kameraden stieg ich aus dem Wagen. Mein Vater umarmte mich. »Halt durch, mein Sohn«, sagte er.

»Werde ich, Papa, mach dir keine Sorgen.«

Er musste nicht viel sagen. Seine Enttäuschung stand ihm ins Gesicht geschrieben. Trotzdem rechnete ich es ihm hoch an, dass er mich bei meinem Haftantritt begleitet hatte.

»Mach dir keine Sorgen, Axel«, sagte ein Kamerad und umarmte mich ebenfalls. »Ich werde auf alles gut Acht geben, während du weg bist.«

Helle würde die Führung unserer Kameradschaft übernehmen. Und auch bei all meinen anderen Projekten würde er mich vertreten. Ich war mir absolut sicher, dass er das gut machen würde, denn ich vertraute ihm voll und ganz. Helle und ich waren nicht nur gute Freunde, wir lagen auch strategisch und ideologisch auf einer Linie. Am Vortag hatte ich noch einen Rundbrief herausgegeben und den Kameraden versichert, dass ich meinen Kampf um Deutschland nach der Haft wieder aufnehmen würde. Auch mein anderer Kamerad verabschiedete sich von mir. Dann ging ich an das große, schwere Eingangstor der JVA und zeigte meinen Stellungsbescheid vor. »Guten Tag«, sagte ich. »Ich bin Axel Reitz, und ich soll mich hier melden.«

Nach einer rechtskräftigen Verurteilung war es üblich, einen Brief mit einem Zeitfenster von 14 Tagen zu erhalten, in dessen Rahmen man sich im Gefängnis zu melden hatte. Natürlich reizte ich die Frist maximal aus und trat meine Haft erst am letztmöglichen Tag an. Hätte ich den Zeitraum verstreichen lassen, wäre ich per Haftbefehl gesucht worden. Das wäre keine gute Idee gewesen, denn in einem solchen Fall wäre es mit dem offenen Vollzug vorbei gewesen. Der Beamte öffnete das Tor, ich winkte meinem Vater und meinen Kameraden zu und begab mich in das Innere der JVA.

»Herr Reitz, bevor Sie Ihre Sachen abgeben, möchte der Direktor mit Ihnen reden«, sagte mir einer der Beamten. Ich musste lächeln. Wahrscheinlich hatte ich schon einen kleinen Promistatus hier, dachte ich, da mich der Direktor persönlich begrüßen wollte. Ich folgte dem Beamten durch einen langen, katakombenartigen Flur, bis wir vor einer großen Tür standen. »Wahrscheinlich will der Mann mir einmal die Spielregeln klarmachen«, dachte ich. Nach dem Motto: »Halt den Ball flach, schwing keine großen Reden, und versuch gar nicht erst, die anderen Häftlinge mit deiner Propaganda einzuwickeln.« Das Übliche eben, wie in der Schule.

Der Beamte klopfte an die Tür, und der Direktor bat uns herein. Ich schaute mich um, das Büro war nicht sonderlich groß. An der Wand stand ein Bücherregal, davor ein massiver Schreibtisch. Der Direktor war ein athletischer, in die Jahre gekommener Mann. Ohne große Gefühlsregung bedeutete er mir, ihm gegenüber Platz zu nehmen. »Herr Reitz«, sagte er, öffnete meine Akte und las ein wenig darin. »Sie waren ursprünglich vorgesehen für den offenen Vollzug ...«, setzte er an und machte eine lange Pause. In meinem Kopf fing es an zu arbeiten. »Ja«, dachte ich. »Ich bin für den offenen Vollzug vorgesehen. Was hat denn bitteschön dieses kleine Wörtchen ursprünglich zu bedeuten?« Der Direktor legte die Akte weg und schaute mir in die Augen. »Es gibt eine Planänderung«, sagte er. Ich mag es mir eingebildet haben, aber ich meinte, ein kurzes, verstohlenes Grinsen auf seinen Lippen erkannt zu haben. »Was meinen Sie damit?«, fragte ich etwas ungehalten.

»Ich halte Sie nicht für geeignet, um an dem offenen Vollzug teilzunehmen.«

Wie bitte? Ich konnte nicht glauben, was der Mann mir hier gerade erzählte. »Ich habe vom Gericht bestätigt bekommen, dass ich …« »… ja«, unterbrach er mich eiskalt. »Ich weiß. Aber mir liegen neue Informationen vor.« Er reichte mir ein Blatt herüber. Es war ein Fax von der Kölner Polizei mit einer Einschätzung meiner Person. Diese fiel nicht sonderlich gut aus. Ich überflog das Papier und schüttelte den Kopf. »Wo kommt das denn plötzlich her? Das ist nicht zulässig«, fluchte ich. »Das ist ungültig.«

Ich hatte keine Ahnung, wie dieses Schreiben in meine Akte gelangt war. Es spielte auch keine Rolle. Denn die Einschätzung der Kölner Polizei war nicht wesentlich für die Haftbeurteilung. Das war in meinen Augen so etwas wie verfahrensfremde Beeinflussung. Es wurde gar nicht erst geprüft, ob ich für den offenen Vollzug geeignet bin oder nicht. Ich fand, das war nicht zulässig. Das interessierte tatsächlich niemanden. Die Sache war beschlossen, mein offener Vollzug wurde gecancelt. Und so entschieden sie, mich übergangsweise nach Siegen zu bringen.

In Siegen nahmen sie mir zunächst alle meine Klamotten ab und lagerten sie ein. »Welche Größe haben Sie?«, fragte mich ein Justizbeamter, maß mich mit seinem Blick ab und drückte mir, ohne meine Antwort abzuwarten, einen Packen Haftkleidung in die Hände. »Ziehen Sie das an«, sagte er. Ich verzog das Gesicht. Ich wollte mir nicht ansatzweise vorstellen, wie lange die Klamotten hier schon lagerten. Das Zeug müffelte furchtbar. »Wie viele Leute haben das schon vor mir getragen?«, fragte ich dann doch vorsichtig nach. Der Beamte zuckte nur mit den Schultern. Gut, vielleicht wollte ich die Antwort auch gar nicht hören. Ich empfand es als ekelhaft, diese stinkenden Klamotten anzuziehen. Besonders die Unterwäsche verursachte ein Kopfkino, das mich beinahe wahnsinnig machte.

»Das ist viel zu groß«, sagte ich und schaute an mir runter. Die Haftkleidung hing an mir herab. Ich sah aus wie ein Clown. »Wieso?«, fragte mich der Wärter. »Passt doch.« Mit diesen Klamotten brachte er mich dann auf meine Zelle. »Jungs«, rief er in den Raum. »Hier habt ihr einen Neuzugang!« Ich betrat die Zelle und hörte, wie er hinter mir die Tür abschloss. Ich stand in einem kleinen, spartanisch eingerichteten Raum. An den Wänden standen drei Stockbetten und zwei große Schränke. In der Mitte war ein Tisch, an dem fünf Männer saßen und Skat spielten. »Moin«, begrüßte mich einer. Ich musterte die Kerle. Die meisten waren groß und breit. Einer war Schwarz. Einer komplett tätowiert. Ein anderer war beinahe 80 und gezeichnet von seinem Alkoholkonsum.

»Hallo«, sagte ich. »Ich bin Axel.« Die anderen quittierten meine Vorstellung mit einem Nicken und spielten ungerührt weiter mit ihren Karten.

»Ich bin Hilger«, sagte einer der Männer. Er trug ein Unterhemd, das seine zahlreichen Tätowierungen offenbarte. »Wenn du Fragen hast, kannste dich gerne an mich wenden«, sagte er knapp. »War schon öfter hier.« »Öfter?«, fragte ich.

»Seit insgesamt 25 Jahren immer mal wieder.«

Ich musste schlucken. Wow, das war eine ganz schön lange Zeit. Und der Kerl war nicht älter als Mitte 40. »Was hast du denn angestellt?«, fragte ich, um den Small Talk noch ein wenig aufrechtzuerhalten. »Wo soll ich anfangen?«, sagte er kalt. »Hab eigentlich alles durch. Einbruch, Erpressung, Raub ...« Die anderen spielten stoisch weiter. Sie kannten die Geschichten schon. Einer der Männer stand auf und schaltete den Wasserkocher ein. »Und du?«, fragte er mich. »Warum bist du hier?« »Volksverhetzung«, sagte ich. Die Jungs schauten jetzt erstmals auf. »Was ist das?«, fragte mich einer. »Ich habe eine politische Rede gehalten, die dem Staat nicht gefallen hat.«

»Eine Rede?«

»Ja.«

»Willst du uns verarschen?«

»Nein, es ist wahr. Ich bin ein politischer Gefangener.«

»Wegen einer Rede sitzt doch keiner im Knast«, wurde Hilger jetzt ziemlich wütend. »Lüg uns hier nicht an. Bist du ein Kinderficker oder was?« »Ein Kin..., nein!«, sagte ich abwehrend. Ich wusste ja, wie solche Leute in der allgemeinen Knasthierarchie angesehen sind. »Es ist so, wie ich sage.«

Aber die Jungs glaubten mir nicht. Sie wurden richtig aggressiv. Sie legten ihre Karten weg und bauten sich vor mir auf. Ich drückte ihnen meine Verurteilung in die Hand, die ich bei mir hatte, und erklärte es ihnen noch einmal. Sie lasen sich die Papiere durch und beruhigten sich wieder. Von diesem Zeitpunkt an versuchten sie, mich auf ihre Weise zu resozialisieren. »Guck mal, wie doof du bist«, hielten sie mir bei jeder sich bietenden Gelegenheit unter die Nase. »Jetzt sitzt du drei Jahre. Für nichts. Hättest du ein gutes Betrugsdelikt durchgezogen, hättest du auch drei Jahre bekommen, aber dafür noch ein paar Mark gemacht, mit denen du draußen ein gutes Leben hättest.« »Ich bin ja kein Krimineller«, winkte ich bei Tipps dieser Art ab.

»Aber du bist trotzdem hier.«

»Ich bin ein politischer Gefangener.«

»Ja, ist klar.«

Nach zehn Tagen musste ich mich allerdings schon wieder von meinen neuen Freunden verabschieden.

Ich wurde »verschubt« – das bedeutete, dass man mich in einen Transporter setzte, der wie ein Linienbus von Gefängnis zu Gefängnis fährt, bis ich an meiner Endhaltestelle ankomme. Das ist eine absolute Tortur, denn selbst wenn die Gefängnisse nah beieinanderliegen, ist ein Häftling manchmal mehrere Tage mit diesem blöden Bus unterwegs und muss zwischendurch immer wieder in anderen Haftanstalten übernachten, weil man seinen Zielort noch nicht erreicht hat.

Man brachte mich nach Remscheid. Dort traf ich Paul Breuer wieder. Der hatte auf einer Demonstration eine Schlägerei gehabt und wurde dafür zumindest kurzzeitig eingebuchtet. Es war eine echte Überraschung, als wir uns auf dem Hof über den Weg liefen, denn er war bislang in Koblenz inhaftiert. Da wir gegen den Widerruf der Bewährung meiner 12-monatigen Jugendstrafe Widerspruch eingelegt hatten, war mein Gesamturteil noch nicht rechtskräftig. Darum wurde ich zunächst nach Remscheid gebracht. Dort wurde ich wie ein Mafioso behandelt. Es gab Telefone auf der Station, aber ich durfte sie nicht nutzen. Ich durfte noch nicht einmal mit meinen Eltern sprechen. Der Grund: Die Beamten sagten, dass sie nicht sicher seien könnten, dass ich auf diese Weise Botschaften an meine Kameraden weiterleitete. Es war absurd. Als wäre ich Teil einer Terrororganisation. Ich rebellierte auf meine ganz eigene Weise gegen die Gängelungen. In meinen Briefen brachte ich Nazicodes unter. Ich unterschrieb sie mit »88«, eine gängige Neonazi-Chiffre für »Heil Hitler«, da der achte Buchstabe im Alphabet das »H« ist. Da diese Codes bekannt waren, wurden meine Briefe beschlagnahmt. Also unterschrieb ich sie beim nächsten Mal mit »44+44«. In Remscheid bekam ich auch Besuch vom Verfassungsschutz. Man sagte mir, dass man mir vielleicht »helfen« könnte. Ich lehnte dankend ab. Als der Widerruf meiner Jugendstrafe schließlich rechtskräftig wurde und die Bestätigung eintraf, dass meine Haftzeit über 24 Monate lag, wurde ich nach Hagen gebracht. Hagen war eine sogenannte Einweisungsanstalt, dort wurden die Häftlinge noch einmal geprüft. Man schaute sich die jeweilige Sozialprognose dahingehend an, welche Perspektiven ein Gefangener hatte. Danach wurde entschieden, in welche JVA er schließlich kam. Hagen war also eine Art Übergangsknast. Ein weiterer Übergangsknast. Man war froh mich dorthin abschieben zu können.

Hagen war der schlimmste Knast, den man sich nur vorstellen kann. Man hatte nichts dagegen, mich dorthin zu bringen: Ich hatte dagegen geklagt, in den geschlossenen Vollzug zu müssen. Und das gefiel den leitenden Beamten gar nicht. Immer wieder legten sie mir nahe, diese Klage zurückzuziehen, die ihnen nur Ärger bereitete. »Nimm die Klage weg, und du kannst in jeden Knast, in den du willst.« Jeder wünschte sich, nicht in Hagen bleiben zu müssen. Der Knast war uralt. Man durfte nur zwei Mal in der Woche duschen. Alles war zerfallen und dreckig. Und es herrschte eine hohe Fluktuation. Denn auch Hagen war nur ein Übergangsknast.

Doch statt vier Wochen blieb ich dort über Monate. Einfach nur, weil sie mich weichkochen wollten. Dennoch blieb ich stur. Ich zog meine Klage nicht zurück. Das erleichterte mein Leben allerdings nicht. Sie ließen mich schmoren. Egal, welche Probleme ich hatte, sie kümmerten sich einfach nicht um mich. Von den Knastklamotten bekam ich die Krätze. Es war so schlimm, dass meine gesamten Arme und Beine offen waren. Nicht sprichwörtlich. Tatsächlich. Als ich beim Arzt saß, schaute er sich die Wunden nur an und zuckte mit den Schultern. Auf mich wirkte es, als hätte er kein Interesse mir zu helfen.

Es war ein Albtraum. Erst als es noch schlimmer wurde, half man mir und behandelte mich.

Als die verantwortlichen Beamten einsahen, dass sie mich nicht weichkochen konnten, schickten sie mich erneut weiter. Dieses Mal kam ich nach Rheinbach – eine der Haftanstalten, in denen eine Lockerung so gut wie nie gewährt wurde. Dort saßen auch lebenslänglich Inhaftierte. Doch Rheinbach wies einige Vorteile auf: Im Gegensatz zu Hagen war die Einrichtung modern. Mir kam es beinahe vor, als befände ich mich in einem Hotel, so angenehm war es für mich, aus dem Drecksloch von Hagen rauszukommen. Die Räume waren groß und sauber. Es gab in den Zellen richtige Waschbecken mit Armaturen, auf denen man Seife abstellen konnte. Das mag wie eine Kleinigkeit wirken, aber in der Haft weiß man auch die kleinen Dinge zu schätzen. Aber der weitaus größte Vorteil war, dass ich erneut in einer Einzelzelle untergebracht wurde. Die Hagener Gefängnisleitung hatte in ihrer Bewertung über mich geschrieben, ich sei aufgrund meiner Intelligenz und Beredsamkeit »eine enorme Gefahr für andere Gefangene« und in der Lage, eine »negative Insassenkultur zu gestalten«. Darum durfte ich nicht mit anderen Gefangenen zusammen untergebracht werden. Für mich war das ein Jackpot. Auf so engem Raum mit anderen, wildfremden Menschen zusammenzuleben, war für mich ein Albtraum.

* * *

In Rheinbach fand ich mich relativ schnell im System ein. Ich hatte begriffen, dass man im Knast ein paar Dinge verstehen musste. Die wichtigste Erkenntnis war: Du kannst nicht gegen das System gewinnen. Es ist also zwecklos, sich zu wehren. Wenn man im Gefängnis ist, dann ist man permanent der Willkür der Wärter ausgeliefert. Damit muss man lernen zu leben. Man sitzt zum Beispiel auf der Toilette, die Tür geht auf, zwei Wärter kommen rein und nehmen dich irgendwohin mit. Oder es wird ohne Vorwarnung eine Zellendurchsuchung bei dir durchgeführt. Oder du wirst einfach in eine andere Zelle beziehungsweise in einen anderen Block verlegt. Wenn es ganz schlecht läuft, dann schicken sie dich auch einfach mal in einen anderen Knast. Aber egal, was passiert – man kann dagegen beinahe gar nichts machen. Nicht jeder kommt damit zurecht. Ich habe viele Typen kennengelernt, die sich dagegen gestemmt haben. Sie haben geschimpft, um sich geschlagen und die Beamten beleidigt. Aber sie haben nicht begriffen, dass sie es damit nur noch schlimmer machten. Nach einer solchen Aktion haben die Aufseher erst recht versucht, diese Leute zu brechen.

Und es gab für die Beamten viele Möglichkeiten, die Häftlinge zu quälen. Da stand man nackt unter der Dusche und wurde einfach für Stunden nicht mehr abgeholt. Da wurden eingereichte Anträge einfach in den Müll geworfen. Oder man bekam zum Mittagessen nur das kleinste Stück Fleisch, dass in der Kantine zu finden war. War man hingegen freundlich, dann waren die Beamten in der Regel auch nett. Denn am Ende machten diese Leute ja auch nur ihren Job. Sie sind auch nur Menschen, die einem teilweise Leid tun konnten. Ständig wurden sie von allen blöd angemacht. Es gab mehr als genug Querulanten. Ich habe es von Anfang an so gehalten, dass ich mich nicht groß wehrte. Ich machte keinen Ärger, sondern zeigte mich kooperativ. Darum mochten mich die Beamten.

* * *

In den ersten Wochen in Rheinbach lernte ich Tony kennen. Ich war gerade draußen im Hof und setzte mich nach einer kleinen Sporteinheit auf eine der Bänke. Tony saß neben mir. Ein dünner, abgehalfterter Typ. Sein Gesicht war eingefallen. Er wirkte ausgemergelt und dennoch auf irgendeine merkwürdige Art glücklich. »Ich bin Tony«, stellte er sich mir vor und gab mir die Hand.

»Du bist neu hier?«

Ich nickte.

»Es ist einfach gut, oder?«

Ich stutzte kurz. »Wie meinst du das?«, fragte ich nach. »Na«, sagte er. »Knast ist doch das Beste, was einem passieren kann.« Er lehnte sich ein Stück weit zurück und schloss die Augen. »Na ja«, schränkte er dann ein. »Zumindest für Typen wie mich.« Typen wie ihn. Ich brauchte eine kurze Zeit, um zu begreifen, was genau er damit meinte. Tony war ein Junkie. Und es gab dort viele Junkies. Für sie war ein Leben in der Haftanstalt absolut Gold wert. Sie hatten alles, was sie brauchten: ein Dach über dem Kopf, einen geregelten Alltag. Sie bekamen regelmäßig etwas zu essen, Taschengeld, und mussten sich um nichts kümmern. Draußen waren sie vom Leben überfordert. Im Gefängnis führten sie ein gutes Leben. Nicht einmal ihre Sucht mussten sie aufgeben. Auch im Knast wurden sie dank korrupter Beamter und schmuggelnder Angehöriger gut mit Drogen versorgt. Die Geschichten, dass es im Knast nichts gäbe, was es nicht auch draußen geben würde, stimmen alle.

Ein paar Tage später lernte ich Bert kennen. Bert war ein älterer Herr. Er wirkte gesundheitlich angeschlagen. »Es ist wirklich schlimm, dass ich hier sein muss«, sagte er. Im Gegensatz zu Tony schien er stark mit seinem Schicksal zu hadern. »Ich bin ein alter Mann. Und ich habe Krebs«, erzählte er mir. »Ich sollte nicht hier sein.« Als ich ihn fragte, warum er denn einsäße, erzählte er mir seine Geschichte. Seine Frau hatte eine Affäre gehabt. Und als er davon erfuhr, beschloss er, den Liebhaber zu töten. Er besorgte sich eine Waffe, fuhr zu dem Mann nach Hause und schoss dreimal auf ihn. Aber Bert hatte ihn nicht direkt ermordet. Daher fuhr er noch einmal nach Hause, lud seine Waffen nach, suchte den Liebhaber erneut auf und schoss auf ihn mit zwei weiteren Kugeln, die ihm den Rest gaben. Obwohl das aus meiner Sicht ein eindeutiger Mord war, kam Bert mit einer Verurteilung wegen Totschlags davon. Doch auch das fand er noch ungerecht. Es gefiel ihm einfach nicht im Knast.

»Bert«, sagte ich. »Du hast einen Mann erschossen. Was glaubst du denn, was dann passiert?« So wie Bert waren viele hier. Viele Insassen erzählten stolz von ihren Überfällen, heulten dann aber rum, dass man sie dafür bestrafte. Das war bei mir anders. Klar, ich fand es ungerecht, in Deutschland wegen einer politischen Meinungsäußerung ins Gefängnis zu müssen. Aber ich war nicht blöd und wusste, dass es einen Paragraphen gibt, der Volksverhetzung unter Strafe stellt. Und alles, was ich in meiner Rede geäußert hatte, sollte die Leute ja aufhetzen. Obwohl ich versucht hatte mich im Rahmen der Gesetze zu bewegen, war meine Intention zu hetzen. Das wusste ich.

* * *

Eines Tages erhielt ich einen Brief vom Gericht. Meiner Klage gegen den geschlossenen Vollzug wurde stattgegeben. Man bestätigte mir, es sei nicht rechtmäßig, mir den offenen Vollzug verweigert zu haben. Ich setzte mich auf mein Bett und lehnte mich zurück. Das bedeutete, dass ich jetzt zurück in den ersten Knast in Attendorn hätte gehen können, um ab sofort den offenen Vollzug anzutreten. Aber war das wirklich klug? Ich faltete den Brief zusammen und dachte nach. Das war keine einfache Lage. Würde ich jetzt zurückgehen, wäre es nicht einfacher für mich. In Attendorn konnte man mich nicht leiden. Und ich wusste, was das bedeutete. Ich hatte es bereits am eigenen Leib zu spüren bekommen.

Also blieb ich in Rheinbach. Der Deal war, dass ich dafür ein paar Lockerungen in Anspruch nehmen durfte. Ich erhielt Urlaubstage, die mir das Leben erleichterten. Aber auch sonst fühlte ich mich einigermaßen wohl, denn ich hatte mir in Rheinbach mittlerweile einen guten Status erarbeitet. Das kam nicht von ungefähr. Zum Haftantritt hatte mir Christian Worch eine kommentierte Ausgabe des Strafvollzuggesetzes geschenkt. »Glaub mir«, sagte er zu mir, »die wird für dich noch einmal sehr wertvoll werden.« Worch hatte in seiner eigenen Haftzeit viel gelernt. Er kam damals gut durch und war bei allen Häftlingen beliebt, weil er ihnen helfen konnte. Noch immer erzählt er stolz, dass er damals sogar einen Schwarzafrikaner vor einer Abschiebung bewahrt hatte.

In der Tat hatte ich mich auf sein Anraten hin auf meinen Haftantritt vorbereitet. Ich hatte an einem Arbeitskreis »Kritischer Strafvollzug« gemeldet, in dem Juristen und Häftlinge Tipps gaben, welche Rechte ein Gefangener hatte. Das war besonders hilfreich, wenn man zum Beispiel Anträge schrieb. In der Realität verfasste der durchschnittliche Insasse 50 Anträge, von denen 40 ungelesen im Papierkorb landeten. Aber es gab bessere Möglichkeiten. So musste man wissen, dass es einen speziellen Paragraphen gab, der einem Häftling das Recht zusicherte, mit der Gefängnisleitung oder zumindest mit einem zuständigen Abteilungsleiter über bestimmte Themen zu sprechen. Ich pochte auf dieses Recht und hatte dann die Möglichkeit, meine Anliegen direkt jemandem vorzutragen, der etwas zu sagen hatte.

Als das die Runde machte, bekam ich auf einmal auffällig häufig Besuch in meiner Zelle. Einmal tauchte ein Mitgefangener auf, der Teil der Russenmafia war, brachte mir selbstgemachtes Gebäck mit und fragte mich höflich: »Hör mal, kannst du mir hier mal helfen?« Ich erledigte den Bürokram für viele Häftlinge. Und das schätzten die Insassen wirklich. Wenn es Ärger zwischen verfeindeten Gangs gab, klopfte es dreimal an meine Zellentür. Zweimal meldeten sich Typen von den verfeindeten Parteien und beim dritten Mal die Wärter. Alle warnten mich unabhängig voneinander: »Axel, bleib heute mal besser drinnen, im Hof könnte es knallen.«

Ich lebte ein regelrechtes Bohème-Leben in Rheinbach. Mein Tagesablauf war immer gleich. Morgens nach dem Aufstehen brachte man mir Frühstück in die Zelle. Dann machte ich ein wenig Zellensport, duschte und hatte danach eine Freistunde. Die nutzte ich für einen Spaziergang auf dem Hof. Später schloss ich mich einer Laufgruppe an. Ich unterhielt mich ein wenig mit anderen Gefangenen, und dann war auch schon Mittagszeit. Das Essen in Rheinbach war gar nicht mal so schlecht. Die Kantine machte das Beste aus ihren Möglichkeiten. Nachmittags wurde mir die Post gebracht, und ich kümmerte mich um meine Korrespondenz. Weil ich so viele Briefe beantworten musste, organisierte ich mir eine Schreibmaschine. Mein fortwährendes Getippe, das durch die Flure hallte, dürfte zahlreiche Mitgefangene beinahe um den Verstand gebracht haben. Und dann gab es auch schon Abendbrot, ich schaute noch ein wenig Fernsehen, und der Tag war vorbei.

Alle zwei Wochen durften wir einkaufen. Wir hatten einen richtigen Supermarkt im Knast. Da ich Diabetiker war, genoss ich das große Privileg eines eigenen Minikühlschranks für mein Insulin in meiner Zelle. Darin lagerte ich Eier oder mal eine Milchschnitte, ein unglaublicher Luxus. Die anderen Insassen mussten die verderblichen Produkte immer gleich verbrauchen. Ich besaß auch eine eigene Kochplatte und konnte mir Spiegeleier machen oder Schnitzel braten.

Mein allergrößtes Glück war der Bürgermeister. Der Bürgermeister war einer der Schließer, eine eigensinnige Figur. Er hatte ein skurriles Hobby als Schlagersänger, und dabei nannte er sich der Bürgermeister. Der Bürgermeister war einer der faulsten Menschen, die man sich vorstellen kann. Oft weckte er mich mitten in der Nacht: »Reitz, ich habe in der Gemeinschaftsküche eine Pizza gemacht. Mach mal sauber. Die Reste von dem Essen kannst du dafür behalten.« Diesen Deal ging ich gerne ein. Der Bürgermeister brachte uns Gefangenen auch regelmäßig ausgezeichnete Steaks mit, die wir für ihn zubereiten sollten. Als Dankeschön bekamen wir die Hälfte ab.

Irgendwann nahm ich zudem einen Job als Hausarbeiter an. Ich erkannte schnell, dass der Hausarbeiter eine gute Stellung im Gefängnis hatte. Er hatte nicht nur Zugang zu Informationen, sondern auch Zugriff auf Materialien wie Müllbeutel, Toilettenpapier und Rasierer, die er verteilte. Ich habe das gern gemacht. Dazu gehörte, das gesamte Essen und die Post auszuteilen, Anträge einzusammeln, die Bettwäsche herunterzutragen und ab und zu auch einmal eine Zelle zu putzen. Das war für mich eine willkommene Ablenkung zum ewigen Schreiben.

Ich kam mit jedem im Knast gut klar, sogar mit den Ausländern. Einmal besuchten mich meine Eltern in einem großen Aufenthaltsraum, der für den Besuch der Insassen vorgesehen war. Kurz bevor wir in den Besucherraum gelassen wurden, mussten wir Gefangenen in einer Art Wartezimmer ausharren, das nicht bewacht wurde. Dort kam ein anderer Gefangener auf mich zu. Ein riesiger, fast zwei Meter großer Kerl, der wie ein Michelinmännchen aussah. Er war breit gebaut und wirkte aggressiv. »Ey«, sprach er mich in gebrochenem Deutsch an. Er hatte wohl einen arabischen Hintergrund. »Bist du der Nazi?« »Scheiße«, dachte ich. »Das gibt jetzt richtig Ärger.« Ich sah mich um, ob Wärter in der Nähe waren. Aber mir war klar, dass mir hier niemand helfen konnte. Meine Mutter würde in Tränen ausbrechen, wenn ich mit blutiger Nase vor ihr säße. »Ja«, sagte ich dennoch. »Ich bin der Nazi.« Ich hielt nichts davon, mich zu verstecken.

Das Michelinmännchen schaute mich ein paar Sekunden lang an, dann klopfte er sich auf die Brust. »Toll, toll!«, sagte er. »Ich hasse auch Juden und Amerika. Wenn du irgendwas brauchst, frag nach Ahmet, Block C.« So machte ich mir Freunde, auch bei Leuten, mit denen ich auf den ersten Blick nicht damit gerechnet hätte. Und so vergingen die restlichen Monate, bis ich wegen guter Führung entlassen wurde.

7. PARTEI UND MEDIEN

Als ich aus der Haft entlassen wurde, übernahm ich wieder unsere Kameradschaft. Mein Freund Helle hatte während meiner Abwesenheit alles zusammengehalten. Er hat sich wirklich als ein guter Mann erwiesen, dachte ich. Er war einer der wenigen, denen ich voll und ganz vertraute. Aber auch wenn in meinem kleinen Kreis alles beim Alten geblieben war, hatte sich die Szene doch merklich verändert.

Helle hatte seinen guten Draht zur Kameradschaft von Ralf Tegethoff weiter ausgebaut. Und er hatte es geschafft, den Kontakt zu den anderen NRW-Organisationen, mit denen wir im Clinch gelegen hatten, wieder zu festigen. Die alten Feindschaften schienen halbwegs begraben zu sein. Christian Malcoci war mittlerweile Generalsekretär einer niederländischen Neonaziorganisation geworden. Sven Skoda hatte sich einen Namen als Redner und Netzwerker gemacht und seinen ehemaligen Mentor Malcoci sogar noch überflügelt. Doch ich fragte mich, wie es weitergehen würde, wenn ich wieder auf der Bildfläche erschiene.

Zum einen gab es noch immer Leute, die mich nicht leiden konnten. Besonders in den Reihen der Autonomen Nationalisten. Sie waren in meiner Abwesenheit zu einer wirklichen Macht in der Szene geworden. Und die Animositäten, die sich vor meinem Gefängnisaufenthalt aufgebaut hatten, waren noch immer vorhanden. Man wollte sich ganz deutlich emanzipieren. Sie lästerten, dass ich erst einmal ein paar Jahre Flugblätter verteilen würde, wenn ich aus dem Knast rauskäme. Aber es gab auch Teile der Szene, bei denen ich deutlich an Sympathien und Respekt gewonnen hatte. Das waren die alten Neonazi-Kader, die mir zu Gute hielten, dass ich im Knast standfest geblieben war. Und da sie mit den Autonomen Nationalisten nicht viel anfangen konnten, sahen sie in mir einen natürlichen Verbündeten. Ganz nach dem Motto: Der Feind meines Feindes ist mein Freund. Zugute kam mir vielleicht auch, dass ich den Kampfbund Deutscher Sozialisten, den KDS, aufgelöst hatte. Er war anachronistisch und kam auch in der Szene einfach nicht mehr an. Egal was ich machte, man verband mich immer wieder mit diesem komischen Verein. Ich hatte ihn noch einmal versucht zu retten, indem ich ein »revolutionäres Manifest«, schrieb, aber das hatte sich nicht durchgesetzt. Wir entschlossen uns, dem Ganzen einfach ein Ende zu setzen. In dieser Zeit traf ich mich auch immer mal wieder mit Ingo Haller.

Ingo Haller war ein NPD-Aktivist aus Düren. Er war zwar in der Partei aktiv, hatte aber auch sehr enge Kontakte zu der Kameradschaft Aachener Land. Das war eine ziemlich radikale Skinhead-Truppe, die in der Region gefürchtet wurde. Damals organisierte er für die NPD eine Demo in Stolberg. Das war eine ziemlich große Sache. Stolberg ist ein kleiner Ort bei Aachen, wo ein Jugendlicher ums Leben kam. Kevin Plum. Kevin hatte Streit mit einem anderen Jugendlichen, der einen Migrationshintergrund hatte. Und weil Stolberg winzig und die rechte Szene dort sehr aktiv war, kannten viele Kameraden ihn auch. Und so begann man seinen Tod zu instrumentalisieren. »Ausländer haben einen unserer Jungs erstochen«, hieß es. Die Empörung in unserer Szene war riesig. Und man begann erste Kundgebungen zu organisieren. Als ich das erste Mal noch im Knast von diesen Demonstrationen hörte, war ich verärgert. Ich hatte das Gefühl, dass wir die Sache völlig falsch angehen würden. Denn: Kevin Plum war kein Rechter. Er war kein Teil unserer Szene. War nie auf irgendeiner Demo. Es gab nur lose Kontakte. Mir war klar, dass sich das Interesse der Menschen eher in Grenzen halten würde, wenn es hieß, dass ein Ausländer einen Nazi erstochen habe. Ich plädierte dafür, dass man eher ein anderes Narrativ vertrat: Nämlich, dass ein Ausländer einen einfachen deutschen Jungen ermordet hatte. Ich fand es sinnvoller die politische Konnotation wegzulassen um das Thema massentauglicher zu machen. Ich spürte überhaupt nicht wie ekelhaft und zynisch das war. Ingo Haller jedenfalls gefiel meine Idee. Und von nun an, organisierten wir zusammen die jährlich stattfindenden Stolberg-Demos. Er stellte mich auch seiner rechten Hand vor: Rene Laube. Laube war der Chef der Kameradschaft Aachener Land. Einer radikalen Truppe, aber eine Truppe, die mich mochte. Und so hatte ich mir ein neues Spielfeld geschaffen.

* * *

So sehr mich einige Teile der rechten Szene am liebsten ausgeschlossen hätten, kamen sie doch kaum an mir vorbei. Nach wie vor verfügte ich über ein großes Faustpfand, weil ich nicht nur hervorragend organisieren konnte, sondern mich im Laufe der Jahre zu einem guten Redner gemausert hatte. Und ich spielte diese Karte immer wieder gern aus.

Ein paar Kameraden aus dem Aachener Land hatten zu einer Art Sommerfest eingeladen, wo Jürgen Rieger als Hauptredner auftreten sollte. Er hatte sich mit einem Millionendarlehen den stellvertretenden Bundesvorsitz der NPD gesichert und war einer der bekanntesten Vertreter des rechtsextremen Spektrums. Zudem war Rieger ein kluger Anwalt, der bundesweit Schlagzeilen machte, weil er zahlreiche Immobilien aufkaufte, die er der Szene für Veranstaltungen zur Verfügung stellte. Er war aber nicht nur einer der cleversten, sondern auch einer der extremsten Köpfe der Szene, ein Überzeugungstäter. Ein fanatischer Rassist. In der Doku »Die Arier« antwortete er auf die Frage, was er denn machen würde, wenn seine Tochter mit einem Schwarzen nach Hause kommen würde eiskalt: »Ich würde sie verstoßen.« Das war sein Mindset.

In der Szene herrschte Hochachtung vor ihm, weil er ein nahbarer Kerl war. Im Gegensatz zu Holger Apfel, der sich anschickte die NPD zu einer bürgerlich konservativen Partei umzugestalten, war er einer von uns. Wenn man ihn zu einer Veranstaltung einlud, dann schlief er bei irgendeinem von uns auf der Couch. Das musste er nicht tun, schließlich war er Millionär. Rieger war jederzeit für jeden ansprechbar, während sich die restliche NPD-Parteiprominenz am liebsten abschottete. Er war ein Kamerad unter Kameraden. Das kam bei den Leuten gut an.

Allerdings wies er auch eine narzisstische Ader auf. Aufgrund dessen verkalkulierte er sich manchmal. So wie am Tag des Sommerfestes, das keine klassische Parteiveranstaltung war. Da kamen keine Intellektuellen. Da saßen biertrinkende Hooligan-Atzen, bei denen der ein oder andere Zahn im Gebiss fehlte.

Die Aachener Jungs hatten auf einer großen Wiese ein Festzelt mit ein paar Bierbänken aufgebaut. Im hinteren Teil des Zeltes diente eine erhöhte Stelle als Rednerpult. Rieger hatte den ersten Aufschlag. Die Reihen waren gut gefüllt. Es waren vielleicht hundert Mann vor Ort. Als Rieger im Anzug vor das Mikrofon trat, herrschte gespannte Stimmung. Man war neugierig, was der NPD-Mann zu sagen hätte. Es war kein Geheimnis, dass er den bürgerlichen Kurs von Holger Apfel verabscheute und die Partei am liebsten noch radikaler aufgestellt hätte. Doch statt eine Brandrede zu halten, breitete er seine komplexe Staatstheorie aus. »Wir müssen eine germanische Demokratie schaffen, die basierend auf dem historischen Thing ihre Veredlung erfährt«, begann er seine Rede – und hatte schon verloren. Die Jungs im Zelt schauten sich ratlos an. Ihre Gesichter verrieten, dass sie wirklich überhaupt keine Ahnung hatten, wovon er sprach. Thing? Demokratie veredeln? Hä?

Rieger begriff nicht, wer da vor ihm saß. Das waren keine Akademiker, sondern Straßenaktivisten, Hooligans, Gewalttäter, deren Tageshighlight darin bestand, sich mit Linksextremisten zu prügeln. Je länger er sprach, desto leerer wurde das Zelt. Und Riegers Rede dauerte verdammt lange. Er fand einfach kein Ende. Von rund 100 Leuten saßen am Ende vielleicht noch zwanzig wackere Kameraden auf den Bierbänken. Die Hälfte von ihnen war wahrscheinlich nur zu besoffen und weggedöst, um zu flüchten.

Nachdem Rieger seine Rede beendet hatte, erntete er nur einen mickrigen Applaus. Er schaute sich im Zelt um und wurde rot. Er schien jetzt erst zu realisieren, wie schlecht er angekommen war. Während seines Wortschwalls war er wohl zu berauscht von sich selbst gewesen. Als Nächstes war ich dran.

Ich hatte kein Problem mit Rieger, konnte es aber nicht lassen, meine Rede mit einem kleinen Seitenhieb zu beginnen. »Auch wenn wir einen Scheißhaufen veredeln, bleibt es ein Scheißhaufen, der bis zum Himmel stinkt«, wetterte ich. »Und genauso ist es mit der Demokratie. Wir sind hier, weil wir gegen die Demokraten sind! Wir sind hier, weil wir ein neues System haben wollen!« Sofort brandete der Applaus auf. Innerhalb von wenigen Sekunden füllte sich das Zelt wieder. »Leute!«, brüllten die Aachener Jungs. »Kommt schnell, der Reitz redet!«

Ich hatte den richtigen Ton getroffen: schmissig, leicht verständlich und radikal. Also genau das, was die Leute hören wollten. Der Saal tobte. Nur Jürgen Rieger saß bedröppelt am Rande und ärgerte sich, weil ich ihm die Show stahl.

Immer mal wieder bemühten sich Leute aus bestimmten Kreisen, mich als Redner abzusägen, aber sie schafften es selten. Es gab einfach zu wenige charismatische Redner, die fähig waren, spontane Ansprachen zu halten. Das sagte weniger über mich und meine Fähigkeiten aus als über die Szene, in der ich mich bewegte. Dieselbe Kameradschaft aus Aachen, denen ich das Zelt nach dem verpatzten Rieger-Auftritt wieder vollgemacht hatte, versuchte mich im nächsten Jahr, von der Bühne zu verbannen. Das geschah nicht einmal aus Bösartigkeit. Sie merkten nur, dass ich mittlerweile alle ihre Veranstaltungen dominierte. Sie wollten ihre eigenen Leute mehr in den Fokus stellen.

Auf einer Feierlichkeit anlässlich des Geburtstags von Adolf Hitler kam der Kopf der Kameradschaft, Rene Laube auf mich zu und nahm mich vor Beginn der offiziellen Veranstaltung beiseite. »Axel«, sagte er. »Du brauchst heute doch nicht zu reden ...« Es war ihm ein wenig unangenehm. Schließlich war ich als Redner angekündigt gewesen. Und jetzt ein Rückzieher? »Sei bitte nicht böse, aber wir würden auch gerne unsere eigenen Jungs ein bisschen in den Vordergrund stellen«, sagte er und schaute auf den Boden. »Schon okay«, sagte ich und klopfte ihm auf die Schulter. Ich wusste, dass Laube ein Guter war. Er versuchte nur, seine Leute ins Rampenlicht zu holen. Ich setzte mich in die erste Reihe und genoss es einfach mal, nicht im Vordergrund zu stehen. Das hatte ja auch mal was.

Ich sah, wie der erste Redner auf die Bühne kam. Tim Malcoci, der Sohn von Christian Malcoci. Er klammerte sich zitternd an sein Blatt Papier und las die Worte mehr schlecht als recht ab. Im Publikum war es totenstill. Keine seiner Pointen zündete. Der Bursche tat mir leid. Je schleppender die Rede voranging, desto nervöser wurde er. Er stockte, kam nicht zurecht. Irgendwann kapitulierte er einfach, brach die Rede ab, senkte den Kopf und lief raus. Das sind sie also, dachte ich, die neuen Kämpfer für Deutschland.

Auch Redner Nummer zwei machte es nicht viel besser. Er ratterte seine Rede so schnell herunter, dass er schon nach ein paar Minuten fertig war. Plötzlich stand Laube hinter mir.

»Hey Axel, sag mal ... könntest du nicht vielleicht doch ...?«

»Na klar, Rene.«

Ich ging auf die Bühne und heizte dem Publikum ordentlich ein, nach meiner Rede sonnte ich mich im Applaus. Natürlich gefiel mir das. Eine der Haupttriebfedern für viele, die sich in der rechten Szene exponieren, ist Narzissmus. Das war bei mir nicht anders, auch wenn ich mir das nicht eingestehen wollte. In diesem Umfeld ist es einfach, ohne viel zu können bekannt zu werden. Es reicht schon, ein bisschen besser als alle anderen zu sein, was nicht schwer ist. Oder man rüttelt an einem Tabu und beweist eine große Fresse, schon wird darüber gesprochen. Und es wird immer Leute geben, die eine solche Selbstdarstellung gut finden.

Provokation ist in radikalen Szenen ein oft genutztes Instrument. Frei nach dem Motto: Negative Werbung ist gute Werbung. Doch man sollte die Leute nicht wichtiger machen als sie sind. Es mag bei der deutschen Historie schwerfallen, nicht auf solche Provokationen zu reagieren, aber man sollte auch im Blick haben, dass es sich meist um einen Haufen schreiender Versprengter handelt, die nach Aufmerksamkeit gieren. Sie sind keine Gefahr für eine stabile Demokratie. Wichtiger ist es: Eigene Werte zu vermitteln, und die Leute als die armen Figuren dastehen zu lassen, die sie auch sind.

* * *

Im Januar hatte ich Geburtstag. Ein paar Leute aus meiner Kameradschaft hatten eine kleine Feier für mich organisiert. Das Feiern war in den letzten Wochen viel zu kurz gekommen.

»Und den kennst du nicht?«, fragte mich Helle. Ich schüttelte den Kopf. Wir standen mitten auf dem Zülpicher Platz in Köln. »Das ist ein absoluter Kultladen« sagte er und betrat die Kneipe. Als er die Tür öffnete, schallte uns laute Schlagermusik entgegen. »Willkommen in der Flotte«, freute sich ein Kamerad, der die Musikkneipe ebenfalls schon länger zu kennen schien. Der Laden war gut gefüllt, die Musik laut und deutsch, und in einer der Ecken stand sogar ein Kickertisch. Unsere kleine Gruppe setzte sich an den holzvertäfelten Tresen und bestellte eine Runde Kölsch. »Alles Gute zum Geburtstag«, sagten die Jungs und hoben ihre Gläser auf mich. Ich lächelte. Es war ein gutes Gefühl, wieder unter Kameraden zu sein. Mittlerweile hatte mich mein altes Leben wieder eingefangen. Ich dachte daran, wie ich in den ersten Tagen im Knast wirklich gemeint hatte, mein Leben ändern zu können. Eine

Ausbildung machen, draußen vielleicht einen Job finden. Das alles fühlte sich so weit weg an, dass ich mir gar nicht mehr vorstellen konnte, überhaupt darüber nachgedacht zu haben. Wir tranken ein paar Bier und stellten uns dann an den Tischkicker und spielten eine Runde, als mich jemand anrief.

»Reitz, hallo?«

»Axel«, hörte ich eine mir bekannte Stimme. »Alles Gute zum Geburtstag, Kamerad! Was machst du, wo bist du?« Das war Sascha. Einer der Kameraden aus Siegen. Die Siegener Jungs, mit denen ich seit meiner Haftentlassung eng kooperierte, waren gute Leute. Sie gehörten mittlerweile zu meinen engsten Weggefährten. Dorf-Skinheads. Aber ich kam gut mit ihnen klar. »Danke, mein Freund!«, quittierte ich seine Glückwünsche. »Wir sind hier in einer Bar im schönen Köln und begießen den Abend.« »Anständig!«, sagte er. »Bleibt ihr noch länger? Dann kommen wir mit ein paar Jungs einfach mal vorbei.« Ich schaute auf die Uhr. Der Abend war noch jung. »Na klar«, freute ich mich und gab ihm die Adresse durch. »Aber Sascha, wenn ihr rumkommt, denkt daran, wir sind hier nicht auf dem Dorf.«

»Weiß ich doch.«

Ich hatte ein schlechtes Gewissen, dass ich es ihm so deutlich sagen musste. Aber ich wusste nun mal, dass die Jungs in Siegen in schlimmster Neonazi-Skinhead-Montur aufmarschierten. Das konnten sie auf dem Land vielleicht machen und in der Gruppe damit durchkommen. In einer Großstadt verursachten sie auf diese Weise aber eine Menge Ärger. Mein Hinweis sollte ihnen einfach nur verdeutlichen, sich ein wenig dezenter anzuziehen.

»Wir verstehen schon, bis gleich, mein Bester.«

Eine gute Stunde später öffneten sich die Türen, und eine Gruppe von Neonazis marschierte ein. Ich runzelte die Stirn. Vielleicht hatte ich mich doch nicht klar genug ausgedrückt, dachte ich. Die Jungs sahen wirklich aus wie Neonaziabziehbilder. Sie trugen Bomberjacken, Springerstiefel, Glatzen und Schwarz-Weiß-Rote Pins. Das volle Programm. Ich fühlte mich ein wenig in die 1980er-Jahre versetzt. »Heil dir, Kamerad Reitz!«, brüllten sie durch die gesamte Bar, und ich wäre vor Fremdscham am liebsten im Boden versunken. Alle Blicke richteten sich nun auf uns. Ich lächelte gequält und begrüßte die Siegener Jungs.

Es dauerte nicht lange, bis das Unvermeidbare passierte. Die Türsteher kamen zu uns an den Tisch. Sie waren linke Hooligans und witterten die große Chance, einen langweiligen Abend ein bisschen interessanter zu machen.

»Faschos sind hier unerwünscht! In fünf Minuten vor der Tür. Da klären wir das«, lautete ihre Ansage. »Ach scheiße«, dachte ich. »Das wird böse ausgehen.« Zumal die Siegener Jungs schon ziemlich vollgetankt waren. Sie hatten keine Chance. »Okay«, sagte ich. »Wir machen das so ...« Ich überlegte kurz. »Der Helle und ich wir gehen raus und klären das. Und einer von euch holt das Auto und macht sich bereit schnell abzuhauen.«

»Wir können die auch kaputt kloppen«, bot mir einer der Siegener Glatzen an und hatte dabei Mühe, sich auf beiden Beinen aufrecht zu halten. »Ich glaube nicht«, sagte ich. Dann gingen Helle und ich vor die Tür und redeten den Hooligans gut zu. Glücklicherweise erkannten sie uns nicht als Rechte. Wir sahen immerhin halbwegs normal aus. »Jungs«, sagte ich. »Das ist doch blöd, wir feiern hier einen Geburtstag, das ist Mist, wenn jetzt meine Gäste kaputt geschlagen werden.« »Das sind deine Gäste?«, fragten sie mich mit hochgezogenen Augenbrauen. »Entfernte Bekannte«, beschwichtigte ich.

»Warum bringst du denn Rechte in unsere Bar.«

»Wir sind keine Rechten«, sagte ich wahrheitsgetreu. Ich definierte mich ja als nationalen Sozialisten. In meinem Weltbild waren die Rechten eher die Reaktionären und nicht die Revolutionäre, aber das zu erklären hätte den Horizont meines Gegenübers jetzt wohl ein wenig überfordert.

»Aber die sehen aus wie Rechte.«

»Ach, die kommen vom Dorf, da ist das noch anders mit der Mode.«

Es gelang mir schließlich, die Kuh vom Eis zu holen. Die Türsteher ließen sich beruhigen. Und wir verbrachten den Rest des Abends in einem Stripclub. Dort kam es erfahrungsgemäß nie zu politischen Auseinandersetzungen.

* * *

Nachdem ich in den 00er-Jahren ein eher ambivalentes Verhältnis zur NPD unterhalten hatten, wollte ich im anbrechenden neuen Jahrzehnt meine Strategie verändern. Uns war klar: Hundertprozentig kamen wir nicht ohne die Partei aus. Die Kameradschaftsszene war mittlerweile völlig zerstritten. Und die Autonomen Nationalisten sahen in mir eine Bedrohung für ihre neue Vormachtstellung. Sie hatten sich durchgesetzt, ihre zur Schau gestellte Diversität wurde von allen akzeptiert. Sie hatten die Szene verändert, weil sie eine neue Lockerheit durchgesetzt hatten. Nach und nach wurden die neuen Protagonisten der Autonomen Nationalisten zum Teil der alten Strukturen. Viele ehemalige Kader hatten mittlerweile die Seiten gewechselt. Sebastian Schmidtke, der einst vehement gegen die NPD gewettert hatte, wurde Parteimitglied, ließ in Ämter wählen und fungierte als ein Bindeglied, als jemand der versuchte alle Strömungen in Einklang zu bringen. Er war ein Wanderer zwischen den Welten.

In dieser Zeit hatte ich viel mit Ingo Haller zu tun. Er lag voll auf meiner Linie. Er hatte sich schon früh seine Machtbasis innerhalb der NPD aufgebaut. So war er Kreisvorsitzender in Düren und einer der Landesorganisationsleiter in NRW. Ingo hatte sich für die Partei wirklich ins Zeug gelegt. Er war ein Arbeitstier, und das imponierte mir. Bei seinem anstrengenden Job ackerte er 14, vielleicht sogar 15 Stunden am Tag. Und trotzdem stand er morgens früh auf, um vor der Arbeit zwei Stunden Parteikorrespondenz zu erledigen.

Eines Abends rief er mich an. Wir hatten da schon lange zusammen bei den Stolberg-Demos zusammengearbeitet. »Axel«, sagte er. »Wenn wir die Partei wirklich umstülpen wollen, dann müssen wir da unsere gesamte Kraft reinstecken.« Ich wusste gleich, was er meinte. Haller war ein emsiger Arbeiter, der sich gut vernetzt hatte, und sein Ziel war auch klar. Er wollte Landesvorsitzender der NPD in NRW werden. Der Gedanke daran, jemanden auf diesem Posten zu haben, mit dem ich mich nicht nur gut verstand, sondern der auch auf unserer Linie war, gefiel mir außerordentlich gut. Ingo wusste, er brauchte jemanden wie mich, um sein Ziel zu erreichen. Auch wenn er ein Arbeitstier war, konnte er nicht gut Texte verfassen. Haller war ein schlechter Schreiber, das war sein größtes Manko. Damit fiel er aus, wenn es um Artikel, Rundbriefe sowie die parlamentarische Arbeit ging, was notwendig war, um sich an führender Stelle zu behaupten. All diese Punkte sind jedoch essenziell, um einen Landesverband zu führen. Ich bot ihm also meine Hilfe an. Das war nicht ganz uneigennützig, denn wenn ich seine Texte formulierte, dachte ich mir, dann beeinflusste ich auch die Inhalte.

Ich sagte zu, unter einer Bedingung. Mir war es immer wichtig, mich nicht von der NPD kaufen zu lassen. So wie es Thomas Wulff passiert war, der sich von der NPD hatte vor den Karren spannen lassen.

»Ingo, es muss ganz klar sein, dass unsere Positionen nicht verhandelbar sind.« »Das sind sie nicht«, gab er mir sein Wort. Haller erklärte mir, er wolle die NPD von innen heraus übernehmen, ohne einen Kompromiss in Sachen Radikalität zu schließen. Mir gefiel das. Also bündelten wir die vorhandenen uns wohlgesonnenen Kräfte, die wir an die Spitze des Landesverbands setzen wollten. So wie Manfred Breidbach von der NPD Mettmann, Stefan Flug von der NPD Siegen und Rene Laube von der NPD Düren. Wir wollten die NPD von innen übernehmen – und in den anstehenden Wahlkämpfen auf unsere fundamentaloppositionelle Linie bringen.

Parteiinterne Richtungskämpfe erleben wir in radikalen Parteien immer wieder. Derzeit in der AfD. Die Bürgerlichen stehen einer Fundamentalopposition gegenüber. Der Kampf, den wir in der NPD geführt haben, wiederholt sich nun auch in der AfD.

* * *

»Und?«, fragte mich Ingo Haller. »Was denkst du?« Ich stemmte meine Hände in die Hüften und betrachtete das riesige Ding, das da mitten auf der Straße vor mir stand.

»Und du meinst wirklich ...?«

Ingo grinste und nickte. »Absolut«, sagte er. Ich ging auf das alte, ausrangierte Wohnmobil zu, das die NPD umgebaut und wieder auf Vordermann gebracht hatte, und betrachtete es von allen Seiten. Auf dem Dach waren sogar ein paar Boxen angebracht. »Darf ich vorstellen«, sagte er. »Das NPD-Mobil.« Das NPD-Mobil, alles klar, darauf hatte das Rheinland sicher gewartet. »Komm schon«, sagte Ingo. »Ich zeige es dir.« Wir öffneten die Tür und stiegen ein. Drinnen sah alles unspektakulär und unkomfortabel aus, aber es war eine kleine Anlage eingebaut. Ingo drückte mir eine CD in die Hand. »Das ist die NPD-Wahlkampf-CD.« »Wow, damit läuft der Wahlkampf ja ganz wie von alleine«, dachte ich ein wenig zynisch. »Weißt du, Axel«, freute sich Ingo, »damit läuft der Wahlkampf ganz wie von alleine.« Wir befanden uns mitten im Bundestagswahlkampf 2009. Und sowohl Ingo als auch ich kandidierten für die NPD. Immerhin hatte das NPD-Mobil etwas Gutes. Zum einen fiel es auf und würde alleine durch seine Präsenz ein paar Schlagzeilen bringen. Zum anderen war man im Wagen sicher, wenn die Antifa mal wieder Jagd auf uns machte. Und ein solcher Angriff war nur eine Frage der Zeit. In einem Internetforum wurde bereits darauf aufmerksam gemacht, dass ein »Nazibus« durch die Städte führe. Sollte man ihn sichten, stand da, solle man schnellstmöglich mittels Telefonkette die Genossen mobilisieren. Was diese Genossen dann mit dem Bus anstellen würden – ich wollte gar nicht groß darüber nachdenken.

Für die NPD einen Wahlkampf zu bestreiten, ist eine Herausforderung. Für die NPD einen Wahlkampf im Rheinland zu bestreiten, ist ein Himmelfahrtskommando. Diese Region ist kein gutes Pflaster für Rechte, nicht zuletzt, weil dort alles multikulturell und kosmopolitisch gewachsen ist. Die einzigen Rechten, die dort nicht komplett untergegangen waren, waren die Pro-Leute, also Gruppierungen wie Pro-Köln, die früh verstanden hatten, dass man bürgerlich auftreten und sich – zumindest vordergründig – von dem Rattenschwanz des Extremismus distanzieren musste. Und wir waren dieser Rattenschwanz, woraus wir keinen Hehl machten. Wir modifizierten gar nichts, sondern stellten uns auf die Straße und forderten: »Nationaler Sozialismus jetzt!« Leise Zwischentöne? Kein bisschen.

Man könnte einwenden, wir hätten uns strategisch schlecht aufgestellt. Aber das stimmt nicht, denn uns war klar, dass wir keinerlei Chance hatten, bei der Wahl auch nur ansatzweise in die Nähe der 5-Prozent-Hürde zu kommen. Wir wussten jedoch, dass wir den Wahlkampf als ein Vehikel nutzen konnten, um unsere Inhalte zu verbreiten und in der Bevölkerung mit ein paar platten Parolen nach Anhängern zu fischen. Wahlkampfstände waren ein viel dankbareres Mittel als Demonstrationen. Letztere mussten wir anmelden, da gab es im Vorfeld schon Probleme. Wahlkampfstände hingegen konnten wir bürokratisch leichter genehmigen lassen. Bei Demonstrationen schirmte uns immer die Polizei ab. An Wahlkampfständen kamen wir mit den Bürgern ins Gespräch. Und das NPD-Mobil bot noch einmal eine neue Möglichkeit, für Aufmerksamkeit zu sorgen.

»Wollen wir eine Runde drehen?«, fragte mich Ingo. Ich zuckte mit den Schultern. Na ja, warum eigentlich nicht? Wir riefen noch zwei Kameraden dazu, und dann drehten wir eine Runde. Ich schaute aus dem Fenster. Die Leute beachteten das Mobil nicht. »Hm«, dachte ich. »Das muss doch besser gehen.« »Vielleicht probieren wir es einmal mit der CD?«, fragte Haller. Wir steckten das Ding in die Anlage und drehten den Sound voll auf. Es ertönte die tiefe Stimme von Jörg Hähnel, einem rechtsextremen Klampfenbarden, der zu diesem Zeitpunkt Bundesorganisationsleiter der NPD war.

»Deeeeeeutscheeeeee ...!«, rief er auf der Aufnahme und zog sämtliche Worte lang wie einen Kaugummi. »Wäääääählt die N-P-D!« Kurze Pause. »Geeeeeegen die Überfreeeeemdung ...!« Ich fragte mich, ob der CD-Spieler vielleicht eine Macke hatte, aber nein, Hähnel hatte das wirklich so eingesprochen. Mir wurde heiß und kalt. Ich wusste nicht, wann ich mich das letzte Mal so fremdgeschämt hatte. Ich schaute in die Gesichter der Kameraden. Auch sie zuckten nur mit den Schultern, als Hähnel auch noch anfing eines seiner Lieder zum Besten zu geben. Ein Nazisänger, den selbst die Nazis scheiße fanden. Das musste man erst einmal schaffen. Ich konnte mir beim besten Willen nicht vorstellen, wen so etwas ernsthaft ansprechen sollte. Nicht einmal in der tiefsten Provinz im Osten würde das irgendwie ankommen. Und erst recht nicht hier, in Düren bei Köln.

Plötzlich hörte ich einen kurzen, dumpfen Schlag. Was war das? Schon wieder. Ich schaute aus dem Fenster. Vor uns stand eine Gruppe älterer arabischer Männer, die sich die Schuhe auszogen und sie gegen unser NPD-Mobil schleuderten. Bei der Musik konnte ich diese Männer sogar irgendwie verstehen. »Haben wir noch irgendwas anderes da?«, fragte ich Ingo. Er zog ein paar seiner eigenen CDs hervor. Ich ging sie kurz durch. »Na«, dachte ich. »Das wäre doch etwas.« Ich schmiss die NPD-Wahlkampfplatte raus und ließ *Sweet Caroline* über die Boxen laufen. Sofort sahen wir, wie sich die Reaktion auf der Straße veränderte.

Als wir durch die Stadt fuhren, dachten die Leuten sicher zuerst wir wären mit einem Ballermann-Partybus unterwegs. Dann sahen sie das NPD-Logo und schienen komplett verwirrt zu sein. Ingo lachte, ihm gefiel diese Nummer. »Ingo«, sagte ich. »Haben wir hier ein Mikrofon?« »Na klar«, nickte er und schloss das Gerät an die Anlage an. »Was hast du vor?« »Wenn schon Partybus, dann auch richtig«, zwinkerte ich ihm zu und begann, aus dem Stand heraus zu der über die Boxen schallenden Schlagermusik zu improvisieren.

»Leute!«, rief ich in das Mikrofon. »Wollt ihr wirklich, dass alles teurer wird? Nein? Dann wählt die lustigen Braunen. Denn Braune haben die bessere Laune. Ihr braucht nicht einmal in die Sonnenstudios zu gehen, ihr braucht einfach nur Parteimitglied werden.« Ich klang wie so ein Verkäufer vom Hamburger Fischmarkt. Ingo lachte sich beinahe kaputt. Ob wir damit wirklich irgendwen überzeugen konnten uns zu wählen? Wahrscheinlich nicht. Aber bei dem ein oder anderen dürften wir das Bild, das sie sich von einem klassischen Neonazi gemacht hatten, zumindest ein wenig aufgebrochen haben.

* * *

Eine Woche später saßen wir bei Ingo zu Hause und hatten hochrangigen Besuch, Michael Schäfer. Er war gerade zum Bundesvorsitzenden der Jungen Nationaldemokraten gewählt worden und wollte bei uns im Wahlkampf Gesicht zeigen. Er war eine merkwürdige Figur: ein Yuppie-Nazi, der händeringend nach Aufmerksamkeit suchte. Ich hatte mit ihm schon häufiger zusammengearbeitet. Er erschien immer mal wieder auf Veranstaltungen verschiedener Demos in NRW. »Wenn du mich reden lässt«, sagte er damals, »dann bringe ich auch ein paar meiner Jungs von der JN mit.«. Das war immer so ein klassischer Deal: Redezeit gegen Manpower. Allerdings war Schäfer ein Schwätzer. Er brachte niemanden mit. Wenn es hochkam, begleiteten ihn vielleicht mal vier oder fünf Leute. Die Jungen Nationaldemokraten waren zu dem Zeitpunkt, zu dem er sie übernommen hatte, schon ein Trümmerhaufen, ein Witz von einer Parteijugend. Aber auch, wenn er niemanden im Westen mobilisieren konnte – die Redezeit nahm er trotzdem gerne mit. Das war in etwa sein Konzept. Schäfer war eine One-Man-Show, die sich gerne größer machte, als sie war. Und er war ein Fähnchen im Wind. Wenn er bei uns auftrat, sprach er von Umschwung und

Revolution. Ansonsten war er aber voll auf Apfel-Linie und kroch dem NPD-Funktionär so tief es nur ging in den Hintern.

»Herrgott, Ingo«, hörte ich ihn aus dem Garten brüllen. »Nimm doch mal deine Hunde hier weg, die springen mich an und versauen mir meine Hose!« Ingo und ich schauten uns an und verdrehten die Augen. Schäfer war wirklich eine eigene Nummer. Und seitdem er seinen bezahlten Posten in Sachsen innehatte, war es noch einmal schlimmer geworden. Er spielte den Intellektuellen, der er nicht war, spreizte beim Teetrinken einen Finger ab und glaubte, er würde irgendwen beeindrucken. Ingo verachtete ihn. Kein Wunder. Ingo war ein Mann aus dem Volk, hemdsärmelig, direkt, ein Arbeiter. Er liebte es, im Garten zu werkeln und Zeit mit seinen Hunden zu verbringen. Er war das genaue Gegenstück zu Schäfer. Die beiden konnten nichts miteinander anfangen.

»Ey Axel, du kannst dir gar nicht vorstellen, wie verdammt geil das ist mit der Partei. Alles geht aufwärts. Wir haben sogar eine eigene Imageberatung. Die leuchten mich richtig aus für jedes einzelne Foto, das wir machen.«

Nachdem wir vorher in einigen eher ländlichen Gebieten unterwegs waren, beschlossen Ingo und ich, dem Parteibonzen einen kleinen Streich zu spielen. Wir setzten uns mit ihm in das NPD-Mobil und fuhren nach Köln. »Echt super, dass du dabei bist, Michael«, sagte ich. »Jetzt wirst du mal echten Kölner Straßenwahlkampf erleben.« »Was ist denn echter Kölner Straßenwahlkampf?«, fragte er lachend. »Nun, da zeigt sich, wie gut deine Reflexe sind. Weißt du noch, letzte Woche in Bonn, Ingo?« »Oh ja«, stimmte Ingo ein. »Wir wurden die ganze Zeit mit Flaschen beworfen. Wenn man sich nicht schnell genug wegduckt, kann das ganz schön ins Auge gehen. Wortwörtlich.« »Wortwörtlich!«, bekräftigte ich. »Erinnerst du dich an den Kameraden Dino? Der hat wirklich eine Scherbe ins Auge bekommen und kann jetzt nur noch auf dem rechten sehen. Na ja. So sieht für ihn die Welt zumindest ein bisschen besser aus.«

Schäfer rückte nervös auf seinem Sitz herum.

»Er ... hat sein Augenlicht verloren?«

»Nur eins«, wischte ich beiläufig weg. »Aber hey, Michael, alles für die Partei nicht wahr?« Ihm liefen langsam die Schweißperlen von der Stirn.

»Ja, na klar, na klar ... und das war in Bonn, ja? Und wo fahren wir jetzt hin?«

»Nach Köln-Kalk. Migrantenhochburg. Da geht es richtig zur Sache. Du musst dir von diesem Ausländerabschaum unbedingt selbst ein Bild machen!«, sagte ich. Schäfer wippte vor sich hin. Er war kreidebleich. Unglaublich, dass der Schisser uns unsere Räuberpistolen abkaufte. »Hier weht noch ein anderer Wind als bei euch in Sachsen«, sagte Ingo.

»Ich merke schon, ich merke schon ...«

Ich lehnte mich zurück und beobachtete, wie Schäfer langsam durchdrehte. Irgendwann hielt er es nicht mehr aus. »Männer«, sagte er und zog sein Handy raus. »Ich habe gerade einen wichtigen Termin bekommen, ich muss leider abreisen. Scheiße. Echt. Ich wäre gerne mit euch durch Köln gefahren, aber ihr wisst ja, die Partei geht vor und so.«

»Ach, wie schade, Michael.«

Er bestand darauf, dass wir ihn am nächsten Bahnhof absetzten. Danach sahen wir ihn nie wieder in Köln. Da war der revolutionäre Kämpfer plötzlich gar nicht mehr so revolutionär. »Ach ja«, freute sich Ingo. »Die Musterdemokraten aus Sachsen.«

* * *

Bei der Wahl holte ich als Direktkandidat 1,5 Prozent der Stimmen. Das war beachtlich für uns, denn die NPD lag sonst bei 0,5 bis 1 Prozent. Ich schaffte es zu punkten, weil ich in der Gegend bekannt war. Für mich war das natürlich ein gefundenes Fressen. Fortan konnte ich immer argumentieren, es wirke sich nicht negativ aus, wenn radikale Kräfte bei der NPD auftraten. Denn man wurde ganz im Gegenteil erst recht gewählt, sogar viel eher als die angepassten Kräfte.

Mit einigen starken Ergebnissen im Rücken – Ingo hatte in Düren auch gute Ergebnisse eingefahren – wollten wir unseren Plan durchziehen und die NRW-NPD von innen übernehmen. Darum stellte ich einen Mitgliedsantrag. Ich war zwar zu Beginn meiner rechtsextremen Karriere schon einmal Mitglied in der NPD, bin dann aber wieder ausgetreten. Doch mein Antrag gefiel dem Landesvorsitzenden Claus Cremer gar nicht. Merkwürdig. Denn eigentlich hatte ich mich mit Cremer immer gut verstanden. Er war in der NRW-NPD lange Jahre für die freien Strukturen verantwortlich gewesen, also pflegten wir einen guten Austausch. Ich lud ihn als Redner auf unsere Demonstrationen ein, er lud mich als Redner auf seine Demonstrationen ein. Wir kamen gut miteinander klar. Aber Cremer war nicht blöd, sondern hatte schnell erkannt, dass ich mit Ingo Haller unter einer Decke steckte. Und er befürchtete zu Recht, dass wir planten, ihm seine Machtbasis streitig zu machen. Cremer verfügte über ein feines Gespür für Machtverhältnisse. Er richtete alles, was im Landesverband passierte, auf sich aus. Die NRW-NPD wurde unter seiner Führung zu einer One-Man-Show. Und um diese Position nicht zu gefährden, wetterte er gegen mich, ich sei viel zu radikal und man könne mich unmöglich in die Partei aufnehmen. Dabei war ihm meine Radikalität viele Jahre völlig egal. Und sein handverlesener Vorstand machte natürlich auch Stimmung gegen mich. Sein Vorstandskollege Thorsten Crämer etwa packte die Schwulenkeule aus und verunglimpfte mich als »Hitlerjunge Popo«. Außerdem beschimpfte er mich als eine »Gossengestalt«, was insofern absurd war, da er sich selber mit zahnlosen Gossengestalten umgab. Der Saubermann saß vor ein paar Jahren im Gefängnis, weil er mit einer Horde Skinheads eine KZ-Gedenkfeier überfiel. Und auch eine alte Bekannte war wieder aufgetaucht: Melly, die UFOlogin, die ich noch aus der Kölner NPD kannte, nutzte die Gelegenheit, um gegen mich Stimmung zu machen. Und es gelang ihnen. Wir verloren den Machtkampf. Ingo Haller und Rene Laube wurden aus der Partei ausgeschlossen. Angeblich wegen parteischädigenden Verhaltens. Und auch ich wurde nicht mehr als Mitglied akzeptiert.

* * *

Aber nicht nur in NRW, in der gesamten NPD gab es immer weniger Zustimmung für Leute wie mich. Denn in der gesamten Partei tobte ein Machtkampf, den wir in NRW schon im Kleinen erlebt hatten. Dabei ging es nicht nur darum, wer die Partei künftig führte, sondern auch, wie sie ausgerichtet werden sollte. Udo Voigt hatte die NPD mit seinem Drei-Säulen-Konzept wiederbelebt und ihr einen neuen Schwung gegeben. Aber dass er sie für die radikalen und extremen Ränder geöffnet hatte, hatten viele Mitglieder ihm übel genommen. Und wir als selbsternannte Radikale waren sauer auf ihn, weil er uns nicht wirklich integrierte, sondern nur benutzte, um viele Menschen auf die Straße zu kriegen.

Und dann kam jemand, der es wirklich schaffte, ihm seinen Rang streitig zu machen: Holger Apfel. Er hatte die NPD in den sächsischen Landtag geführt und war der neue starke Mann in der Partei. Und er hatte ein neues Konzept entwickelt. Apfel sprach nun von der »seriösen Radikalität«. Ihm war es ein Graus, dass die Partei sich von Extremisten wie mir ein Antibürgerliches Image verpassen ließ und sie somit zur Zielscheibe für die Medien und die Justiz machten. Er strebte an, die NPD in eine nationale Partei zu verwandeln, die auch im Bürgertum anschlussfähig war. Er sah, dass die CDU immer weiter nach links rückte und am rechten Rand eine Lücke entstand, die er mit der NPD besetzen wollte. Aber das ging nur, wenn man sich im Ton mäßigte und die Schreihälse zum Schweigen brachte, die Voigt zuvor in die NPD geholt hatte.

Unter diesen neuen Vorzeichen war uns Udo Voigt wieder sympathischer. Für ihn waren wir vielleicht nur ein Werkzeug, aber immerhin betrachtete er uns radikale Kräfte nicht als Todfeinde. Es kam zu einer Annährung. Das Manöver war durchschaubar. Nicht umsonst nannte man Voigt auch den alten Pattex-Udo. Er klebte fest auf seinem Posten als Parteichef und hätte alles gemacht, um ihn möglichst lange zu behalten. Mir blieb also nichts anderes übrig, als mich an Voigt zu halten. Es bildete sich in der Partei ein »Freundeskreis Udo Voigt«, doch die innerparteilichen Fronten waren fließend. Udo Pastörs, der dritte starke Mann in der Partei, der den Nordverband der NPD anführte und es mit fulminanten Wahlergebnissen in den Landtag von Mecklenburg-Vorpommern schaffte, war manchmal pro, dann aber wieder contra Apfel eingestellt. Je nachdem, wo er gerade seine eigenen Vorteile sah. Offensichtlich hegte er auch Ambitionen. Die Jungen Nationaldemokraten stellten sich hinter Apfel, obwohl sie extrem völkisch eingestellt waren. Das machte Apfels Anspruch einer seriösen Radikalität für mich umso unglaubwürdiger.

Doch der Machtkampf dauerte nicht allzu lange.

Am 13. November 2011 wurde Holger Apfel zum neuen Parteivorsitzenden gewählt.

* * *

In dieser Zeit hielt Apfel eine vielbeachtete Rede, in der er sein Konzept der seriösen Radikalität nicht nur bekräftigte, sondern eine klare rote Linie zog. Und diese rote Linie, die war ich. »Leute wie Arnulf Priem und Axel Reitz, die haben bei uns nichts verloren!«, wetterte er unter dem Beifall vieler Abgeordneter, denen ich immer schon zu radikal gewesen war. »Diese Leute müssen weg!« Dass er mich in einem Atemzug mit Arnulf Priem nannte, empfand ich als eine Beleidigung. Priem war in der Neonaziszene der 1990er-Jahre eine schillernde Figur gewesen. Er inszenierte sich mit langen Haaren und Lederwesten als Nazirocker, der mit seinen Totenkopfringen und seinen zur Schau gestellten Tätowierungen als Kuriosität durch die Medien gereicht wurde. Aber Priem war schon immer eine One-Man-Show. Und er hatte seit bestimmt 15 Jahren überhaupt keine Bedeutung mehr in der Szene. Er war einfach nur ein Nazi-Clown, der sich nicht einmal erblödete SS-Runen auf seiner Unterhose zu zeigen. Ich hingegen war bestens vernetzt, spürte jedoch, wie die Luft um mich herum dünner und dünner wurde. Wie unsere Einflussmöglichkeiten auf die NPD schwanden.

Ich verachtete Apfel damals. Für mich war er das Sinnbild des fetten Parteifunktionärs, der sich auf Kosten der ehrlichen und mutigen Aktivisten von der Straße die Taschen vollmachte. Je mehr er in der Partei aufstieg, desto teurer wurden seine Anzüge. Ich empfand ihn als jemanden, der unsere Werte verkaufte, nur um noch weitere Posten zu ergattern und sich an den Futtertrögen des Staates vollfressen zu können. Seriöse Radikalität? Das war für mich nur Hohn und Spott.

Doch ich tat Apfel Unrecht. Er war von seinem neuen Kurs aus tiefstem Herzen überzeugt. Auch wenn er selber immer wieder den Schulterschluss mit radikaleren Kräften suchte, um seine politische Machtbasis zu sichern, war er fest davon überzeugt, dass die NPD eine bürgerliche Partei sein sollte.

* * *

In dieser Zeit saß ich mit einem höheren Parteifunktionär zusammen, der mich fragte, warum ich so sehr gegen Apfel eingestellt war. Ich nahm einen Schluck von meinem Bier und lachte höhnisch auf: »Warum? Na, weil er nichts weiter als ein Parteibonze ist.« Der Kamerad schüttelte den Kopf und bestellte uns noch ein Bier.

»Axel, du bist ein Sturkopf. Andere sind da klüger als du.«

Andere, ich wusste, wen er meinte. Alte Kameradschaftsführer, die jahrelang gegen die NPD gehetzt hatten, sich dann kaufen ließen und nun die eigene Radikalität in einen Koffer packten und unter dem Bett verstauten.

»Du musst doch verstehen, dass wir die Menschen nicht erreichen, wenn wir sie ständig vor den Kopf stoßen. Wir müssen uns anpassen. Wir müssen ihre Sprache sprechen.«

Ich schüttelte den Kopf. Ich kannte die Debatte, hielt aber nichts davon. Mir war wichtig, immer mit offenen Karten zu spielen. Ich war überzeugt, dass Ehrlichkeit uns weiterbringen würde, und wir den Menschen erklärten, was wir dachten, statt uns zu verstecken. Ich war überzeugt, die Leute würden früher oder später verstehen, dass der Nationalsozialismus die Lösung für all unsere Probleme war.

»Und denk doch auch mal an dich, Axel ... Die Partei ist gut aufgestellt. Es gibt Geld zu verdienen. Willst du wirklich immer so weiterleben?«

So weiterleben – mir war klar, was er meinte. Seit ich meine Schule geschmissen hatte, hatte ich mich mit Gelegenheitsjobs herumgeschlagen: Kisten schleppen, Zeitungen austragen. Ich ernährte mich tagelang nur von Trockentoast und Dosenravioli, aber für mich war das in Ordnung. Ich fühlte mich wie ein Märtyrer. Seit ich aus dem Knast gekommen war, hatte sich meine Situation noch verschlechtert, denn ich arbeitete gar nicht mehr. Wer wollte mich auch schon einstellen? Ich widmete mich nur noch der Bewegung und bezog Arbeitslosengeld. Ich war sogar stolz darauf, hatte kein Problem damit, den von mir so verhassten Staat zu schröpfen. Ich war ein Fulltime-Revoluzzer, ein Berufsrevolutionär und Vollzeitdemonstrant. Das war mein Leben. Und ich war bereit, den Preis dafür zu bezahlen. Ich war arbeits- aber nicht beschäftigungslos. Natürlich wurde mir immer wieder mal bewusst, wie beschissen meine Lage war, und dass sie von Tag zu Tag aussichtsloser wurde. Aber dennoch war Geld nie ein Thema für mich. Es war mir einfach egal.

»Mit dem Holger kann man reden, stell dich gut mit ihm, dann kannst du dir was dazu verdienen«, ermunterte mich der Kamerad noch einmal. Ich dachte an meine allerersten NPD-Sitzungen in Köln und an die unangenehme Begegnung mit Sascha, der mir damals stolz erzählte, wie er aus Eigennutz über Weihnachten Spenden akquirierte. Nein, mit so etwas wollte ich nichts zu tun haben.

* * *

Für mich wurde die Luft immer dünner. Es gab nur noch wenige Leute, die zu mir hielten. Da war etwa Karl Richter, der Chefredakteur der *Deutschen Stimme*, zu dem ich immer ein gutes Verhältnis unterhalten hatte. Auch wenn große Teile der Partei mir nicht wohlgesonnen waren, durfte ich immer wieder in seinem Blatt publizieren. Er kam aus München, und wenn wir beide unter uns waren, dann legte er immer mal kurz seine bürgerliche Fassade ab und bestätigte mir, er sei im Herzen einer von uns.

Es war ein kleines Ritual. Wir zogen das durch, dann sprachen wir wieder über andere Dinge. In dieser Zeit erschien ein Artikel von Jürgen Schwab, über den viel diskutiert wurde. Schwab war ein Vordenker der NPD, ein Nationalrevolutionär wie ich, aber er ging noch ein paar gedankliche Schritte weiter, bei denen ich ihm nicht mehr folgen konnte. Er verdammte den Nationalsozialismus dafür, er sei zu kapitalistisch gewesen. Dass man damals großflächige Enteignungen hätte durchführen müssen. In seinem umstrittenen Artikel bezeichnete er die blutigen Aufstände der extremen Linken in den Jahren 1919/1920 als »soziale Revolution«. Und bedauerte, dass die Freikorps damals gegen diese Aufstände vorgingen. Das war ein absoluter Affront gegen den historischen Nationalsozialismus. Schwab hatte in meinen Augen damit eine Grenze überschritten. Er war kein Nationalist mehr, sondern ein Kommunistenfreund.

Richter stellte mir eine ganze Seite zur Verfügung, damit ich einen Gegenartikel schrieb. Ich erklärte darin, es sei völlig inakzeptabel, die Räterepublik hochzuhalten, denn damit würde man Mord, Terror und Verbrechen an Deutschen rechtfertigen. »Das waren die Männer, die unseren tapferen Frontsoldaten die Abzeichen abgerissen und vor die Füße gespuckt haben«, schrieb ich. »Wir können alle froh sein, dass sich das eben nicht durchgesetzt hat. Aber hier zeigt sich das ganz besondere Politikverständnis von Jürgen Schwab.« Ich hielt dagegen: »Wir wollen keinen Klassenkampf, sondern Versöhnung. Das ist der Gedanke der Volksgemeinschaft. Das ist nationaler Sozialismus.«

Die Debatte wurde mit großem Interesse verfolgt. Schwab wütete und beschimpfte mich für meinen Text und warb bei Apfel dafür, mir doch endlich mal das Maul zu verbieten. Unser Streit sorgte für Unruhe in der Partei. Thorsten Heise, der zu den radikaleren Kräften zählte, setzte durch, dass Schwab von nun an nicht mehr in der Deutschen Stimme publizieren dürfte. Da Apfel mich nicht leiden konnte, aber ein enges Verhältnis zu Schwab hatte, ordnete er an, dass ich im Gegenzug ebenfalls Schreibverbot bekam. Und so wurde das salomonische Urteil gefällt, dass wir beide nicht mehr veröffentlichen durften.

Nach dieser hitzigen Debatte war ich mit der NPD fertig. Ich wehrte mich so gut, wie ich konnte, schrieb noch ein paar Gegenartikel, wetterte gegen Apfel und warf ihm vor, er würde die Szene in gute und schlechte Radikale aufspalten. Ich warf ihm vor, wir Aktivisten von der Straße seien doch nur Marionetten für ihn, und machte noch einmal klar, dass die Partei aus meiner Sicht nur ein Teil der Bewegung sein konnte, die Bewegung aber nicht der Partei diene. Vergeblich, die NPD war endgültig fertig mit mir.

* * *

Ich fühlte mich langsam immer kraftloser und verhärmter. Seit dem Wahlkampf war ich unglaublich müde. Ich spürte eine innere Leere. So langsam machte sich ein Burn-out bei mir breit. Auch weil ich in diesen Tagen erfahren hatte, dass Thomas Brehl, mein Freund und Mentor, gestorben war. Man hatte ihn tot in seiner Wohnung gefunden. Er war an einer Blasenentzündung verstorben. Brehl war immer einer meiner engsten Bezugsmenschen. Sein Verlust traf mich hart. Aber auch zu sehen, wie traurig und einsam die letzten Jahre seines Lebens waren, machten etwas mit mir. Mir wurde immer klarer, dass auch ich mein Leben gegen die Wand fuhr.

Aber immer noch gelang es mir, dieses Gefühl zu verdrängen. Worch und ich begannen mit der Planung, eine neue Partei zu gründen. Die Rechte. Nachdem die DVU der NPD einverleibt wurde, sollte die Rechte zu einem Sammelbecken enttäuschter Ex-DVU-Mitglieder werden, denen der Beitritt nicht gefiel. Außerdem wollten wir in der Struktur Mitglieder von Kameradschaften aufnehmen, die drohten verboten zu werden. Die Kameradschaft Aachener Land etwa stand schon seit Längerem unter Beobachtung. Ich plädierte dafür, dass sie sich selbst auflösen und ihre Anhänger in der Partei dann Mitglied werden sollten. Aber sie waren sich unschlüssig. Nebenbei hatte ich aber auch ein neues Spielfeld für mich entdeckt: Ich versuchte mich ein wenig in Medienarbeit. Bei den Freien Kameraden in Siegen gab es einen jungen Mann, der sich in diesem Bereich auskannte. Er schlug sich die Nächte um die Ohren und produzierte YouTube-Videos. Er war technisch total fit. Sein Name war Sebba. Und wir verstanden uns gleich richtig gut. Sebba war auch sozialrevolutionär eingestellt. Politisch lagen wir komplett auf einer Linie. Und ich erkannte riesiges Potenzial in dem, was er machte. Die Szene hatte den Anschluss an Social Media-Netzwerke größtenteils versäumt. Alles was wir ins Netz stellten, war billig und schlecht gemacht. Das überzeugte niemanden. Dabei gab es ein riesiges Potential. Ich war mir ganz sicher, dass man mit gut gemachten Videos eine ganz neue Zielgruppe erreichen könnte. Nur: Ich war ein Technik-Eunuch. Ich war selber nicht in der Lage das umzusetzen, was ich mir vorstellte. Darum war es gut, dass ich Sebba hatte. Er schaffte es, Reden und Videos von unseren Demos anspruchsvoll und hochwertig in Szene zu setzen.

Ich spürte, dass Online-PR die Zukunft war. Wenn ich irgendwo eine Rede hielt, hörten vor Ort vielleicht nur 100 Kameraden zu. Aber wenn wir die Rede auf YouTube hochluden, dann erreichten wir plötzlich viel mehr Menschen. Tausende schauten sich das an. Ich war absolut überzeugt von diesem Medium. Für mich bot sich so eine Möglichkeit, mir unabhängig von organisatorischer Politik Gehör zu verschaffen. Die ersten Videos waren noch dilettantisch. Wir zeigten Bilder vom Trauermarsch in Dresden, und ich schwadronierte in einem Voiceover über den »Bombenholocaust«, wie wir die Opfer der Bombardierung in Dresden zynisch nannten, und den bösen Imperialismus. Aber mit jedem Video wurden wir besser und professioneller. Irgendwann begannen wir sogar, Trailer im Vorfeld zu den Demos zu drehen. Ich bewegte mich langsam weg von meiner klassischen Rolle als Berufsdemonstrant hin zu einem Medienaktivisten. Doch mittlerweile fühlte sich auch das einfach nur noch schal an.

Algorithmen fördern Radikalismus. Wer sich bestimmte YouTube-Videos anschaut, dem werden ähnliche Videos angezeigt, was dazu führt, dass man immer tiefer in ein rabbit hole gezogen wird. Die klassischen Gruppierungen sind mittlerweile nicht mehr die größte Gefahr, sondern Online radikalisierte einsame Wölfe. Hier ist es dringend erforderlich schon früh eine Medienkompetenz zu fördern.

Ich zog mich immer mehr in den Hintergrund zurück, wollte kein Frontmann mehr sein. Das entsprach auch gar nicht meiner Selbstwahrnehmung. Ich sah mich vielmehr als einen Propagandisten. Als jemanden, der Artikel schrieb, organisierte, im Hintergrund die Fäden zusammenhielt. Ich hatte nie den Wunsch oder das Verlangen, ein Führer zu sein. In diese Rolle war ich eher hineingestolpert. Als Redner verfügte ich über das Talent, den richtigen Ton zu treffen, und natürlich gefiel mir der Zuspruch. Der Applaus schmeichelte mir. Aber ich war mir immer auch der Schattenseiten meiner Rolle als Organisator und Führungsaktivist bewusst: Man musste Streit aushalten, man musste dem Geld hinterherlaufen und den Kopf hinhalten. Und man war Sozialarbeiter. Musste sich allen Sorgen und Problemen annehmen. Man wurde für alles verantwortlich gemacht. Das war wahnsinnig anstrengend.

Von Jahr zu Jahr spürte ich, wie mir mehr und mehr die Lust verging. Ich führte einen Kampf gegen Windmühlen. Zudem sah ich immer deutlicher, dass die Szene, in der ich mich bewegte und für die ich mich einsetzte, sich völlig von dem unterschied, was man nach außen hin erzählte. Brüderlichkeit und Kameradschaft – von wegen. Nichts davon stimmte, es war ein einziges Hauen und Stechen. Es wurde gelästert, intrigiert und miteinander gekämpft.

In den Anfangstagen hatte ich es geschafft, darüber hinwegzusehen. Ich hatte immer gehofft, dass die Streitigkeiten innerhalb der Szene eines Tages enden würden und man sich zusammenraffte. Vielleicht würden neue Leute dazustoßen, die unserer Bewegung einen neuen Schwung gaben. Aber das passierte nicht. Die Revolution, von der wir immer geträumt hatten, blieb aus. Ich hatte sogar zwischenzeitlich mal versucht, mir einen Nachfolger aufzubauen. Aber es gelang mir nicht. Also zog ich langsam die Notbremse. Ich nahm mich immer mehr heraus aus der Szene und zog mich zurück. Die neue Online-Welt, die wir uns gerade erschlossen, bot mir die beste Gelegenheit dafür.

In dieser Zeit entstanden viele rechtsextreme Projekte in den Sozialen Medien. Die Spreelichter entstanden, das waren Studenten, die kluge Texte geschrieben und große Fackelmärsche organisiert haben, die sie gefilmt hatten. Das war ein avantgardistischer, beinahe künstlerischer Anspruch, der hinter diesen Inszenierungen steckte. Die Videos spielten sie über das Internet aus und sorgten für große Aufmerksamkeit. Dennoch haben sie sich auf die heutige Medienarbeit der Szene ausgewirkt, denn sie nahmen viele Entwicklungen vorweg. So auch Altermedia – eine Webseite, die sich an einem boulevardesken Konzept versuchte. Man verwendete knackige Schlagzeilen und verband sie mit kurzen emotionalen Texten, die gar nicht erst vorgaben, objektiv zu sein. Man kommentierte eine Nachricht gleich mit. Die Seite und ihre Macher waren mir gegenüber wohlgesonnen. Dafür verachteten sie die NPD und hetzten gegen sie, wo sie nur konnten. Altermedia nannten sich selbst die »*BILD*-Zeitung der Neonaziszene«.

Zeitgleich wurde das Konzept von der islamfeindlichen Seite PI-News geklaut, die mit dieser Methodik riesige Zugriffszahlen erreichte. Diese neuen Seiten bildeten ein Gegengewicht zu den Foren, in denen wir uns bislang immer bewegt hatten. Im »Freien Widerstandsforum« oder im »Thiazi-Forum« war alles abgeschottet, da brauchte man Bürgen und musste jahrelang dabei sein, um für bestimmte Diskussionsbereiche freigeschaltet zu werden. Die neuen Webseiten waren weitaus leichter zugänglich und im Prinzip ein Vorgeschmack auf die Telegram-Gruppen, die heute die Szene dominieren.

Emotionalisierung ist für Radikale ein beliebtes Mittel, um Menschen zu ködern. Gerade, wenn es um Nachrichten geht. Die breite Masse nimmt sich selten die Zeit, in die Tiefe zu gehen. Viel mehr will man eine schnelle, griffige Erklärung und seine eigene Meinung bestätigt bekommen. Auf diese Weise bilden sich sehr schnell Echokammern, die es dringend zu durchbrechen gilt, wenn man Extremismus sinnvoll bekämpfen will.

Auch meine Kameradschaft gab sich eine neue Homepage, auf der wir neben Videos auch Artikel veröffentlichten, meistens anonym. Wir nannten die Seite »Freies Netz Köln«. Kameradschaft Walter Spangenberg war nicht mehr zeitgemäß. Das Akronym für die Freien Kräfte Köln – FKK – entsprach hingegen meinem Humor. Dass ich hinter der Seite steckte, war für niemanden ersichtlich. Scheinbar verheimlichten wir das so gut, dass selbst Jürgen Schwab uns einmal anschrieb und unsere Arbeit lobte. Er fände unsere Artikel ganz toll – und er bot sich gleich als Autor für unsere Seite an. Ich fand das witzig, weil er ständig gegen mich und meine Texte gewettert hatte und die *Deutsche Stimme* uns beiden wegen unserer Auseinandersetzung Schreibverbot erteilt hatte. Ich war nicht nachtragend und veröffentlichte bereitwillig seine Texte.

Unter dem Label der Freien Kräfte Köln führten wir noch weitere anonyme Aktionen durch, die für reichlich Gesprächsstoff sorgten. Wir ließen Sticker mit einer blonden Pornodarstellerin darauf herstellen und schrieben dazu: »Deutscher, ist es nicht schön, weiß zu sein? Sei stolz auf deine Rasse.« Der Aufkleber blieb länger hängen als alle anderen. Er sorgte in der Szene zwar für Kontroversen, aber alle wollten ihn zum Verkleben haben und bestellten ihn tausendfach bei uns. Wir imitierten auch einen Sheepworld-Sticker. Das ist dieses berühmte Motiv, bei dem ein Schaf alleine in der Natur steht und proklamiert: »Ohne Dich ist alles doof.« Das Motiv zeigt zudem Pfeile, die alle möglichen Dinge kennzeichnen, die doof sind: »Sonne doof«, »Himmel doof«, »Baum doof«. Wir machten daraus: »Ohne nationalen Sozialismus ist alles doof.« Wirtschaft doof. Medien doof. Volk doof.

Das Motiv schlug dermaßen ein, dass sich die Macher von Sheepword sogar öffentlich von den Stickern distanzierten. Dass wir dahinter steckten, wusste zwar jeder, aber niemand konnte es uns nachweisen. Wir hatten Paul Breuer als Verantwortlichen im Sinne des Presserechts ausgewiesen. Aber wenn er Schreiben bekam, zuckte er nur mit den Schultern und meinte, er hätte damit nichts zu tun, irgendwer hätte da seinen Namen missbraucht. Eine False-Flag-Aktion. Unser beliebtestes Mittel, um alles von uns wegzuschieben, für das wir nicht die Verantwortung übernehmen wollten.

Auch heute noch ist es in verschwörungsideologischen und extremistischen Kreisen attraktiv, alle Geschehnisse, für die man nicht die Verantwortung übernehmen will, als False-Flag-Aktionen zu labeln. Es gab einen rechtsextremistischen Anschlag? False Flag! Das waren eigentlich die Linken, die uns das in die Schuhe schieben wollen.

* * *

»Axel«, sagte mein Medienproduzent. »Das hier musst du dir unbedingt einmal anhören.« Ich setzte mich neben ihn an den Computer und er spielte das Musikvideo von einem Rapper ab. Auch wenn Rap nicht so wirklich meine Musikrichtung war – der Typ war wirklich gut. »Wer ist das?«, fragte ich ihn. »Das ist MaKss Damage. Der ganz heiße Scheiß!« Er ließ eine kurze Pause, dann verzog er das Gesicht. »Nur leider steht er auf der falschen Seite.« Das war nicht schwer zu überhören. MaKss Damage machte linksextreme Rapmusik. In seinen Videos posierten vermummte Antifa-Leute. »Stell dir mal vor, wie geil es wäre, wenn wir im rechten Lager so jemanden hätten«, schwärmte mein Kamerad. Er hatte nicht ganz Unrecht. Es gab zwar auch eine rechtsextreme Musikszene, aber die beschränkte sich hauptsächlich auf Rechtsrock – und der war meistens nicht sehr gut gemacht. Ansonsten gab es nur irgendwelche Liedermacher, aber mit denen konnte man die Jugend nicht begeistern. So einen MaKss Damage in den eigenen Reihen zu haben, das wäre schon was. Doch ich vergaß den Gedanken schnell wieder. Bis mich zwei Wochen später eine Nachricht erreichte. Sie kam von – MaKss Damage. Das konnte nur ein Witz sein, dachte ich und stellte meinen Medienproduzenten zur Rede. »Netter Versuch«, zwinkerte ich ihm zu.

»Was meinst du?«

»Na, die Nachricht.«

»Welche Nachricht ...«

Ich wurde stutzig. »Na, die von MaKss Damage ... das warst doch du?«

»Ich habe dir keine Nachricht geschrieben. Ehrenwort.« Ich las mir die Mail, die er mir geschickt hatte, noch einmal durch. »Hallo Axel«, schrieb er. »Wir haben uns einmal auf einer Demonstration getroffen – leider war ich bei den Gegendemonstranten. Das tut mir sehr Leid.« Er schrieb weiter, dass er aus der linken Szene aussteigen wolle. Und er mittlerweile erkannt habe, dass der Nationalsozialismus der richtige Weg sei. Ein ziemlich radikaler Wandel.

Aber ein Wandel, der gar nicht so selten vorkam. Zwischen dem extrem rechten und dem extrem linken Lager gab es schon immer viel mehr Überschneidungen, als man es auf den ersten Blick wahrhaben wollte. Nicht selten wechseln Aussteiger deshalb häufig das Lager. Ich blieb zunächst vorsichtig und schrieb Julian – wie MaKss Damage bürgerlich hieß – ein paar Nachrichten. Ich wollte herausfinden, wie ernst er es meinte. Schnell bekam ich den Eindruck: Der Junge meint das verdammt ernst. Also trafen wir uns. Mir stand eine erstaunliche Figur gegenüber. Ein 2 Meter großer, kahlrasierter Kerl, der auf den ersten Blick furchteinflößend wirkte. Aber sobald er zu sprechen begann, war er ganz leise und beinahe sanft. Ich merkte schnell, dass Julian ein Junge war, der nach Orientierung suchte. Und die bot ich ihm. Ich nahm mich seiner an und wurde zu einer Art Mentor für ihn. Er erzählte mir, dass er Sorgen habe, was passieren würde, wenn öffentlich würde, dass er die Szenen gewechselt hatte. Er machte sich Sorgen, dass die Rechten ihm nicht verzeihen würden, dass er jahrelang auf der falschen Seite gekämpft hatte. Ich versuchte ihm seine Ängste zu nehmen. »Keine Sorge, Kamerad«, sagte ich ihm und erzählte ihm eine alte Anekdote von Adolf Hitler, der die ehemaligen Kommunisten in seinem Lager besonders herzlich begrüßte. »Hauptsache du bist jetzt bei mir«, hatte er einem ehemaligen Kämpfer vom Roten Frontkämpferbund einmal gesagt. Das war die Art von Ansprache, die auch Julian gebraucht hatte. Je mehr ich mich mit seiner Kunstfigur MaKss Damage beschäftigte, desto mehr verstand ich, was für ein unglaubliches Zugpferd er in der linken Szene war. Und was für ein Propaganda-Coup wir hier vor uns hatten. Ich wusste: Wir müssen das Überlaufen von ihm in unsere Szene komplett ausschlachten. Also beschloss ich, dass wir ein Video drehten, in dem ich ihn interviewte. Dieses Video sollte sein politisches Coming-out sein. Und es funktionierte. Kurz nachdem ich es online gestellt hatte, verbreitete sich unser Interview. Gefühlt alle sprachen darüber. Nicht nur die Rechten, sondern auch die Linken, die sich komplett vor den Kopf gestoßen fühlten. Zuerst versuchten sie zu leugnen, dass der Kerl, der da neben mir saß, wirklich MaKss Damage war. Er hatte jahrelang kein Gesicht gezeigt. Aber er war es. Und der Antifa-Rapper war jetzt ein Nazi-Rapper. Denn er hatte die Wahrheit erkannt. Was für ein Schachzug, freute ich mich.

Doch für Julian begann nun keine einfache Zeit. In der rechten Szene wurde er zwar Willkommen geheißen, doch es gab auch einige Kameraden, die skeptisch waren. Die ihm seinen Imagewandel nicht abkaufen wollten. Und von den Linken wurde er nun für vogelfrei erklärt. Das blieb nicht ohne Konsequenzen. Eines Tages rief Julian mich an, er war aufgeregt und völlig außer Atem. »Axel«, keuchte er ins Telefon. »Du musst mir helfen, ich wurde von Antifa-Leuten angegriffen.«

»Wo bist du?«, fragte ich ihn. »Ich bin in Aachen und habe mich in einem Café versteckt«, sagte er. »Was ist denn passiert?«, fragte ich. Da erzählte er mir, dass eine Gruppe von Autonomen ihn gesehen und konfrontiert hatte. Kein Wunder, in Aachen befand sich direkt am Bahnhof ein Autonomes Zentrum. Dann schwieg Julian kurz. Und sagte mir, dass er verleugnet hatte, dass er jetzt ein Rechter ist. Aus Angst, dass man ihn zusammenschlägt. »Die haben das alles auf Video«, sagte er. Ich schickte ihm ein paar Kameraden vorbei und sagte ihm, dass er sich beruhigen sollte. Aber er war ganz aufgebracht. Ich konnte es verstehen. Wenn das Video veröffentlicht werden sollte, würde er schlecht aussehen.

Der große Makss Damage verleugnet sich vor ein paar Linken. Das passte gar nicht zu dem heroischen Kampf einer gegen alle, über den er in seinen Liedern rappte. Aber Julian Fritsch war Julian Fritsch. Und Makss Damage nur eine Kunstfiguer. Ich versuchte ihn zu beruhigen: Selbst wenn das Video erscheinen sollte, sagte ich, dann würden wir das als einen Fake hinstellen. »Mach dir keine Sorgen«, sprach ich ihm gut zu. Wir hatten Glück. Das Video wurde nie veröffentlicht. Und MaKss Damage wurde tatsächlich zu einem Zugpferd in unserer Szene. Er veröffentlichte recht erfolgreich seine Songs und Alben – bis er irgendwann einfach abtauchte, nachdem die Antifa mehrfach seine Adresse geleakt hatte.

Was aus ihm geworden ist, weiß ich nicht. Vielleicht hat er den Absprung komplett geschafft.

Musik ist eines der elementarsten Mittel zur Werbung junger Menschen. Sie dient zur Vermittlung von rechtsextremen Inhalten. Musik emotionalisiert. Darum ist es umso wichtiger, sich – gerade als Elternteil – sachlich und nüchtern mit den Inhalten auseinanderzusetzen. Und diese mit der Lebenswirklichkeit der Jugendlichen in Einklang zu bringen. Sind die Kinder wirklich gegen Kapitalismus und Ausländer? Oder haben sie nicht vielmehr ausländische Freunde und profitieren von unserem freiheitlichen System?

* * *

In dieser Zeit geriet die Szene extrem unter Beschuss. Das hing auch damit zusammen, dass die Machenschaften des NSU ans Tageslicht kamen. Der Nationalsozialistische Untergrund war eine rechtsextreme Terrorzelle, die jahrelang durch das Land gezogen war und Anschläge und Morde verübt hatte. Ohne dass ihre Existenz je bemerkt worden wäre. Die Polizei tappte jahrelang im Dunkeln und hielt die Morde an türkischen Mitbürgern für Gewaltdelikte aus dem eigenen Milieu. Niemand erkannte, dass die Anschlagsserie politisch motiviert war. Mehr noch: Niemand erkannte, dass es sich bei all den Morden überhaupt um eine Anschlagsserie handelte. Umso größer war der Schock, als herauskam, dass drei Rechtsextreme dahinter steckten. Das Land war aufgewühlt. Und der Kampf gegen den Rechtsextremismus wurde von nun an noch einmal deutlich schärfer geführt. Ich grenzte mich vom ersten Tag an scharf vom NSU ab. Ich betrachtete Gewalt damals aus taktischen Gründen als falsch. Wir wollten die Leute überzeugen. Gewalt nutzt nur dem System. Immer wieder bekräftigte ich von nun an in meinen Reden, dass das nicht unser Weg war. Dass bewaffneter Widerstand und Gewalt ein Mittel der Linken sei und wir davon Abstand halten müssen. Irgendwann erreichte mich eine Anfrage von dem Bayerischen Rundfunk. Zwei Redakteure wollten ein Statement von mir für »Report München«. Ich sagte sofort zu. Meine Haltung war ja klar. Doch als die Redakteure mit mir durch einen Park gingen und mich interviewten, merkte ich schnell, dass es ihnen eigentlich um etwas ganz anderes ging. »Herr Reitz«, sagten sie. »Sie grenzen sich hier scharf vom NSU ab. Aber Sie kannten die Täter ja, Sie haben sie ja sogar auf ihre Veranstaltungen gelassen.« Ich kannte sie? Ich schüttelte vehement den Kopf. Nein, mit dem NSU hatte ich ganz bestimmt nichts zu tun gehabt. »Uns wurde zugetragen, dass Sie eine Veranstaltung von ihnen besucht haben. Und Sie sie persönlich eingelassen haben.«

Ich versuchte das irgendwie zu begreifen, die Situation einzuordnen. Aber es gelang mir nicht. »Hören Sie«, sagte ich und entschied mich für die Wahrheit. »Ich kann das nicht ausschließen, was sie mir gerade vorwerfen. Ich bin auf so vielen Veranstaltungen unterwegs, da laufen Hunderte Leute herum. Ja, es kann sein, dass da irgendjemand mitkommt und sagt, das sind Kameraden aus Thüringen. Aber das heißt ja nicht, dass ich diese Menschen kennen würde.« Ich machte eine kurze Pause. »Ich kannte diese Leute jedenfalls nicht persönlich, das kann ich Ihnen garantieren.« Doch es war zu spät. Eine Woche später erschien ein langer Bericht im Fernsehen.

Dort zeigte man einen komplett verpixelten Kameraden, der mit nachgesprochener Stimme erzählte, dass wir bei einem Jahresabschlusstreffen unserer Kameradschaft in Erftstadt Besuch von drei Kameraden aus Thüringen bekommen hätten. Den NSU-Leuten. Der Ordner kannte sie nicht und wollte sie nicht reinlassen, doch Axel Reitz, so die Geschichte, begrüßte sie persönlich an der Tür. Es wurde sogar ein Foto eingeblendet von dem Treffen, das wir selber ins Internet gestellt hatten. Dort sah man zwei verpixelte Männer und eine Frau.

Ich wurde als Bekannter der NSU-Terroristen dargestellt. Zahlreiche Medien übernahmen das. Ein paar Tage später druckte die BILD eine »Landkarte des Terrors«, wo sie die Anschläge mit Bomben illustrierten. Und meinen Kopf daneben druckten. »Auf einer Veranstaltung des Hitler von Köln wurden die NSU-Terroristen ebenfalls gesehen«, hieß es da. Mir wurde heiß und kalt. Dass ich nun mit Terroristen in einen Topf geworfen wurde, war noch einmal eine ganz neue Dimension. Vor allem aber: Nichts davon stimmte. Ich suchte das Originalfoto raus, dass wir selbst verpixelt hatten. Das waren alles Kameraden aus dem Rheinland. Niemand vom NSU. Ich konnte also nachweisen, dass der BR Unsinn erzählte. Doch auch das interessierte niemanden. Ich ging vor Gericht. Doch die Journalisten beriefen sich nur auf ihren Quellenschutz. Obwohl sogar das BKA in der Zwischenzeit ermittelt hatte, dass die Vorwürfe haltlose waren. Welche Quelle sie da hatten, die sie so an der Nase herumgeführt hatte? Ich weiß es bis heute nicht.

* * *

Ich lag in meinem Bett und starrte an die Decke. Ich fühlte mich völlig kraftlos. »Komm schon, Axel, steh auf«, sprach ich mir selber zu. Ich hatte noch einiges zu erledigen. Am nächsten Tag stand eine große Demo in Münster an, auf der ich einer der Hauptredner sein sollte. Ich musste noch die Anreise vorbereiten. Es musste alles gut gehen, schließlich wollten wir die Rede filmen und auf YouTube hochladen. Das würde vor dem Publikum Eindruck schinden. Aber es ging nicht. Ich schaffte es nicht mehr, aus dem Bett zu kommen. So ging das nun schon seit Tagen. Was war nur los mit mir? War ich krank? Ich fasste mich an die Stirn. Nein, das war es nicht. Ich fühlte mich nicht körperlich schlecht. Es war etwas anderes. Es war ... Ich wollte den Gedanken nicht zu Ende denken. Ich rollte mich auf die Seite und betrachtete meine kleine Einzimmerwohnung. Ich schaute auf die Bücher bei mir im Schrank, auf das Foto von Adolf Hitler auf meinem Schreibtisch. Und ich sah die vielen Papiere, die herumflogen. Es herrschte reines Chaos. »Ich müsste auch mal wieder aufräumen«, dachte ich. »Ich müsste noch so vieles machen.«

Ich schloss die Augen und spürte, wie mich eine ungeheure Last herunterdrückte. Mir fehlte jede Energie. Ich blieb noch eine Weile liegen, dann atmete ich durch und raffte mich doch auf. Es half ja alles nichts. Ich musste die Demo koordinieren. Ich setzte mich an den Schreibtisch, schob mit meinem Ellbogen nachlässig die Unterlagen zur Seite und fing an, mir ein paar Notizen zu machen. Münster, ich hatte damals eine der ersten nationalen Demos in Münster organisiert. »Gegen imperialistische Fremdherrschaft – für Freiheit und Selbstbestimmung der Völker« An diese Tradition wollte Sascha Krolzig, der Führer der Kameradschaft Hamm und einer der umtriebigsten Aktivisten in NRW mit einer weiteren Demo anknüpfen. Ich sollte als einer der Hauptredner auftreten, um von dem Kampf von Münster zu berichten. Ich sollte von dem Kampf von Münster erzählen. Ich machte mir ein paar Gedanken, was ich morgen sagen könnte. Sechs Jahre ist es her, *dass wir hier in Münster ...*

Ich stoppte. Sechs Jahre. Wie lange das schon alles wieder her war. Ihr seid die Elite. Ihr seid das kommende Deutschland, legte ich mir gedanklich schon die Worte zurecht, die ich sprechen würde. Floskeln, die ich wieder und wieder verwendete.

Doch alleine bei dem Gedanken sie aussprechen zu müssen, zuckte ich zusammen. Ich dachte an das Publikum, das mich erwartete. Die meisten Menschen, die da in der ersten Reihe standen und mir zujubelten, waren Menschen, die im normalen Leben nicht mehr zurechtkamen. Menschen, die sich verloren hatten. Was für eine Elite? Alleine die Vorstellung, dass diese Menschen in unserem Land irgendetwas zu sagen hätten, war lächerlich. Aber das Allerschlimmste war, dass ich auch nicht besser war als sie. Auch ich war ein Verlorener. Vielleicht einer, der gut reden konnte, aber das war doch alles Quatsch. Das war doch alles Unsinn. All die Worte, die ich über die vielen Jahre wieder und wieder und wieder den Menschen entgegengebrüllt hatte, verpufften wirkungslos.

Ich war nun rund 15 Jahre in dieser Szene unterwegs und nichts von dem, was ich als einstiger Idealist einmal daran toll fand, entsprach der Realität. Die führenden Köpfe unserer Szene waren alle nichts weiter als narzisstische, selbstverliebte Manipulateure. Aber war ich besser als sie? Überhaupt: Kameradschaft, was hieß das schon? Es wurde gelästert, man gönnte seinem Nächsten nicht die Butter auf dem Brot. Und die Werte, die wir hochhielten? Dass jedes Volk seinen Platz auf der Welt hatte? Das war doch Unsinn. Wie viele von den Kameraden brüllten, dass die Polen doch Untermenschen wären, wenn sie unter sich waren? Und wie viele Kameraden träumten davon die vermeintlich minderwertigen Völker auszubeuten und zu versklaven?

Ich zerknüllte den Zettel in meiner Hand. Ich konnte diese Rede nicht halten, denn ich war nicht mehr zynisch genug, meinen eigenen Worten noch Glauben zu schenken. Ich lehnte mich in meinem Stuhl zurück. Ich hatte in den letzten Jahren einfach zu viel gesehen. So hatte ich erlebt, wie sich die rechtsextreme Szene dank der Kameradschaften revitalisierte. Wie sie plötzlich wieder Tausende von Menschen auf die Straße zog. Ich sah, wie die NPD von diesem neuen Aufbruch profitierte und den Weg in die Parlamente fand. Ich sah, wie eine neue Generation von Rechtsextremen durch das Internet heranwuchs und die Szene allgemein modernisierte. Plötzlich musste man sich nicht mehr zwischen Glatze und Scheitel entscheiden, sondern konnte einfach aussehen, wie man wollte, die Musik hören, die man gerne mochte, und den Ballast der engen Dogmen loswerden. Zumindest rein äußerlich. Und ich erlebte, wie das Internet eine innovative Medienarbeit ermöglichte, durch die es der Szene gelang, immer wieder neue Menschen anzusprechen.

Und dennoch: All das waren nur kleine Störfeuer, die an der Gesamtsituation überhaupt nichts änderten. Noch immer waren wir ein Häufchen von Versprengten. Eine Gruppe politischer Wirrköpfe, die Dinge einforderte, welche die Mehrheit der Menschen einfach lächerlich fand. Forderungen, die sie selber nicht ansatzweise lebten. Und die wohl auch lächerlich waren. So oft war ich davor zurückgeschreckt, bestimmte Sachverhalte komplett zu hinterfragen, vielleicht weil ich mich davor fürchtete, dass mein Ideologiegebäude in sich zusammenfiel. Aber jetzt hinterfragte ich bereits die ersten Dinge. Und nach und nach spürte ich, wie meine Welt ein Stück weit in sich zusammenfiel.

Ich rief Sascha Krolzig an, den Anmelder der Demo und einen meiner engsten Mitstreiter. Ich sagte ihm, ich sei krank, könne nicht nach Münster kommen und legte mich wieder in mein Bett. Was war nur los mit mir? Vielleicht war ich wirklich krank, dachte ich. Vielleicht hatte mich diese Szene krank gemacht, mich leise vergiftet, Stück für Stück.

Zwischenspiel

Als ich aufwachte, klopfte es an meine Tür.

»Herr Reitz, sofort öffnen, Polizei!«

Das kam unerwartet. Noch im Halbschlaf raffte ich mich auf und öffnete die Tür, sofort stürmten mehrere Einsatzkräfte in meine Wohnung.

»Was ist denn hier los?«

Ich dachte kurz nach, was der Grund für diesen »Überfall« sein konnte, aber ich wusste es wirklich nicht. Ich hatte doch nichts Illegales angestellt. Nach meiner letzten Inhaftierung achtete ich mittlerweile noch penibler als zuvor darauf, dass nicht einmal mehr der Ansatz eines Verdachtes gegen mich aufkommen konnte.

»Axel Reitz – es liegt ein Haftbefehl gegen Sie vor.« Ein großer Beamter drückte mich an die Wand und legte mir die Handschellen an.

»Was wird mir denn vorgeworfen?«

»Unterstützung einer kriminellen Vereinigung.«

Als ich im Polizeiwagen saß, bekam ich mit, wie einer der Beamten telefonierte. Es lag auf der Hand, dass ich nicht als Einziger an diesem Tag verhaftet wurde. Aber was ich den Gesprächsfetzen entnahm, war dann doch eine größere Sache, als ich es mir hätte vorstellen können. Man diskutierte darüber, wo man mich hinbringen sollte. Es war den Beamten wichtig, dass ich auf keinen Fall mit anderen Verhafteten zusammentraf. Man wollte uns unter allen Umständen getrennt halten, damit niemand sich absprach. Alleine schon an diesen Gesprächsfetzen erkannte ich, dass es sich hier um eine gewaltige Sache handeln musste. Und so brachten sie mich kilometerweit in irgendeine entlegene Polizeidienststelle in einem winzigen Dorf. »Herr Reitz«, ermahnte mich ein Polizist, »Sie kennen das doch schon. Bitte einmal den Gürtel und die Schnürsenkel ausziehen.« Als sie sichergestellt hatten, dass ich mich in meiner Zelle nicht strangulieren konnte, sperrten sie mich ein. Mir reichte es, ich wollte nun endlich mit einem Anwalt sprechen. Das war mein gutes Recht. Irgendwann erbarmte sich dann tatsächlich einer der Polizisten, den Anruf für mich durchzuführen.

8. DER AUSSTIEG

Und hier saß ich nun. Ich hatte wirklich nicht die geringste Ahnung, was zur Hölle hier los war. Man brachte mich in eine Zelle und händigte mir dort endlich den Haftbefehl aus. Ich las ihn gründlich durch. Aber so richtig verstand ich nicht, was passierte. Nur so viel begriff ich, es ging um das Aktionsbüro Mittelrhein. Dieses Aktionsbüro war eine überregionale Kameradschaftsstruktur, es wurde von Leuten geführt, die Sven Skoda nahestanden. Sie hatten sich vor einigen Jahren in Ahrweiler in das sogenannte »Braune Haus« eingemietet. Ein paar Leute wohnten da, sonst wurde es aber nur als Lager und als Treffpunkt für Veranstaltungen genutzt. Ich hatte mit dem AB Mittelrhein nicht sonderlich viel zu tun. Man kannte sich, besuchte die selben Veranstaltungen, ging darüber hinaus aber getrennte Wege.

Ich war nur ein paar Mal bei Koordinierungstreffen der freien Strukturen im Braunen Haus gewesen. Uns dort zu versammeln, war uns lieber, als in irgendeine Kneipe zu gehen. Wie meine genaue Unterstützung dieser Struktur beschaffen war, stand nicht in dem Haftbefehl. Das konnte auch gar nicht drin stehen. Denn es war ein generischer Text, 33-mal kopiert, um 33 Szenemitglieder zu verhafteten, wobei man allen dasselbe vorwarf.

»Ich will einen Anwalt«, beharrte ich, als ich in meiner Zelle saß.

»Beruhigen Sie sich, Reitz, es ist hier einiges los. Sie kriegen schon noch ihren Anruf.«

* * *

Am Abend wurde ich schließlich der Haftrichterin vorgeführt. Ich sagte ihr, dass ich mich gerne zu den Vorwürfen einlassen wollte. Der Oberstaatsanwalt wurde sofort hellhörig. Das Problem war nur: Ich hatte noch immer keinen Anwalt. Doch nach meiner Ankündigung zeigte sich die Staatsanwaltschaft plötzlich ganz freundlich und legte mir eine Liste an Anwälten vor, von denen ich mir einen aussuchen könnte. »Der hier ist ganz gut«, sagte der Staatsanwalt sogar noch und empfahl mir einen Juristen, der schon Erfahrungen in ähnlichen Fällen hatte. »Bis wir Sie vernehmen können, bleiben Sie in Haft«, entschied die Richterin. Das ärgerte mich, aber ich hatte so wenig Kraft, dass ich es einfach hinnahm. So wurde ich nach Koblenz gebracht, wo ich dann zum ersten Mal auf meinen Anwalt traf, mit dem ich die ganze Anklage noch einmal durchgehen konnte. Meine Unterstützungshandlung hätte darin bestanden, den Kopf des AB Mittelrhein, Christian Häger, intensiv beraten zu haben. Ich fasste mir an den Kopf. Ich hatte fast keinerlei Kontakt zu Häger. Wie sollte ich ihn bitteschön beraten haben?

Es waren absurde Vorwürfe. Auch vor dem Hintergrund, dass man die Gruppierung ein ganzes Jahr abgehört und überwacht hatte. In diesem Jahr fand genau ein einziger telefonischer Kontakt zwischen Häger und mir statt, der keine zwei Minuten gedauert hatte. Ich hatte ihn gefragt, ob er uns für eine Demonstration seinen Lautsprecherwagen leihen konnte, das war's. Was man aber sehr wohl in den Protokollen der Telefonüberwachung fand, waren unzählige Lästereien über mich. Reitz der Schwulenfreund. Reitz der Schwätzer. Dem Reitz sollte man wirklich Mal aufs Maul geben. Tja, so viel zu meiner Rolle als Unterstützer.

Erst nach und nach erfuhr ich, was es mit dem Prozess wirklich auf sich hatte. Das Ganze war auf die Staatsanwaltschaft Koblenz zurückzuführen. Die Justiz in Deutschland stand unter gewaltigem Druck, weil sie sich von der Öffentlichkeit eklatante Versäumnisse in Sachen NSU vorwerfen lassen musste. Darum versuchte man nun mit den Mitteln der Justiz gegenzusteuern. Die Staatsanwaltschaft begann, sich einen Namen zu machen, indem sie den Kampf gegen Rechts vorantrieb und dabei einen ungeheuren Aktionismus an den Tag legte.

Zuletzt hatten sie ein Internetradio hochgenommen, das von ein paar Neonazis als Spaßprojekt betrieben wurde. Das Radio war keine große Nummer. Kaum jemand in der Szene hatte je etwas davon gehört. Und auch die Jungs, die es betrieben hatten, waren völlige Unbekannte. Das waren irgendwelche nicht organisierten Leute, die zu keiner Szene gehörten. Aber die Staatsanwaltschaft hatte es geschafft, diesen Leuten einen gehörigen Schrecken einzujagen, sodass sie nach ihrer Verhaftung umfassend aussagten. Offenbar dachte man sich, man könne dieses Prinzip wiederholen. Wenn man einfach 33Leute anklagte, dann würden vielleicht nicht alle, aber doch zumindest ein paar umkippen und den Ermittlungsbehörden alles erzählen, was sie brauchten um das Verfahren zu rechtfertigen. Sie dachten wohl, das Verfahren wäre innerhalb von ein paar Tagen durch.

Das Problem war nur: Das AB Mittelrhein war keine kriminelle Vereinigung, sondern nur eine Kameradschaft. Zwar begingen einzelne Mitglieder mitunter strafbare Handlungen – aber das war nicht der Sinn und Zweck dieser Gruppe. Und solange das nicht Sinn und Zweck dieser Gruppe war, konnte man sie juristisch auch nicht als kriminelle Vereinigung bewerten. Da hatte niemand Waffen gehortet. Da hatte niemand Rohrbomben gebaut. Da wurden keine bewaffneten Umsturzpläne geschmiedet.

Trotzdem verhafteten sie 33Leute in der Hoffnung, dass die in der Haft einknickten und noch irgendwelche Leichen aus dem Keller holten. Sie zäumten das Pferd von hinten auf, eigentlich ein Skandal. Und vielleicht eine der größten Fehlkalkulationen in der jüngeren Rechtsgeschichte. Denn 33 Angeklagte bedeuteten, dass mindestens doppelt so viele Anwälte einen Prozess ins Unendliche ziehen konnten. Das war juristisches Harakiri. Aber die Staatsanwaltschaft wollte unbedingt den größten Neonaziprozess der Nachkriegsgeschichte führen. Das erklärten sie selbst. In meinen Augen war das eine reine PR-Show.

Um aus der Sache möglichst bald herauszukommen, entschied ich mich zu einer Aussage. Ich hatte keine Kraft mehr und wollte mich von dieser Szene lösen. Es war einfach zu viel geworden. Die vielen Jahre des Hasses, der Gewalt, der internen Streitigkeiten und Lästereien. Ich glaubte noch immer die Dinge, an die ich auch zuvor geglaubt hatte. Aber ich wollte Abstand zu der Szene gewinnen. Ich hatte nicht das Gefühl, mit meiner Aussage irgendwen zu verraten. Denn ich konnte nichts beitragen, weil ich mit den Mittelrhein-Leuten schlichtweg nichts zu tun hatte.

Als ich in dem Verhörraum saß, kam irgendwann der Oberstaatsanwalt herein. »Herr Reitz«, sagte er und nippte an seinem Kaffeebecher. »Wenn Sie hier unbeschadet rauskommen wollen, dann müssen sie komplett die Hosen runterlassen.«

Ich verschränkte die Arme und lehnte mich in dem Stuhl zurück. »Keine Sorge, Herr Reitz«, sagte er. »Wenn es um die ganz heiklen Themen wie Mord geht – da kriegen wir auch eine Kronzeugenregelung für Sie hin.« Ich fiel beinahe vom Stuhl. »Mord?«, fragte ich. »Sagen Sie mal, haben Sie eigentlich den Verstand verloren? Was denken Sie denn, was das hier werden wird? Was habe ich denn mit irgendwelchen Morden zu tun?« Der Staatsanwalt wechselte ein paar vielsagende Blicke mit den Polizisten. »Na, Herr Reitz, jemand, der so eine zentrale Figur in der Szene war wie Sie, der muss doch wissen, wo die Leichen begraben liegen.« »Was denn für Leichen? Was glauben Sie denn eigentlich, wer wir sind? Wir sind doch keine Terroristen. Wir sind politische Aktivisten.« Ich ließ eine Pause. »Schauen Sie«, sagte ich und fing mich wieder. »Alles was ich je gemacht habe, habe ich öffentlich gemacht. Ich habe Reden gehalten, die vielleicht ein wenig zu weit gegangen sind. Aber ich habe niemals irgendwen angegriffen oder verletzt. Was wollen Sie denn von mir hören?« Wenn es wirklich irgendetwas gegeben hätte, wenn irgendwelche Rohrbomben gebaut worden wären oder Entführungspläne geschmiedet wurden – ich hätte es gesagt. Aber nichts davon war der Fall.

»Wenn Sie hier rauswollen, dann müssen Sie aber mehr liefern.«

»Ich werde wahrheitsgemäß die Vernehmung bestreiten. Aber ich werde hier nichts erfinden.«

Dann zog der Oberstaatsanwalt wieder ab und die Polizisten begannen mit dem Verhör. Sie stellten mir jede Menge Fragen zu irgendwelchen Szenemitgliedern, die ich alle beantwortete. Dann zeigten sie mir ein Video. Ich erkannte es sofort. Ich fasste mir an den Kopf. Das war eine dumme Geschichte. Wir waren auf einer Demonstration in Dresden. Da wir uns in der Gegend nicht auskannten und viele Straßen abgesperrt waren, mussten wir uns einen Weg durch die Stadt suchen. Zufällig kamen wir an einem Autonomen Zentrum vorbei. Wir hätten das wahrscheinlich gar nicht mitbekommen, wenn nicht plötzlich von oben zunächst Steine und dann Haushaltsgegenstände auf uns herabgeworfen worden wären. Das triggerte einige meiner Kameraden so sehr, dass sie versuchten in das Haus einzudringen und die Antifa-Leute zu verprügeln. Irgendwer von uns filmte das Ganze mit seinem Handy und stellte es ins Internet. Meine Kameraden waren so stolz auf diese Aufnahmen, dass sie ihren Angriff auf das Antifa-Haus in allen Sozialen Netzwerken teilten.

»Ist das Paul Breuer auf dem Video?«, fragte mich der Staatsanwalt. »Soweit ich das sehen kann, glaube ich schon«, sagte ich. Es hatte keinen Sinn, das zu leugnen. Es war offensichtlich Paul Breuer. Mein Mitleid mit ihm hielt sich in Grenzen. Ich hatte ihn damals gewarnt, diese Aufnahmen zu posten. Aber er hatte nicht darauf gehört und sich immer wieder freimütig und voller Stolz in aller Öffentlichkeit zu den Aufnahmen bekannt. Man versuchte jetzt einen Vorwurf zu konstruieren, dass ich den Angriff auf das Autonome Zentrum geplant hätte. Aber das war Unsinn. Und das betonte ich auch. Es gab auch keinerlei Beweise für diese Behauptung. Als das Verhör beendet war, brachte man mich zurück in meine Zelle.

* * *

Nach zwei Monaten und zwei weiteren Verhören kam ich aus der Untersuchungshaft frei, als einer der ersten der Verhafteten. Und an dem Tag, als ich die Zelle verließ, wurde auch bekanntgegeben, dass meine Kameradschaft durch das Innenministerium verboten wurde. Deshalb hatte man meine Haftentlassung durch ein weiteres unnötiges Verhör herausgezögert, dachte ich mir. Sie brauchten einfach noch Zeit, um das Verbot vorzubereiten. Aber es war mir mittlerweile auch egal. Ich wollte weder mit meiner Kameradschaft noch mit den Szeneleuten irgendwas mehr zu tun haben. So hatte ich auch auf keine der Zuschriften und Solidaritätsgrüße reagiert. Ich war einfach froh, wieder frei zu sein. Sofort machten Gerüchte in der Szene die Runde:

Reitz ist frei, weil er einen Deal mit der Staatsanwaltschaft geschlossen hat. Reitz ist frei, weil er von Anfang an ein V-Mann war. Alle zerrissen sich das Maul über mich. Und ich? Ich versteckte mich. Ich wollte von all dem nichts mehr wissen. Mich kotzte das alles nur noch an. Diese ganzen Lästereien in der Szene, das Gerede. Aber auch meine Kameraden, die Gewalt, der Hass. Mir wurde schlecht davon. Mir wurde schlecht bei dem Gedanken, dass das meine Welt war, meine ganze Welt. Ich konnte mir nicht mehr vorstellen, für den Rest meines Lebens so weiterzumachen. Ich wollte so nicht mehr leben.

Und so begann ich, mein Leben völlig neu auszurichten. Ich meldete mich bei keinem der alten Kameraden mehr. Mit einer Ausnahme: Ich rief Helle an. Er war der Einzige aus der Szene, der in meinen Augen mehr als nur ein Kamerad war. Für mich war er ein Freund, vielleicht der Einzige, den ich wirklich hatte. »Das ist ja ein Ding, Axel«, sagte er, als ich ihm erklärte, dass ich raus wäre. »Und du willst wirklich aussteigen?«

»Helle, ich habe die Schnauze voll. Ich will mit dieser Szene nichts mehr zu tun haben. Alleine der Gedanke daran macht mich schon krank.«

»Das ist ja ein Ding.«

»Bitte trag es weiter, ja? Ich werde mir eine neue Handynummer besorgen. Sag den Leuten, dass mir keiner mehr zu schreiben braucht. Ich werde eh nicht antworten. Ich will nichts mehr sehen und nichts mehr hören.«

Er ließ eine kurze Pause. Dann fragte er noch einmal nach: »Ist aber nur Show für die Justiz oder?« »Nein, Helle«, sagte ich und war ein wenig enttäuscht, dass er mir so etwas zutraute. Schließlich hatte ich 15 Jahre lang immer für alles, an was ich geglaubt hatte, geradegestanden.

In dieser Zeit sprach mich auch der Verfassungsschutz noch einmal an. Sie hatten mitbekommen, dass ich aussteigen wollte. Sie boten mir ihre Hilfe an. Zunächst lehnte ich ab. Auch wenn ich aus der Szene raus wollte, verspürte ich doch Berührungsängste, von heute auf morgen eng mit dem Staat zusammenzuarbeiten. Ich wollte mich von der Szene distanzieren, aber nicht einfach so irgendwelche ehemaligen Kameraden anschwärzen. Ich hatte noch immer meine alten Feindbilder im Kopf. Und die Schlapphüte des Verfassungsschutzes gehörten in meiner Weltanschauung zu den verhasstesten Figuren. Ich hatte während der Ermittlung ausgesagt und war auch bereit, alles auf den Tisch zu legen. Aber ich war kein Spitzel.

Ich fühlte mich in dieser Zeit sehr einsam. Ich hatte das Bedürfnis, mit jemandem zu sprechen. Irgendwann entschied ich mich, Andreas Molau anzuschreiben. Molau war ein ehemals hochrangiges NPD-Mitglied, das etwa zeitgleich mit mir aus der Szene ausgestiegen war. Zu seiner aktiven Zeit verband uns eine innige Feindschaft. Molau gehörte zu den Parteireformern, die die NPD bürgerlicher machen wollten. Molau war, wie er selbst immer sagte, Achteljude. Darum schmähte ich ihn damals als Achtel-Molau. Ich hatte das Bedürfnis, mich bei ihm dafür zu entschuldigen. Und ich war neugierig. Neugierig, wie er sein Leben ohne die Szene meisterte. Wie es ihm wohl ging. Molau schrieb mir bald zurück, und so begannen wir uns auszutauschen. Das war für mich ein gutes Gefühl. Endlich einmal mit jemandem zu sprechen, der einen ähnlichen Weg gegangen war wie ich. Irgendwann erzählte er mir, dass er sehr gute Erfahrung mit einem Aussteigerprogramm vom Innenministerium gemacht hatte. Ich war skeptisch. Als der Verfassungsschutz auf mich zukam, war das eher eine unangenehme Begegnung. Man versuchte Druck auf mich auszuüben. Aber Molau versicherte mir, dass die Leute bei dem Aussteigerprogramm »Spurwechsel« anders wären. Er gab mir einen Kontakt. Und tatsächlich – ich hatte von diesen Leuten sofort einen guten Eindruck. Es ging überhaupt nicht darum, dass ich über irgendwen irgendetwas erzählte, es ging um mich. Man wollte Gespräche über mein Weltbild mit mir führen. Schon mit Molau sprach ich über unsere alte Ideologie. Und nach und nach begann alles zu bröckeln. Nach und nach hinterfragte ich die Dinge, an die ich viele Jahre lang geglaubt hatte. Nach und nach erkannte ich, dass es so viele Weltbilder gibt, die gleichberechtigt nebeneinander stehen können. Mein Anspruch, die Wahrheit alleine für mich gepachtet zu haben, war einfach nur naiv. Ich gab dem Aussteigerprogramm eine Chance. Warum auch nicht? Ich hatte ja nichts mehr zu verlieren. Mein altes Leben lag völlig in Trümmern. Ich war Anfang 30 und begann noch einmal bei null. Und so war der Kontaktmann vom Verfassungsschutz einer der wenigen Menschen, die jetzt noch zu meinem Leben gehörten. Wir trafen uns alle zwei Wochen und redeten.

Es gibt kein Standardprozedere für Aussteiger aus der rechten Szene. Man arbeitet mit jedem Menschen anders, holt ihn da ab, wo er gerade steht. Mein Betreuer erzählte mir, dass er mit einem Aussteiger aus der Szene zu tun hatte, der einen pathologischen Judenhass aufwies. Er war sich absolut sicher, Juden »riechen« zu können. Also lud mein Betreuer ihn in ein Restaurant ein und machte sich mit dem Aussteiger einen schönen Abend. Erst als sie die Lokalität verlassen hatten, erzählte er ihm, dass das Restaurant jüdisch wäre. Der Aussteiger fiel aus allen Wolken. Sein Weltbild war innerhalb von einem Abend schwer beschädigt.

Aber es war natürlich nicht immer so einfach, auch bei mir nicht. Ein Ausstieg ist in den allermeisten Fällen ein Marathon. Ein Prozess, der sich über einen langen Zeitraum zieht. Dass ich mit der Szene nichts mehr zu tun haben wollte, war für mich schnell entschieden. Mich von der zugrunde liegenden Ideologie zu verabschieden, fiel mir schon schwerer. Stück für Stück tat ich aber das, was ich in den vergangenen Jahren bereits angefangen hatte. Ich dachte die Dinge zu Ende, überlegte, wohin sie führten. »Sie sind damals immer für Freiheiten eingetreten«, sagte mein Betreuer, als ich ihm von meinen Beweggründen erzählte, mich der NPD anzuschließen. Ich nickte. »Aber wohin führte denn Ihr Kampf für die Freiheit? Am Ende standen Sie auf einem Marktplatz und drohten allen Menschen, die nicht ihren Begriff von Freiheit hatten, sie eines Tages an die Wand zu stellen.«

Er hatte völlig recht. Und so war es bei vielen Dingen. Ich bin kein Nazi geworden, weil ich schlechte Absichten verfolgte. Im Gegenteil, ich war für das, was ich in meiner Verblendung für Gut und Richtig hielt. Ich wollte für hehre Werte eintreten. Aber ich begriff nicht, wie diese Ideologie mich korrumpierte und dafür sorgte, dass ich am Ende alle diese Werte, für die ich doch angeblich stand, nach und nach verraten und von Anfang an pervertiert hatte. Das passiert immer bei radikalen Ideologien. Man höhlte für die vermeintlich gute Sache Stück für Stück die eigenen Ideale aus, bis man am Ende für etwas steht, was man niemals sein wollte.

So wie ich mein Innerstes ausmistete, so fing ich auch an, meine Wohnung auszuräumen. Meine gesamte Naziliteratur landete im

Mülleimer. Ich hatte so viel Zeit mit diesem Unsinn verbracht, ich musste das einfach loswerden.

* * *

Nach und nach fing ich an, mich bei einigen alten Schulfreunden zu melden, mich mit neuen Menschen zu umgeben. Und ich besorgte mir einen Hund. Laica. Eine Schäferhündin. Sie war mir eine unglaubliche Stütze in dieser Zeit. Wegen ihr konnte ich mich nicht mehr weiter in meiner Wohnung verschanzen. Sie zog mich wortwörtlich heraus in das richtige Leben. Und nach und nach legte ich nicht nur meinen ideologischen Ballast ab – ich war auch bereit, mir etwas Neues aufzubauen. Nur wusste ich noch nicht so richtig, was es sein sollte. In dieser Zeit beherrschte die Gründung einer neuen Partei die Schlagzeilen. Die »Alternative für Deutschland« wurde ins Leben gerufen und fand eine ungewöhnlich hohe Zustimmung in der Bevölkerung. Zur damaligen Zeit war die AfD noch nicht das, was sie heute ist. Zunächst war die AfD eine Professorenpartei, die sich in erster Linie als eurokritische Stimme aufgestellt hatte. Es war eine bürgerliche Partei, deren Mitglieder sich in der Union nicht mehr wohlfühlten. Ich verfolgte alle Meldungen mit großem Interesse, denn ich begriff die AfD damals als eine Chance. Die Union war unter Angela Merkel immer weiter in die politische Mitte gerückt, was ein spezielles Feld im konservativen Milieu offengelassen hatte.

In der Vergangenheit hatte die CSU diesen Bereich besetzt. Man denke da nur an die vielzitierten Worte von Franz Josef Strauß, dass »rechts von uns« nur noch »die Wand« sei. Deshalb war die CSU noch keine zweite NSDAP, sondern sie wollte im Rahmen des legitimen demokratischen Spektrums nur auch die sehr konservativen

Wähler auffangen und dadurch eine effektive Brandmauer gegen rechtsextreme Bestrebungen aufbauen. Aber das war mittlerweile Vergangenheit, nun gab es eine heimatlose politische Klientel. Einige dieser Leute hatten sich früher der NPD zugewandt, nicht weil sie radikal waren, sondern weil es keine andere Partei gab, die sich für diese Menschen eignete. Wenn jemand bestimmte Thesen vertrat, die demokratische Parteien nicht abdeckten, musste derjenige sozusagen Zuflucht bei Extremisten suchen. Und das zog ihn oder sie schnell in einen gefährlichen Strudel. Auch ich hatte das so erlebt und nahm mir nun vor, der AfD beizutreten.

Ich war dankbar, eine Partei zu finden, die für mich relevante Themen besetzte, ohne radikal dazustehen. Die zum Beispiel Integrationspolitik kritisierte, ohne Ausländerhass zu betreiben. Das fand ich gut und sah diese Partei für mich als eine Möglichkeit, weiter ein politischer Mensch zu bleiben, aber den ganzen Rattenschwanz von Hass und Extremismus abzulegen. Also schrieb ich in meiner grenzenlosen Naivität den Landesverband in NRW an und erklärte ihnen, wer ich bin, wie mein Werdegang verlaufen war und wo ich aktuell stand. Die Partei lehnte mich ab, was ich heute völlig nachvollziehbar finde. Ich hätte mich selbst nicht aufgenommen. Schließlich war ich verbrannt. Das teilte mir die Partei freundlich mit. Im Nachhinein betrachtet, war diese Absage ein großer Glücksfall, denn die weitere Entwicklung der AfD ist bekanntlich Geschichte. Und wer weiß, was aus mir geworden wäre, wenn ich mich schon wieder einem solchen Abwärtsstrudel ausgesetzt hätte. In dieser Zeit, war ich noch ein Suchender. Ich begann gerade damit, mein altes Weltbild abzustreifen. Aber ich hatte noch kein neues gefunden.

* * *

Der Mittelrheinprozess zog sich derweil weiter. Und obwohl mittlerweile jedem klar war, dass die Vorwürfe gegen mich völlig haltlos waren, ließ mich die Staatsanwaltschaft nicht aus der Sache heraus. Ich musste bei jedem einzelnen Prozesstag anwesend sein. Und es wurden viele Prozesstage. Alles zog sich über Jahre hin. Für mich war das vielleicht die schwierigste Zeit meines Lebens. Innerlich löste ich mich nun auch mehr und mehr von meiner alten Ideologie, aber dennoch wurde ich wieder und wieder mit ihr konfrontiert. Immer wieder war ich gezwungen, neben meinen ehemaligen Kameraden auf der Gerichtsbank Platz zu nehmen und wurde in meine Vergangenheit zurückversetzt. Ich wollte endlich loslassen, wurde jedoch immer wieder zurückgezogen.

Aber das mag gerade mein allergrößtes Glück gewesen sein. Denn ich war gezwungen, mich über einige Jahre mit einer Szene auseinanderzusetzen, mit der ich eigentlich nichts mehr zu tun haben wollte. Bei jedem Prozesstag, an dem ich anwesend war, bei jeder Aussage meiner ehemaligen Kameraden, bei jedem verlesenen Telefonprotokoll wurde mir immer klarer, wie sehr ich mich doch verlaufen hatte. Diese Spirale aus Hass, Gewalt, Menschenverachtung und ideologischer Verblendung hatte mich so tief heruntergezogen, dass ich meinen Zynismus gar nicht mehr erkannt hatte. Ich wurde regelrecht blind für die reale Welt. Ich sah die Menschen nicht mehr, sondern nur noch Feindbilder. Immer hatte ich mich selbst als ein Opfer wahrgenommen, aber das war falsch. Ich war kein Opfer, ich war ein Täter. Und als ich die grinsenden Gesichter meiner ehemaligen Freunde auf der Anklagebank sah, als ich erkannte, wie sie noch immer in ihrem kruden Weltbild gefangen waren, in dem ein Mensch mehr wert war als der andere, wusste ich, dass ich das nicht mehr wollte. Und ich erkannte auch, wie sehr ich mich in einzelnen Menschen getäuscht hatte. Das wurde mir noch einmal besonders bewusst, als herauskam, dass Helle ein V-Mann war. Er hatte wohl seit Jahren für den Verfassungsschutz gearbeitet. Zunächst konnte ich es nicht glauben. Aber dann passte alles zusammen. Dass er uns zu Beginn unserer Kameradschaftszeit ein Postfach zur Verfügung stellte, dass er von mir wissen wollte, ob ich wirklich aussteigen wollte – wow! Das hätte ich nie erwartet gehabt. Nicht von ihm. Ich strebte endgültig einen Neuanfang an.

* * *

Irgendwann begriff ich, dass es einfach nicht reichte, mich bloß zurückzuziehen. Ich konnte nicht einfach so beschließen, aus der Szene auszusteigen und erwarten, dass meine Mitmenschen davon Notiz nehmen. Nicht ich, nicht in meiner Position, nicht mit meiner Vergangenheit. Ich musste ein Zeichen setzen und meinen Ausstieg öffentlich machen. Es ging nicht anders. Ich hatte jahrelang massiv um Aufmerksamkeit gebettelt. Ich hatte als Hetzer, Einpeitscher und Propagandist agitiert. Jeder, der mich kannte, verband mich mit dem Menschen, der ich damals war. Jeder, der mich neu kennenlernte, würde mich ebenfalls zunächst einmal auf diese Rolle festnageln. Und so war es ja auch. Fast mein gesamtes Leben war der Mensch Axel Reitz identisch mit dem Nazi Axel Reitz gewesen.

Ich musste klarstellen, dass ich nun einen anderen Weg einschlug. Doch wie? Es gab nur zwei Möglichkeiten. Mir stand es frei, noch einmal ganz von vorne anzufangen, bei null, dann hätte ich in ein Zeugenschutzprogramm gehen müssen. Ein entsprechendes Angebot lag mir vor. Ich hätte einen neuen Namen bekommen, wäre umgesiedelt worden und hätte mit einer neuen

Identität gelebt. Aber das wollte ich nicht. Ich hatte wirklich keine Ahnung, wie meine Zukunft aussehen würde. Aber ich wusste, ich musste zunächst einmal mit meiner Vergangenheit aufräumen, um überhaupt die Chance auf einen Neuanfang zu bekommen. Also wählte ich die zweite Möglichkeit: Ich stand zu meiner Vergangenheit und entschied mich, nun öffentlich mit ihr zu brechen.

In dieser Zeit sprach ich häufig mit Rainer Fromm. Fromm war ein Journalist, der oft über die rechte Szene berichtete. Ich fand immer, dass er uns fair behandelte. Das war nicht selbstverständlich. Auch wenn er natürlich überhaupt nichts mit unseren Positionen anfangen konnte, verdrehte er uns nie irgendwelche Worte im Mund und riss nie unsere Aussagen aus dem Kontext oder unterstellte uns etwas Falsches. Da handelten andere Journalisten anders, was gar nicht nötig war. Wir entlarvten uns mit unserem kruden Menschenbild ja meistens selbst.

»Weißt du, Axel«, sagte Fromm eines Tages, als wir miteinander telefonierten, »dass du aus der Szene ausgestiegen bist, hat noch immer einen ungeheuren Impact. Es wird viel über dich geredet.« Ja, geredet. Ich konnte mir schon denken, was er damit meinte. Man zerriss sich das Maul über mich und stellte mich als den letzten Verräter hin. »Wieso redest du nicht einmal offen darüber?«, fragte er mich. Und so entstand die Idee, einen größeren Fernsehbeitrag über meinen Ausstieg zu drehen. Ich fand diesen Einfall gut. Denn er bot mir die Möglichkeit, nach der ich gesucht hatte, um endlich auch öffentlich mit der Szene zu brechen. Und so begleitete Fromm mich mit der Kamera und veröffentlichte schließlich ein eindringliches Stück über mich im *Heute Journal*. Es fiel mir nicht so leicht, dabei mitzumachen. Auf der einen Seite wollte ich das Bild revidieren, das ich in der Öffentlichkeit über Jahre abgegeben hatte. Auf der anderen Seite beanspruchte mich der Prozess stark, und am liebsten hätte ich einfach nur mit allem abgeschlossen. Dennoch: Ich ließ mich darauf ein. Die Reportage wurde vor einem Millionenpublikum ausgestrahlt. Nachdem der Bericht ausgestrahlt worden war, meldete sich Andrew Schäfer bei mir. Andrew Schäfer arbeitete als Pfarrer für die Evangelische Kirche im Rheinland und war im Landespfarramt für Sekten- und Weltanschauungsfragen tätig. Er kümmerte sich auch um Aussteiger. Schäfer hatte bei Fromm angefragt, ob ich gut versorgt sei. Er bot mir an, dass er mir gerne zur Seite stehen würde. Im Gegensatz zu dem Aussteigerprogramm des Innenministeriums kümmerte er sich mehr darum, meine private Geschichte und meine familiäre Situation aufzuarbeiten. Und so trafen wir uns regelmäßig und Andrew Schäfer wurde zu einer der wichtigsten Stützen in meinem Leben. Jetzt gab es kein Zurück mehr. Jetzt war es offiziell: Ich war draußen.

* * *

Doch meine Vergangenheit ließ mich noch nicht so richtig los. Etwa zwei Jahre, nachdem ich öffentlich ausgestiegen war, befand ich mich in einem Krankenhaus in Dormagen. Ich hatte mich für einen Medikamententest angemeldet. Es sollte eine Studie mit einem neuen Diabetikermedikament durchgeführt werden. Ich saß gerade auf einer Liege und war an einen Tropf angeschlossen, als mein Handy in meiner Hosentasche vibrierte. Ich zog es heraus und las die Nachricht eines guten Bekannten: »Hallo Axel, bist du gerade in Dormagen?« Merkwürdig, woher wusste er das? Er wohnte doch in Hamburg? »Ja, bin ich ...«, tippte ich zurück. Es dauerte ein paar Sekunden, dann erreichte mich seine nächste Nachricht: »Bei einem Medikamententest?«

So langsam wurde es unheimlich.

»Woher weißt du das?«

Statt einer Erklärung schickte er mir einen Link zu Twitter. Als ich den Tweet las, den eine junge Frau dort abgesetzt hatte, wurde mir schlecht. »Bin gerade in der Klinik. Hier liegt ein Nazidings, das könnte ich ja mal ein bisschen quälen.« Dazu postete sie noch meinen Namen. Ich schaute nach, wer diese Frau war, die das tweetete. Sie war scheinbar eine Abgeordnete der Piraten. Später wechselte sie dann zur Linkspartei. Ich schaute mir ihr Profilfoto an. Es war tatsächlich eine der Krankenschwestern, die dort herumliefen, wenn auch zum Glück nicht die Dame, die für mich verantwortlich war.

Dennoch entschied ich mich, sie auf den Tweet anzusprechen, nachdem ich fertig mit der Sitzung war. »Entschuldigen Sie«, sagte ich und hielt ihr mein Handy vor die Nase. »Haben Sie gerade darüber nachgedacht, mich zu quälen?« Die Frau wurde kreidebleich, machte kehrt und lief sofort aus dem Saal. Ein paar Minuten später war ihr Twitter-Profil auf privat gestellt. Ich schüttelte darüber nur den Kopf. Selbst wenn ich noch ein Nazi gewesen wäre, wäre ich dennoch noch immer ein Mensch gewesen. Wie konnte man denn so über andere Leute reden? Dann erinnerte ich mich daran, dass ich früher auch nicht besser gewesen war. Ich hatte wahrscheinlich noch ein paar Hass-Karma-Punkte offen.

Insgesamt betrachtete die extrem linke Szene mich noch immer argwöhnisch. Grundsätzlich konnte ich das verstehen. Nur weil ich bekannte, ich sei ausgestiegen, musste mir das schließlich niemand einfach glauben. Ich war 15 Jahre lang eine Führungsfigur im rechtsextremen Spektrum gewesen. Mir war klar, über einen langen Zeitraum beweisen zu müssen, dass ich meinen Ausstieg ernst meinte. Dennoch war es nicht bloß Skepsis, die mir entgegenschlug, sondern oftmals auch purer Hass. »Solange Reitz nicht seine Adressbücher für uns öffnet, bleibt er ein Nazi«, hieß es aus Antifa-Kreisen.

Damit war der Ton gesetzt. Mir persönlich war es egal. Ich hatte nicht vor, mich irgendwem anzubiedern. Auch wenn ich nicht mehr rechtsextrem war, so war ich noch immer kein Linker und hatte es auch nicht vor zu werden. Dennoch war ich bereit, mit jedem zu sprechen, der das wollte. Ich war bereit, jedem die Hand zu geben. Umgekehrt war das nicht so.

* * *

Ich beobachtete derweil das politische Geschehen aus der Distanz. Und ich nahm wahr, dass viele Dinge, die ich damals in der Szene angestoßen hatte, wiederkamen, allerdings in einer neuen Form. In einer neuen Erscheinungsart. Zum Beispiel, die Sache mit der Querfront, die wir damals nur auf dem Papier umsetzen konnten. Spätestens seit der Coronapandemie ist der Querfront-Gedanke zu einer breiten Realität geworden.

Aber das Ganze fing noch ein bisschen früher an. 2015 gab es die ersten »Montagsdemos für den Frieden«. Russland war gerade in der Krim einmarschiert, und die Welt sorgte sich darum, dass es zu einem Krieg mit der Ukraine käme. Plötzlich gründete sich eine neue, selbsterklärte Friedensbewegung. Im Grunde waren die Menschen, die da zusammenkamen, in erster Linie Putin-Freunde. Leute, die meinten, von unseren Medien belogen zu werden, und dass Wladimir Putin eigentlich gar kein böser Aggressor sei, der sich ohne Not ein Stück eines fremden Landes aneignete, sondern bloß von der Nato dazu getrieben würde, sein Territorium zu schützen.

Heute ist der Querfront-Gedanke wieder populär. Linke und Rechte eint der gemeinsame Kampf gegen das bestehende System. Nach dem Motto: Der Feind meines Feindes ist mein Freund. Viele denken, es handelt sich hier, wie bei den Querdenken, um eine neue Bewegung. Dabei ist das reine Strategie von alten Kadern, die sich spätestens in dem Moment entlarven lässt, wenn man die »Bündnispartner« einmal über die Zeit nach dem erhofften Umsturz debattieren lässt.

In dieser Zeit ploppten die ersten sogenannten Alternativen Medien auf YouTube auf, Leute wie KenFM, die eine Gegenerzählung zum Mainstream anboten und plötzlich einen riesigen Zulauf bekamen. Das lag zum einen daran, dass die Videos mittlerweile handwerklich besser wurden als das, was wir früher zusammengeschustert hatten. Zum anderen sorgte der YouTube-Algorithmus dafür, dass man durch Vorschläge ähnlich gelagerter Videos schnell in eine spezielle Bubble abdriften konnte. Die Alternativen Medien riefen bei vielen Menschen ein grundsätzliches Misstrauen gegen die Narrative der etablierten Medien hervor.

Plötzlich präsentierten reichweitenstarke Videos Blickwinkel auf die Weltpolitik, die es nicht in die Abendnachrichten schafften. Das wäre auch gar nicht möglich gewesen, weil diese Ansichten meist faktenbefreit waren. Und diese Videos erreichten nicht nur die extremen Ränder, sondern zum ersten Mal auch die Mitte der Gesellschaft. So fanden sich Menschen aus allen politischen Lagern zu den Friedensdemos ein. Sie kamen zunächst in kleinerer Anzahl, aber es war seit langer Zeit das erste Mal, dass normale Bürger neben Linken und Rechten standen, die ihre ideologischen Differenzen für einen kurzen Moment beiseitelegten, um geeint in der Sache zu demonstrieren. Während der Coronapandemie verstärkte diese Entwicklung sich. Plötzlich fanden Zehntausende von Leuten aus den unterschiedlichsten Milieus zusammen, um gegen die Maßnahmen der Regierung zu protestieren. Da marschierten Linke neben bekannten NPD-Leuten, Holocaustleugnern und sonstigen Rechtsextremen, und niemand schien das groß zu stören. Im Grunde hatte die rechtsextreme Szene das alles im Kleinen schon vorweggenommen. Doch nun wurden die feuchten Träume der Extremisten, denen auch ich damals nachgehangen hatte, in der Praxis Realität.

* * *

Nach sieben Jahren endete der Mittelrheinprozess für mich endlich. Das Verfahren wurde in allen Punkten gegen mich eingestellt. Und für mich schloss sich damit auch das Kapitel Rechtradikalismus. Zumindest hatte ich es so geplant. Doch auch wenn ich nun endlich von der Ideologie befreit war, so hielt mich meine Vergangenheit weiter fest. Egal, wo ich hinkam, egal, wen ich kennenlernte, es dauerte nicht lange, bis man mich mit meiner Vergangenheit konfrontierte. Da half auch die große TV-Reportage über mich nicht. Und das war ja auch verständlich. Wenn man meinen Namen googelte, dann war das Internet voll von meinen alten Hassreden. Ich war immerhin der Mann, den sie den »Hitler von Köln« nannten. Und auch wenn ich mich für all die Dinge schämte, die ich damals gesagt und getan hatte, und auch, wenn ich mich davon distanzierte hatte, wusste ich, dass ich die Vergangenheit nicht auslöschen konnte.

Also entschloss ich mich, öffentlich auch weiterhin einen Schlussstrich unter meine Vergangenheit zu setzen. Es wäre vielleicht auch gar nicht anders weitergegangen. Ich war nicht mehr der Mensch, der ich früher gewesen war, und das musste ich irgendwie mitteilen. Ich begann, erste Interviews zu geben und mich wieder und wieder von meiner Vergangenheit zu distanzieren. Mir war klar, dass ich das tun musste, damit man mir meinen Wandel glauben konnte. Ich hatte in meinem Leben so viel Gift versprüht, dass die Dosis von diesem Gegengift jetzt einfach sehr hoch sein musste. Ich nutzte also jede Gelegenheit, die ich hatte, über die Szene aufzuklären, mit der ich nichts mehr zu tun haben wollte. In dieser Zeit bekam ich eine Anfrage von Philip Schlaffer. Philip war ebenfalls viele Jahre in der Neonazi-Szene aktiv, bevor er ausgestiegen ist und einen wahnsinnig erfolgreichen YouTube-Kanal aufgebaut hat, auf welchem er seine eigene Vergangenheit reflektiert und Menschen eine Hilfestellung gibt, aus der Szene herauszukommen. Er war das genaue Gegenteil von mir. Ein großer, volltätowierter Kerl, der einfach Klartext sprach, während ich eher einen intellektuellen Touch hatte. Philip hatte sich mit seiner offenen und einnehmenden Art eine riesige Followerschaft aufgebaut. Wir verabredeten uns, um uns einmal kennenzulernen – und waren vom ersten Moment an ein Herz und eine Seele. Im gemeinsamen Gespräch vor der Kamera harmonisierten wir so gut, dass wir gleich mehrere Videos zusammen aufnahmen, und irgendwann, da sagte Philip, dass es doch so langsam Mal an der Zeit wäre, meinen eigenen YouTube-Kanal zu eröffnen. Ich war mir unsicher. Sollte ich das wirklich machen? Es war ja eine Sache in Interviews meine Geschichte zu erzählen – aber mit einem eigenen Kanal, so war meine Befürchtung, würde es vielleicht gar nicht mehr um meine Geschichte gehen, sondern vielmehr um mich – und das wollte ich nicht. Ich wollte nicht mehr als Person so stark im Fokus stehen, so wie ich damals, während meiner Nazi-Zeit im Fokus stand. »Das ist Quatsch«, sagte Philip. »Es geht doch darum, dass du den Menschen besser als alle anderen erklären kannst, wie schnell man sich von irgendwelchen radikalen Ideologien vereinnahmen lassen kann. Du bist doch viel glaubwürdiger als Menschen, die das nicht selbst erlebt haben. Weil du das alles selbst durch hast.« Er hatte recht. Vielleicht war all das, was ich in meinem Leben falsch gemacht hatte, ja doch für eine Sache gut: Dass meine Geschichte als ein Beispiel dienen kann. Wenn auch als ein negatives.

Also eröffnete ich einen YouTube-Kanal und begann, meine Geschichte zu erzählen. Es war der Bericht eines Irrweges, die Geschichte von einer Ideologie, der ich verfallen war, einer Irrlehre, die mich vergiftet hatte. Die aus mir jemanden gemacht hatte, der sich in Menschenhass und Zynismus verwickelt und viele Jahre gebraucht hatte, um da wieder herauszufinden. Es war aber auch die Geschichte meines langen Ausstiegs. Ich wollte den Menschen auch begreiflich machen, dass jeder Ausstieg anders läuft. So wie jeder Einstieg, so ist auch jeder Ausstieg individuell. Es gibt ehemalige Rechte, die heute das komplette Gegenteil verkörpern und glühende Linke sind. Es gibt aber Aussteiger, die noch immer konservative Werte vertreten. Wenn ein Islamist aus der fundamentalistischen Szene aussteigt, dann erwartet niemand, dass er kein Muslim mehr ist. Wenn ein Linksextremist aus dem militanten Milieu fortgeht, dann kann er sich noch immer für soziale Gerechtigkeit einsetzen. Entscheidend ist, dass man sich von radikalem, undemokratischem Gedankengut lossagt.

Ich nannte den Kanal: »Der Reitz-Effekt« – und er wurde zu einem vollen Erfolg. Philip unterstützte mich vom ersten Tag an und irgendwann, da fragte er mich, ob ich mich nicht auch bei Extremislos e.V., engagieren wollte. Er hatte den gemeinnützigen

Verein gegründet, der sich präventiv gegen Extremismus einsetzte. Philip besucht dafür etwa Schulklassen und erklärt jungen Menschen, wie er selber in eine radikale Szene reinrutschen konnte – und wie er wieder den Ausstieg fand. Ich fand die Idee gut. Ich hatte auf Einladung von Herr Schäfer zuvor schon Vorträge vor Studiengruppen und kirchlichen Gruppierungen gehalten. Und auf Einladung des Innenministeriums sogar schon vor Staatsschutzbeamten referiert. Gleichzeitig wurde ich auch im Internet immer präsenter und schließlich passierte etwas Erstaunliches. Die Menschen begannen wieder, mir zuzuhören. Und nach und nach wendeten sich immer mehr Leute aus der Szene an mich. Menschen, die erkannten, dass ich mit meinen Ausführungen wunde Punkte berührte. Leute, die sich mit meinen Erfahrungen identifizierten, die auch aussteigen wollten. Aus meinem ersten YouTube-Auftritt wurden so mehr und mehr Videos. Und aus den Videos und der Vereinsarbeit erwuchs für mich eine neue Lebensaufgabe: Den Menschen zu zeigen, dass es nie zu spät ist, sich zu ändern und noch einmal ganz von vorne anzufangen.

NACHWORT

von Andrew Schäfer,
Pfarrer vom Landespfarramt für Weltanschauungsfragen der Evangelischen Kirche im Rheinland

An einem Abend im Jahr 2013 lief in einer Hauptnachrichtensendung ein Bericht, der mich nachdenklich machte. Es war das Porträt eines jungen Mannes, der die längste Zeit seines Lebens im Rechtsextremismus verbracht hatte. Der ein hoher Kader und Schrittmacher der Szene war. Ein junger Mann, der sich dann für den Ausstieg entschieden hatte – und plötzlich vor den Trümmern seines Lebens stand. Sie nannten den Mann in dem Porträt einst den »Hitler von Köln«. Mich interessierte mehr der Mensch hinter diesem Namen. Ich kannte den Autor des Beitrags, Rainer Fromm. Er befasst sich seit vielen Jahren mit extremistischen Gruppierungen. Er tut das als Journalist. Ich tue das in meiner Beratungsfunktion als Pfarrer der Evangelischen Kirche im Rheinland. Im Landespfarramt für Weltanschauungsfragen begleite ich unter anderem Menschen, die aus solchen Gruppierungen aussteigen wollen. Noch am selben Abend schrieb ich Fromm eine Nachricht: »Ist dieser Mann aus deinem Bericht gut versorgt?« Er antwortete mit einer Telefonnummer. So kam mein Kontakt zu Axel Reitz zustande. Ein Kontakt, der über die Jahre immer intensiver wurde – und bis heute andauert.

Axel Reitz war zu diesem Zeitpunkt bereits in einem Aussteigerprogramm des Innenministeriums untergekommen. Während man dort darauf achtet, neben den alltagspraktischen besonders die ideologischen Fragen in den Fokus des Programms zu rücken, geht es mir mehr um die Begleitung des Aussteigers in seinem persönlichen Leben und die dort angesiedelten, tiefer liegenden Motive für sein Denken und Handeln. Die meisten Aussteiger, ganz egal ob sie sich aus einer politischen Gruppierung, aus dem Links- oder Rechtsextremismus oder aus einer religiösen Sekte lösen, sind damit konfrontiert, dass ihnen von heute auf morgen ein Teil ihres sozialen Umfelds wegfällt, aber auch ihre innere Identitätskonstruktion mehr oder weniger kollabiert. Das ist nicht ungefährlich. Die meisten Aussteiger stehen zunächst einmal vor einem ganz großen Nichts. Und es ist eine Herausforderung für sie zu lernen, das eigene Leben noch einmal neu zu entwerfen. Es ist, als würde man von heute auf morgen in eine fremde Stadt ziehen, in der man niemanden kennt, in der man keinen Job, oft auch keine Ausbildung und auch keine sozialen Haftpunkte mehr hat, an denen man anknüpfen könnte. Aussteiger stehen oft vor ganz alltäglichen Problemen und Fragen. Wie strukturiere ich meinen Alltag? Wann stehe ich morgens auf? Wie verbringe ich die freie Zeit, die ich früher vielleicht in mein politisches Engagement gesteckt habe? Es ist alles andere als einfach, sich ein neues Leben aufzubauen. Aber es ist von entscheidender Bedeutung, sich möglichst schnell eine neue Struktur zu schaffen. Eine feste Tagesstruktur kann helfen, nicht wieder in alte Verhaltensmuster zu verfallen.

Aussteiger aus radikalen Ideologien stehen außerdem in der Gefahr, sich schnell wieder einer neuen, ebenso extremen Ideologie oder Gemeinschaft anzuschließen. Das kann stabilisierend wirken, am Ende bedeutet es aber, dass sich nichts geändert hat, sondern der Kaiser nur die Kleider gewechselt hat. Die Frage nach tieferen Strukturen und Motivationen, die in den Extremismus geführt haben, bleibt schnell auf der Strecke. Genau darum geht es in der Beratung: den Menschen und seine Bedürfnisse, seine Probleme, Ängste und Sorgen zu erfassen, die ihn dazu trieben, sich einer radikalen Ideologie anzuschließen. Diese Themen zu bearbeiten ist mühevoll, langwierig und kleinteilig. Ich begleite Aussteiger über viele Jahre, wenn nötig. So war es auch mit Axel Reitz. Anfangs habe ich ihn besucht, bei ihm zu Hause, in seiner Wohnung in Pulheim. Später sind wir dann regelmäßig rausgegangen. Trafen uns in Restaurants – Axel Reitz ist ein Genussmensch – oder auch in Museen oder auf anderen Kulturveranstaltungen. Ich habe versucht, den Menschen Axel Reitz zu lesen und zu verstehen, der sich jahrelang hinter seiner Rolle als »Hitler von Köln« verborgen hatte. Ich wollte begreifen, wie er denkt und warum er die Dinge getan hat, die er getan hat, und wer er außerdem noch war und ist.

Es gibt im Leben immer wieder besondere Krisensituationen, die wir mit unseren erlernten Verhaltensmustern nicht bewältigen können. Wir sind aber grundsätzlich offen für neue Verhaltensweisen und Strategien, um Probleme zu meisten. Auf der einen Seite ist das gut, weil wir uns so weiterentwickeln können. Auf der anderen Seite sind diese speziellen Situationen aber auch besonders riskant, weil wir nicht absehen können, wie gut unsere neu ausprobierten Lösungsansätze tatsächlich funktionieren. Es sind genau diese Momente, in denen Menschen an Personen geraten, die ihnen eine vermeintlich gute Lösung ihres Problems anzubieten vorgeben. So schaffen sie eine meist persönliche, emotionale Bindung, über die später dann auch die Ideologie oder eine Bindung an Führungspersonen und die Gemeinschaft gefördert und vermittelt werden können. Ganz egal ob das religiöse oder politische Ideologien sind – sie können bei Menschen verfangen, die sich gerade in einer existenziellen Krise befinden. Nach meiner Erfahrung hat jede Radikalisierung immer auch solche biografischen Konnotationen.

Auch bei Axel Reitz war das der Fall. Sein Weg in den Rechtsextremismus hätte auch ganz anders verlaufen können, wenn ihm die entsprechenden Menschen begegnet wären. Axel Reitz hat den Rechtsextremismus entdeckt, weil er es in der Schule als ungerecht und unredlich empfand, dass seine Sozialkundelehrerin bestimmte extremistische politische Gruppen zensieren wollte, ohne ihm zu erklären, was ihre Gründe dafür waren, während sie andere problematische Gruppen aber zuließ. Das war der Trigger, der ihn an seinen Vater erinnerte, der ebenfalls immer wieder autoritär auftrat und lieber anordnete als begründete. Darauf reagierte er mit seinem ihm eigenen Trotz. Axel Reitz nimmt die Dinge nicht einfach so hin wie sie sind. So ist er in eine Welt abgedriftet, die ihm vermeintliche Erklärungen für seine Fragen angeboten und die ihn mit seinen 13 Jahren an die Hand genommen hat. Ich glaube nicht, dass Axel Reitz allein von der politischen Ideologie überzeugt worden wäre. Es wurde ja schon früh deutlich, wie sehr er sich mit ihr oftmals nur arrangierte. Etwa im Hochhauswahlkampf der NPD, wo er zu Mitteln griff, die er selbst als zynisch erkannte, die er aber dennoch anwendete, weil sei einer vermeintlich »höheren Sache« dienten. Das Einfallstor des Rechtsextremismus in sein

Leben war letztlich seine Biografie. Die Ideologie ist oft austauschbar. Das kann man übrigens aktuell bei Verschwörungsideologen gut beobachten, die eine fanatische Verschwörungsmentalität ausgebildet haben und je nach Krise das Narrativ wechseln können. Es sind die biografischen Bruchstellen, die einen Menschen erst für solche Ideologien öffnen und anschlussfähig machen.

An Axel Reitz sind mir zwei Charaktereigenschaften aufgefallen, die besonders herausragend sind. Zum einen ist Axel Reitz ein unglaublich hartnäckiger und sturer Mann. Zum anderen wird er bei allem, was er macht, von einer tiefen, intrinsischen Motivation geleitet. Man kann Axel Reitz nicht sagen, was er machen soll. Axel Reitz macht das, was Axel Reitz für richtig hält. Ich empfinde diese beiden Eigenschaften in ihrer Kombination als durchaus problematisch. Seine Sturheit ist für mich aber zugleich auch Ausdruck einer enormen Kraft, einer besonderen Willensstärke. Reitz wurde einen Großteil seines Lebens massiv angefeindet. Beleidigt. Beschimpft. Bespuckt. Mit dem Messer angegriffen. Das hält man nicht durch, wenn man nicht einen starken Willen besitzt. Auf der einen Seite waren es diese beiden Eigenschaften, die ihn lange in der Szene gehalten haben. Auf der anderen Seite sind es aber auch genau diese Eigenschaften, die es ihm ermöglichten, seinen Ausstieg so konsequent zu bewältigen. Trotz aller Rückschläge und Schwierigkeiten. Denn Schwierigkeiten gab es viele.

Eine Ideologie legt man nicht von heute auf morgen ab. Das ist ein langwieriger, ein komplexer Prozess. Vertrauen ist die zwingende Voraussetzung für eine gelingende Beratung. Das gilt grundsätzlich, und umso mehr in diesem Beratungsfeld. Denn nur so lässt sich auch gemeinsam die Ideologie hinterfragen, die ein Aussteiger ja überwinden möchte. Axel Reitz' Argumentationsmuster waren gerade zu Beginn von einem dualistischen Schwarz-Weiß-

Denken geprägt. Erst nach und nach erweiterte er seine Perspektive und konnte differenzierter formulieren. Es dauerte eine lange Weile, bis er auch andere Argumentationsmuster zuließ. Bis er wirklich – aus sich selbst heraus - ein liberaleres Weltbild annahm. Nach und nach hat Axel Reitz seine Glaubenssätze in Frage gestellt, hat seine Identität »umgebaut« und neu konstruiert. Er war schon immer ein eigenständiger Mensch. Würde man versuchen, ihm eine Weltsicht aufzudrängen, dann würde er das als manipulativ empfinden und ablehnen. Axel Reitz braucht immer ein Gespräch auf Augenhöhe.

Wie sehr nicht nur neue Krisen und Anfeindungen Axel Reitz' Leben begleiten, sondern auch alte noch präsent sind, konnte ich selbst erfahren. Ich habe Axel Reitz einmal zu seinem Prozess in Koblenz begleitet. Als wir gerade in das Gerichtsgebäude gehen wollten, hielt er mich zurück. Es sei nicht so gut, sagte er mir, wenn er zeitgleich mit seinen »alten Kameraden« das Gerichtsgebäude betrete. Sie würden ihn gelegentlich ihre Zuneigung spüren lassen, bemerkte er ironisch. Und so warteten wir, bis alle anderen drinnen waren. Ein paar Monate später wollten wir uns eine Ausstellung im Wallraf-Richartz-Museum anschauen. Am Abend vorher rief er mich an. Es gäbe an dem Tag einen Aufmarsch von Pegida am Hauptbahnhof in Köln. Dort wären dann wieder seine »alten Kameraden« anzutreffen und dazu noch seine anderen »Freunde« aus dem linken Lager bei deren Gegendemo. Wir könnten uns dann aussuchen, vor wem wir gemeinsam die Flucht ergreifen müssten. Wir fuhren dann zum Haus der Geschichte in Bonn.

Ein Aussteiger braucht zu Beginn seines neuen Lebens Personen, zu denen er eine vertrauensvolle Verbindung hat. Und die hatte Axel Reitz in seiner Familie. Seine Familie hatte ihn zwar schon früh rausgeschmissen und seine Eltern haben nie einen Zweifel daran gelassen, wie verwerflich sie finden, was er da macht, aber dennoch haben sie den Kontakt zu ihm nie abgebrochen. Sie haben ihren Sohn nie ganz aufgegeben und somit intuitiv das gemacht, was ich in meiner Beratung den Familien immer empfehle. Egal wie sehr man sich in der Sache auseinanderdividiert, egal, wie unterschiedlich die weltanschaulichen und politischen Ansichten auch sein mögen, man sollte immer versuchen zumindest auf einer menschlichen Ebene noch einen Weg zu finden, den Kontakt aufrecht zu erhalten. Man sollte die Brücken niemals ganz niederreißen. Wenn ein Mensch seinen Weg zurück sucht und dann vor eingerissenen Brücken steht, wird dieser Weg noch schwieriger.

Axel Reitz ist bis jetzt einen langen Weg gegangen. Er hat es sich dabei nicht leicht gemacht und sich nur angepasst. Er hat sich von seiner Vergangenheit mühevoll distanziert, er hat aus ihr gelernt und einen Rahmen für seine Vergangenheit gefunden, in die sie passt. Axel Reitz versucht heute, anderen Menschen zu helfen, einen Ausstieg aus dem Extremismus zu finden. Das ist für unsere Demokratie wertvoll und für ihn mehr als erfüllend. Aber das ist nicht das Ende des Weges für den Menschen Axel Reitz. Ich bin sehr dankbar für die gemeinsame lehrreiche Zeit mit ihm und wünsche ihm von Herzen, dass ein Zeitpunkt in seinem Leben kommt, in dem seine Gegenwart nicht mehr von seiner Vergangenheit bestimmt wird. Diesen Weg hat er noch vor sich.

DANKSAGUNG

Mit 40 Jahren ist man eigentlich noch nicht in einem Alter, in dem es lohnt auf sein Leben zurückzublicken und eine Autobiographie zu schreiben. Mein »erstes Leben« habe ich allerdings schon hinter mir. Ein Leben als Ideologe. Als Fanatiker. Als Extremist. Als »Der Hitler von Köln«. Ein Leben, das dazu missbraucht wurde, um mit Hass und Hetze Schaden zu verursachen. Schaden an der Gesellschaft, am friedlichen Zusammenleben, am Gedanken der Völkerverständigung, am Andenken Verstorbener, an historischen Fakten sowie insbesondere an Personen und Gruppen, die willkürlich als Feinde markiert und entsprechend verunglimpft, beleidigt und verächtlich gemacht wurden. Schaden aber auch an mir selbst, meinen sozialen Kompetenzen, meiner Entwicklung und meiner Menschlichkeit an sich. Und nicht zuletzt Schaden an den Menschen, die mir nahestanden und die hilflos mitansehen mussten, welche fürchterlichen Irrwege ich scheinbar ohne Hoffnung auf Veränderung unnachgiebig beschritt.

Besonders meine Eltern und mein Bruder hatten unter mir und meinen Aktivitäten zu leiden. Trotzdem haben Sie mich nie ganz aufgegeben. Und nachdem ich doch noch erkannte, wie sehr ich mich verirrte hatte, waren sie es, die sofort zur Stelle waren, um mir bei meiner kompletten Abkehr vom Extremismus und dem beschwerlichen Weg der politischen, gesellschaftlichen und sozialen Rehabilitation zur Seite zu stehen. Ihnen gilt an dieser Stelle als Erstes mein Dank. Dafür, dass sie mich nicht haben fallen lassen, obwohl sie jeden Grund dazu gehabt hätten. Dafür, dass sie mir dabei geholfen haben, ein neues Leben zu beginnen. Dafür, dass sie meine Familie blieben und heute noch sind. Diesen hier mit bescheidenen Worten zum Ausdruck gebrachten Dank wird meine Mama aber leider nicht mehr lesen können, obwohl sie es besonders verdient hätte. Sie wurde vor 2 Jahren nach einer langen und schweren Krankheit von einem sanften Tod erlöst und riss eine große Lücke in mein Leben. Auch wenn sie schwer unter meinem Neo-Nazi-Wahnsinn litt, stand sie doch immer zu mir als ihrem Sohn mit all der Liebe, die nur eine Mutter zu geben vermag. Sie fehlt mir sehr und ich vermisse sie jeden Tag. Der Trauer über ihren Verlust und der Erkenntnis, wie viel sie mir bedeutet, folgt dabei unweigerlich das schmerzhafte Eingeständnis, dass ich sie und mich durch meine falschen Entscheidungen um unendlich viel Zeit betrogen habe. Zeit, die ich mit ihr hätte verbringen sollen, anstatt sie auf Demos, Kundgebungen, Besprechungen in und mit einer Szene zu vergeuden, deren Protagonisten ihr niemals das Wasser reichen könnten. Trotzdem möchte ich Dir danken, Mama, wo immer Du jetzt auch bist. Dir und Deinem Andenken möchte ich dieses Buch widmen. Verbunden mit der Hoffnung, dass es vielleicht einen Teil dazu beitragen kann, dass andere nicht die Fehler begehen, die ich in meiner Jugend begangen habe. Und die ich nun für den Rest meines Lebens bereuen werde.

Dank schulde ich aber auch nicht nur meiner Familie, sondern auch meinem Freund Andrew Schäfer, der diesem Buch ein Nachwort beigesteuert hat, in dem er mit eigenen Worten berichtet, wie viel und wie sehr er mir in seiner Funktion als Seelsorger und Weltanschauungsbeauftragter der Evangelischen Kirche im Rheinland dabei geholfen hat, mich meiner Verantwortung zu stellen und ein neues Kapitel in meinem Leben aufzuschlagen. Großen Anteil daran hatte auch Felix vom Aussteigerprogramm »Spurwechsel« des Innenministeriums NRW, der mit seinen Kollegen über viele Jahre dafür Sorge trug, dass ich einen sicheren und nachhaltigen Ausstieg aus der rechtsextremen Szene vollziehen konnte und wieder tiefes Vertrauen in unseren Staat und seine Institutionen fassen konnte. Danke dafür! Danken möchte ich an dieser Stelle auch meiner großen Liebe Caro, der Frau an meiner Seite, die mich nicht nur so liebt und akzeptiert wie ich bin, sondern die mir auch dabei hilft ein besserer Mensch zu sein. Und was wären all diese Danksagungen wert, wenn nicht auch der Mann mit ihnen bedacht werden würde, ohne den ich niemals angefangen hätte meine Vergangenheit öffentlich aufzuarbeiten? Dank geht also raus an Philip Schlaffer, einem weiteren tollen Menschen, den ich das Privileg habe, einen wahren Freund nennen zu dürfen! Er war es, der mir auf seinem YouTube-Kanal »Ex Rechte Rotlicht Rocker« zuerst eine Plattform bot, um dort über mein bisheriges Leben und meinen Wandel zu sprechen, und der mich später dazu ermutigte, selbst einen Kanal ins Leben zu rufen, auf dem ich meine Geschichte erzählen und meine Erkenntnisse mit einer großartigen Community teilen konnte.

Ohne all diese wunderbaren Menschen, ihr Verständnis, ihren Beistand und ihre Mithilfe bei meinem Weg in ein neues Leben wäre es wohl nie zu diesem Buch hier gekommen. Das gilt auch für die unermüdliche Hilfe und Unterstützung von Dennis Sand bei der Arbeit an diesem Werk, für die ich ihm hier ebenfalls von Herzen danken möchte. Zu guter Letzt bleibt mir nur noch der

Gesellschaft dafür zu danken, dass sie mir eine zweite Chance gegeben hat, nachdem ich als Extremist alles dafür getan hatte, mir eine solche nicht zu verdienen. Das weckt in mir immer wieder ein tiefes Vertrauen in die Größe und Stärke unserer Demokratie und die immense Kraft der humanistischen Ideale, die sie prägen. Danke!

Axel Reitz, im Juni 2023

EXTREMISMUS – WIE UNSERE DEMOKRATIE REAGIEREN SOLLTE

Extremismus ist ein Gift. Ein schleichendes Gift, dass nicht nur in der Lage ist einen Menschen, sondern auch unsere Gesellschaft langsam zu zersetzen. Doch es gibt ein Heilmittel. Ein natürliches Gegengift und das findet sich tief in den Grundfesten unserer freiheitlich-demokratische Grundordnung verankert. Unsere Gesellschaft ist in der Lage Extremismus entgegenzutreten und ihn zu bekämpfen. Und, dafür bin ich vielleicht das beste Beispiel, Menschen zu befreien, die sich tief in den Geflechten einer fatalen Ideologie verheddert haben. Doch um Extremismus entgegenzutreten, muss man verstehen, wie er funktioniert.

Menschen werden immer dann für den Extremismus anfällig, wenn sie sich in besonders schwierigen Lebensverhältnissen befinden. Ganz egal, ob es sich um eine existenzielle Krise handelt, ob sie das Gefühl haben, verloren zu sein oder einfach nicht genügend Wertschätzung erfahren. Es sind Momente wie diese, in denen Extremisten andocken können. So war das auch bei mir. In der Schule gab man mir das Gefühl, dass die Fragen, die ich hatte, dumm und wertlos wären. Statt sich mit mir und meinen Bedürfnissen auseinanderzusetzen, verbot man mir einfach den Mund. Wischte meine Punkte vom Tisch. Das war für mich ein Trigger. Ich fand in der NPD dann Menschen, die das genaue Gegenteil machten. Die mich (vermeintlich) ernst nahmen und mich bestärkten. Im Nachhinein betrachtet, war es ein riesiger Zufall, dass ich im rechtsextremen Spektrum gelandet bin. Genauso gut, hätte ich ein Kommunist, ein Anarchist oder ein Salafist werden können – wenn diese Leute mir nur vorher begegnet wären. Wenn Menschen in den Extremismus abdriften, dann geht es selten um Politik. Wenn Menschen in den Extremismus abdriften, dann geht es zunächst darum, dass sie eine Gruppe finden, die auf ihre Bedürfnisse eingeht. In dieser Gruppe bekommt man nach und nach eine eigene Identität. Man bekommt ein Status, man bekommt Feindbilder und Erlebniswelten. Die Politik kommt erst später. Nach und nach wird man indoktriniert und man übernimmt bereitwillig, die angebotenen Inhalte, weil man sich in der Gruppe wohlfühlt und ihre Gunst nicht verlieren möchte.

Wer das versteht, der versteht auch, wie man Extremisten betrachten muss. Der versteht, dass man hinter dem Nazi auch noch den Menschen sehen muss. Um Extremismus zu bekämpfen, ist es wichtig den Extremismus abzulehnen, aber zu erkennen, dass der Extremist mehr als nur die Ideologie ist, die er verkörpert. Er ist auch ein Mensch. Wenn man das nicht verinnerlicht, dann bedeutet das, dass das gesamte Konzept der Resozialisierung nichtig ist. Dann müsste man einen Menschen, der einmal an das falsche glaubt, für immer abschreiben. Dann würde auch ich hier nicht sitzen und dieses Buch schreiben dürfen.

Ein weiterer Schlüssel um Extremismus zu bekämpfen, ist es, ihm konsequent entgegenzutreten. Konsequenz bedeutet, jede Form von Extremismus abzulehnen. Egal ob religiösen, politisch linken oder rechten Extremismus. Das passiert leider nicht immer. Unsere Gesellschaft neigt dazu, bestimmte Formen von Extremismus eher zu legitimieren oder zu entschuldigen, als andere. Das mag rational nachvollziehbar sein. Natürlich ist es für Menschen leichter gutzuheißen, wenn man behauptet, man tue die Dinge, die man tut für soziale Gerechtigkeit, Klimaschutz und eine bessere Welt, als wenn man für ein ethnisch gesäubertes Deutschland eintritt. Doch so einfach ist das nicht. Ein Extremist zeichnet sich immer dadurch aus, dass er nur von einer Wahrheit ausgeht. Er ist deswegen so gefährlich, weil er überzeugt ist, dass er im Besitz einer alleinigen Wahrheit ist. Und wer so denkt, der legitimiert es auch, mit allen Konsequenzen gegen Menschen vorzugehen, die seine Wahrheit nicht teilen. Am Ende steht fast zwangsläufig Gewalt. Das ist dann eine Gesinnungsethik und keine Verantwortungsethik. Das ist Mist. Eine offene, pluralistische Gesellschaft darf sich keine Diskussion leisten ob der eine Extremismus schlimmer ist, als der andere. Damit macht man sich unglaubwürdig. Extremismus gehört abgelehnt. In jeder Form.

Extremismus ist immer auch ein Spiegel der Gesellschaft. Das gilt auch für die Zusammensetzung von extremistischen Gruppierungen. Auch wenn man das Bild gerne zeichnet, Extremisten sind aber nicht nur Verlierer und Versager. Extremismus kann jeden betreffen. Auch Akademiker. Das hat man zuletzt gut in der Corona-Pandemie gesehen. Da haben sich Menschen radikalen Gedanken geöffnet, die in eine Notsituation gekommen sind, die in einer Lage waren, die ihnen Angst gemacht hat. Auch die Mitte der Gesellschaft kann sich radikalisieren. Anfällig sind wir alle. Ich kenne Leute aus dem Showbusiness, die sind gegen den Kölner Ableger von Pegida auf die Straße gegangen um dagegen zu demonstrieren. Aber es waren die selben Leute, die ein paar Jahre später mit den gleichen Leuten bei den Corona-Protesten auf die Straße gegangen sind. Ohne zu hinterfragen, mit wem man da eigentlich marschiert und welche Parolen man dort skandiert. Extremismus ist ein Gift. Und es verteilt sich schleichend. Niemand ist davor gefeit, in einem schwachen Moment, den richtigen Weg zu verlieren. Ob das die Frau ist, die sich in einer schweren Ehekrise befindet, und auf einen Guru stößt, oder der Mann, der nach vielen Jahren seinen Job verliert und in seiner Verzweiflung auf eine Gruppe radikaler Gläubiger stößt. Niemand ist vor Extremismus gefeit. Darum ist es so wichtig präventiv zu arbeiten. In Deutschland neigen wir dazu, zu reagieren statt zu agieren. Wenn Aufklärungsveranstaltungen an Schulen stattfinden, dann meistens, weil zuvor schon etwas passiert war. Weil irgendwelche radikalen Parteien auf dem Schulhof etwas verteilt haben oder einer der Schüler vielleicht einer Gruppe beigetreten ist. Darum ist es so wichtig frühzeitig Resilienz aufzubauen. Die Menschen müssen im Vorfeld verstehen, auf was sie sich da überhaupt einlassen, mit welchen Trugbildern agiert wird. Wie sich die Realität unterscheidet von der Propaganda. Dann sind die Hürden viel höher, dass jemand auf Menschenfänger reinfällt. Ein Ausstieg ist immer ein Marathon. Deswegen sollten wir früh genug dafür sorgen, dass die Leute gar nicht erst in den Extremismus reingeraten.

Das ist eine gesamtgesellschaftliche Aufgabe, an der wir alle mitarbeiten müssen. Wir müssen dafür sorgen, dass sich die Debattenräume nicht noch weiter verengen. Wenn jemand mit Ängsten kommt, sollte man diese Ängste nicht dämonisieren. Wenn jemand Unsinn redet, dann sollte man diesen Unsinn sachlich auseinandernehmen. Aber man sollte nie vergessen, dass es Menschen sind, die da vor einem stehen. Und Menschen muss man zugestehen, dass sie Ängste haben. Wenn wir beginnen Sprechverbote zu verteilen, dann gibt es irgendwann einen Trump-Effekt. Dann werden viele Leute aus Trotz erst recht Positionen vertreten, die sie vielleicht so gar nicht vertreten würden. Demokratie bedeutet ein Höchstmaß an Toleranz. Und Toleranz heißt etwas zu ertragen. Ich muss das nicht gut finden. Aber ich muss Raum für andere Meinungen geben. Ich kann mit meiner Meinung jederzeit in einen demokratischen Wettstreit gehen. Ich kann mein Gegenüber widerlegen, ich kann ihm oder ihr ein anderes Bild zeigen, ich kann versuchen auf die Person einzuwirken, ihr die Ängste nehmen, Vorurteile abbauen, versuchen Begegnungen zu schaffen.

Ich weiß heute: Den Blickwinkel, den ich einnehme, der ist mein Blickwinkel, der durch viele Dinge geprägt und beeinflusst ist. Er ist aber nicht der Weisheit letzter Schluss. Er kann sich täglich ändern. Durch neue Infos. Ich kann mir zugestehen, dass ich mich getäuscht habe. Ich kann anderen Leuten zuhören, die einen anderen Blickwinkel haben, einen anderen Erfahrungsschatz, eine andere Herangehensweise, eine andere moralische, politische, soziale Überzeugung. Dieser andere Blickwinkel ist dann genauso legitim wie meiner. Wenn ich denke, nur ich habe recht, dann ist die Konsequenz, dass ich jeden bekämpfe., der eine andere Meinung hat. Diskutieren ja, immer. Verbieten, nein niemals. Die Grenze zieht da die freiheitlich demokratische Grundordnung. Was außerhalb liegt, ist eine Frage für den Verfassungsschutz und die Justiz. Für alles andere, sind wir selbst verantwortlich. Als eine starke, wehrhafte Demokratie, die erst zu dieser wird, wenn wir lernen, ihre Werte zu leben. Das ist das Gegengift. Das Einzige, was tatsächlich wirkt.

Axel Reitz, im Mai 2023

UND GANZ ZUM SCHLUSS …

Wenn Ihr meine ehrenamtliche Tätigkeit in der Extremismus-Prävention unterstützen möchtet, gibt es viele Möglichkeiten! Ich bin über jede Hilfe dankbar und je mehr Support ich erhalte, umso mehr wird möglich!

- YouTube: https://www.youtube.com/c/DerReitzEffekt
- Patreon: - Exklusive Bilder, Dokumente, Infos https:/www.patreon.com/AxelReitz/membership
- Paypal: https://www.paypal.com/paypalme/reitzendersupport

Socialmedia & Kontakt

- Instagram: https://www.instagram.com/realaxelreitz
- Twitter: https://twitter.com/ReitzAxel
- Persönlicher Kontakt: Axel.Reitz@extremislos.de

Der Verein Extremislos – Gemeinsam für die Demokratie!

Der Extremislos e. V. ist eine kompetente Adresse für Prävention, Information und Rehabilitation rund um die Themen Extremismus, Gewalt und Menschenfeindlichkeit. Wir engagieren uns durch Projekte und Events für mehr Resilienz unter Jugendlichen und jungen Erwachsenen gegen extremistische Ideologie und für mehr Aufklärung und Achtsamkeit unter Erziehungsberechtigten, Pädagogen und anderen Verantwortlichen. Beim Extremislos e.V. glauben wir daran, dass eine tolerante und gewaltfreie Gesellschaft von allen Mitgliedern abhängt. Wir sind also nicht nur davon überzeugt, dass die Gesellschaft verteidigt werden muss, sondern auch, dass jeder Einzelne dazu gefragt ist – und keiner verloren gehen darf. Unsere Vision ist es, eine gewaltfreie und tolerante Gesellschaft aufzubauen und zu erhalten. Unsere Ziele sind es, die Resilienz von Jugendlichen und jungen Erwachsenen gegen extremistische Ideologien und gegen extremistische Rekrutierung zu stärken und einen Beitrag zur Prävention von politisch und/oder religiös motiviertem Extremismus zu leisten, insbesondere in den Bereichen Rechtsextremismus, Linksextremismus und radikaler Salafismus. Wir glauben an Demokratie, Toleranz, Respekt, Solidarität und Gewaltfreiheit. Wir setzen uns für eine inklusive und demokratische Gesellschaft ein. Wir setzen auf Gleichberechtigung und setzen die Würde des Menschen als oberstes Handlungsprinzip voraus. Wir sind überzeugt, dass es möglich ist, auf Augenhöhe und respektvoll miteinander zu kommunizieren und zusammenzuarbeiten, auch wenn Meinungen und Perspektiven unterschiedlich sind.

- Extremislos e.V. – AntiGewalt & DeRadikalisierung: http://www.extremislos.de
- Anfragen für Vorträge und Workshops zu den Themen Deradikalisierung, Extremismus, Gewaltprävention: info@extremislos.de

100 Weisheiten, um das Leben zu meistern

Shalicar, Arye Sharuz

Berlin-Wedding – für viele hier scheint das Leben nur eine Richtung zu haben: abhängen, Diebstähle, Drogen verticken, irgendwann Knast oder Tod. So alternativlos hat auch Arye Shalicar seine Zukunft gesehen. Seine Familie kam aus dem Iran. Er ist Jude, wuchs in Berlin auf. Doch er hatte Glück, traf Menschen, die an ihn glaubten und ihm zeigten: Es gibt einen Weg in die Normalität mit festem Job und geregeltem Leben. Mit diesem Buch zeigt er jungen Lesern in prekären Lebensverhältnissen: Ich denke an euch, ich glaube daran, dass ihr es schaffen könnt wie ich, und ich gebe euch 100 Weisheiten mit auf den Weg, die euch dabei helfen werden.

256 Seiten | Hardcover | 14,99 € (D) | 15,50 € (A) | ISBN 978-3-95972-382-4

Was ich meinem 18-jährigen Ich raten würde

Kreuter, Dirk

»Dirk! Wenn du noch mal 18 wärst, was würdest du tun? Was würdest du deinem 18-jährigen Ich raten?« Diese Frage wurde Bestsellerautor und Top-Verkaufstrainer Dirk Kreuter so oft gestellt, dass er beschloss, dazu ein YouTube-Video aufzunehmen. Die riesige Resonanz führte dazu, dass er darauf basierend dieses Buch schrieb, mit dem Ziel, Orientierung, Handlungshilfen und Leitplanken für beruflichen und privaten Erfolg zu geben – etwas, das in der Schule fast völlig versäumt wird. Hier gibt er wertvolle Hilfestellung zu Persönlichkeitsentwicklung, Karriere sowie finanzieller Unabhängigkeit und zeigt, wie jeder den Grundstein dafür legen kann.

224 Seiten | Hardcover | 19,99 € (D) | 20,60 € (A) | ISBN 978-3-95972-345-9

Leidenschaft für Gesundheit

große Broermann, Bernard

Er ist einer der Pioniere bei privaten Klinikketten, sein Lebenswerk ist der Aufbau der Asklepios Kliniken, des hier größten europäischen Familienunternehmens: Dr. große Broermann legt mit diesem Buch seine Autobiografie vor. Er erzählt von seiner Herkunft von einem Bauernhof im Oldenburger Münsterland, seinem beruflichen und privaten Werdegang und seinem von Rückschlägen, Konflikten, aber auch großartigen Erlebnissen geprägten Weg zum Erfolg. Und von dem Ziel, ein besseres Gesundheitswesen zu schaffen, das Prävention zum Kern hat: Krankheiten gar nicht erst entstehen zu lassen und für möglichst viele ein Leben in Gesundheit zu erreichen.

192 Seiten | Hardcover | 22,00 € (D) | 22,70 € (A) | ISBN 978-3-95972-451-7

Schwimm lieber im Meer als im Geld

Sina Mainitz

Sina Mainitz ist eine Finanzexpertin, der die Menschen vertrauen. Als erfahrene Börsenreporterin berichtet sie live von der Frankfurter Börse. Sie weiß, was in der Wirtschaft los ist und was die Menschen (nicht nur) finanziell bedrückt. Sie ist überzeugt, dass sich in Punkto Geld verdienen und wofür man sein Geld einsetzt, ein Mentalitätswechsel vollzieht, weg von reiner Gewinnmaximierung, hin zu mehr Work-Life-Balance. Sie will in ihrem Buch Menschen helfen, das verwirklichen zu können, was sie sich wirklich wünschen und verrät, wie man das nötige »Kleingeld« dafür erwirtschaftet und welche Freuden völlig kostenlos glücklich machen.

208 Seiten | Softcover | 22,00 € (D) | 22,70 € (A) | ISBN 978-3-95972-657-3

Ich bin nicht grün

Nena Brockhaus

Wenn es nach Statistiken geht, müsste Nena Schink die Grünen wählen. Sie ist jung, weiblich, urban, studiert und zudem noch Journalistin. Weit gefehlt! Nena Brockhaus hat große Angst vor dem roten Wolf im grünen Schafspelz. Sie entlarvt das hochgelobte grüne Lebensgefühl ihrer Generation und stellt klar, dass der Zeitgeist eben nicht nur grün ist. Sie räumt auf mit dem weitverbreiteten Vorurteil, dass nur die Grünen die Umwelt schützen können, und hält ein flammendes Plädoyer für die Freiheit. Denn diese ist nicht selbstverständlich.

192 Seiten | Softcover | 18,00 € (D) | 18,60 € (A) | ISBN 978-3-95972-519-4